チベットのモーツァルト

中沢新一

学術文庫版まえがき

今回の文庫版に寄せて書かれた解説の文章の中で、吉本隆明氏は『チベットのモーツァルト』にはじまる私の探求のモチーフを、つぎのように要約されている。

しかし、ある古典的な遠い過去の時代に、人間は（住民は）どんな精神（心）をもち、何を考えていたかなどを推論により知りつくすためにはどうすればいいのか、何を掘り返せばいいのか。

この精神（心）の考古学とでもいうべき専門家たちにはたった一つの方法しか考えられない。それは未開の宗教、医術、知識、経験などを継承し、それに通暁しているか、それらの技術を保存している固有社会の導師に弟子入りしてその技法を体得し、その核心を現代的に解明することだ。たぶん中沢新一の『チベットのモーツァルト』は、この「精神（心）の考古学」の技術法を使ってチベットの原始密教の精神過程と技法に参入し、その世界を解明しようとした最初の試みではないかと思った。

自分のかかえてきたモチーフを、他の人からこのように正確に理解し表現していただいたのは、これがまったくはじめてのことである。それほどに、人からは理解されにくく、不必要な誤解ばかりを生んできたまことに奇妙な探求に、私は自分を捧げてきたと言える。そのため現在ある学問の世界のどこにも、まっとうな居場所を見いだすことはできなかったし、いまもできないでいる。いままでは私の抱いている探求のモチーフを心底理解してくれたのは、チベット人の知識人共同体のごく一部の人たちだけであったので、吉本氏の書かれたこの文章を読んで、私は深い感動をおぼえたのである。

マルクスとフロイトとレヴィ＝ストロースからの、圧倒的な知的影響のもとに出発した私は、はじめ宗教現象の記号分析的研究に取り組んだ。人間の心の宇宙を秩序づける働きをしている象徴体系の中に、それとは異質な身体的・欲動的な内部運動が侵入して、秩序が部分的に解体や変形をおこさないかぎり、宗教や芸術の活動は生まれてこない。創造的なプロセスのあるところ、かならずこのような特殊な記号過程が観察できる。私はそのような観点から、人類学や民俗学によってあつかわれてきた対象の、再吟味をおこなってみようとしたのだった。

ところがすぐに、このようなやり方によっては、とうてい目の前にある現実が語ろうとしているものの真実にたどり着くことなどはできないということに、気づかされた。それがたとえ路傍の石仏であろうと、南島で厳重な秘密のベールのもとにとりおこなわれているお祭りであろうと、その奥にはいっさいの近代的な分析の道具の侵入を拒絶する、堅い岩盤のようなものが存在している。その岩盤は、とてつもなく古代的な精神の働きの残存物にほかならず、それが語りかけてくることばを理解する方法を知らない限り、岩盤の奥へ入り込んでいくことは、まったく不可能に見えた。それがどこからやってくることばなのか、それさえ私にはわからなかった。

数百年を時間の単位とする地層の観察を続けているうちに、突然そこに数万年を時間の単位とするような古い地層が陥入しているのを発見して、途方に暮れている地質学者のようなものだった。しかも、私たちの身のまわりには、そのような言語道断な地層の露出が、いたるところに見いだされるのである。私たちの心そのものが、巨大な考古遺跡であり、そこには無数のヒエログリフ（象形文字）が散乱しているが、私たちにはそのうちのごく一部のものしか解読することができずにいる。人間の心を構成する、それら未解読のヒエログリフを理解するための方法を、私たちはまだ手にすることができないでいるのではないか。そう考えた私は、構造主義にせよ現象学にせよ、現代的な方法をいちどすべて放棄してみなければならないと思いこんだのだった。

フーコーがすでにそのような方向の探求に取り組んでいた。「知の考古学」と名づけられた彼の方法の斬新さにはおおいに驚かされ、また深い影響も受けたけれど、正直な感想を言えば、彼が取り組んでいるのはたかだか二、三百年の厚みしかない、「近代」と呼ばれる精神の地層の探査にとどまっているのではないか、と感じられた。「知の考古学」を超えて、「意識（心）の考古学」を自分はめざしていることにも、その頃はじめて気がついた（今後は吉本氏によるこの商標を、自信をもって使わせていただくことにしよう）。「近代の意識」の成立をあきらかにする地質学的な断層をみいだすだけではなく、自分のめざしているのは、さらに古い地層にまでボーリングの深度をあげていく、文字通りの「考古学的探求」でなければならない、というのがその当時から私をはげしく駆り立てる思いだった。

そこで二十代の最後の年に、それまでの研究や日本での生活をいっさいやめて、私はチベット人の世界に住むことにしたのである。はっきりとした目算があったわけではないが、そこへいけば自分の心が渇望してきた、あのとてつもなく古い精神の地層というものに入り込んでいくための方法を学ぶことができるにちがいない、という根拠もない確信に導かれていた。

その世界にたどりついて、私はとても驚かされることになる。それまではこちらの世界のどんな知的なサークルに足を踏み入れても、疑惑や反発のいりまじったあまりありがたくない歓迎しか受けることのなかった私を、その世界の「ラマ」と呼ばれる知識人共同体の人々は、じつに暖かく迎え入れてくれたのである。そのことはいまふりかえってみても、自分の人生の最大の幸運であったと思う。ラマたちは私を我が子のように大切に扱ってくれ、自分らが信じがたいほどの辛苦のすえにヒマラヤを越えて持ち運びだした貴重な知識と体験を、惜しげもなく私に伝えてくれようとした。

そのときに得た体験はまことに膨大な内容をもっており、いまだにそのすべてを自分のものにできたとは言い難い。『チベットのモーツァルト』に書かれた文章は、その体験がまだなまなましい時期に、以前に学んでいた現代西欧の（とくにフランスの）哲学などにその体験をぶつけてみることで、そこから新しい意味を取り出してみようとした試みのあとをしめしている。貴重なものを包み込んでいる伝統の殻はあまりに堅く、私の当時の力量では、その殻を破るためには他の人が開発しておいてくれた破壊的な現代的道具を利用するしか、他には手がなかったのである。

いまならば、同じ問題はもっとちがったやり方で攻略するだろうに、と思うこともしばしばであるが、「考古学的探求」のための資材も道具も経験も乏しい状態でなされた、そこでの探求には、いまの自分には真似することのできない独特のおもむきがあるように感じる。いまはなき井筒俊彦氏はこの本を書評した文章の中で、「馬上の若武者のよう」とおほめくださったが、たしかにそんな戦い方はもう二度とできるものではない、といまの自分は痛感する。

この本が最初に出版されてもう二十年がたとうとしているのに、そこに収録された文章のいくつかを書いているときの情景や心持ちまでが、いまでもはっきりと記憶されている。とりわけ印象深いのは「極楽論」である。それを書いていた一週間ほどのあいだ、私の精神は異常な興奮状態にあった。ようやくそれを書き上げたとき、あたりはまさに日没だった。いっぱいに開けはなった窓からは、まばゆいほどの光が差し込んで、最後の文章をつづっている原稿用紙を、オレンジ色に染め上げた。そして、最後のことばを書き終えたその瞬間、大量の真っ赤な鼻血が、原稿用紙の上に流れ出たのだった。

ソレルスの『数《ノンブル》』のケースが思い出された。ことばの運動と身体のある特別な層の運動とが長時間同調したあとには、しばしばこのような現象がおこるらしい。「ああ、これでようやく、自分の文章を書く方法がわかった」と、その血をみつめながら、私はつぶやいた。私はそのとき「第三の誕生」をする自分、すなわちことばによって文章の中に新たに生まれ出る自分というものを、ようやく実現できたと思った。

今回の文庫版に深々とした内容をもった解説の文章をお書きくださった吉本隆明氏に、心からなる感謝の気持ちをお伝えしたいと思う。吉本氏の思想は、海図のない暗い夜の海を一人で航海し続けてきた私にとって、かなたにあって強力でたしかな導きの光を放つ、唯一の灯台であった。

二〇〇三年二月二十七日

目次

II

III

チベットのモーツァルト

本の調律

　この本の書名は、ジュリア・クリステヴァの論文集『ポリローグ』からとられている。『ポリローグ』のなかで、彼女は、フィリップ・ソレルスの小説《ロマン》『H』の音楽性について語っている。『H』には、句読点がひとつもない。言葉で書かれたものでありながら、シンタックスや論理や制度的なスカンションによる「意味の有限化」を拒絶しようとしている。「意味の構造」に微分＝差異化のアタックがかけられ、さまざまなレヴェルの同一性は解体されて、意味は無限化にむかってひたすら疾走しはじめようとしている。だが、『H』における意味の微分法は、同時にこのうえなく豊かな官能性に裏打ちされている。テクストをかたちづくる言葉の群れに、腰のあたりがうずいてくるような、松果体がふるえだすような、リズムのうねりがあたえられているからである。

　エレガントな記号の解体学。微分法の官能性。クリステヴァはそれを「チベットのモーツァルトのような」と形容した。

　意識の表層がモーツァルトの音楽に聞きとるものは、抒情的なモノトーンにすぎない。だが、そのとき同時に、この音楽は静かで柔らかな暴力性とわきたちうねるような律動で、意識の深部を打ちつづけているのである。チベット仏教の声明音楽の場合も、これとよく似ている。たしかに、そこには聞くものを退屈させかねないモノトニアスな声が流れていくだけだ。けれどそのときにも、声明の音楽主体の身体には同時に複数の低音部が響きあっており、それが彼の意識の深部を打ちつづけている。

記号実践の場におけるチベットのモーツァルトは、あらゆる形式の言語《ラング》の手許をすりぬけて、意味の無限化のほうに、多様体としての身体のほうに、音楽と官能性のほうに逃がれ去っていく運動線をあらわしている。

チベットのモーツァルト。

だがぼくはこの言葉に、ゴダール風の東風趣味とともに、クリステヴァの意図をこえていく思想実験への意志のようなものをこめようとした。

ぼくは、『純粋理性批判』の引力圏内にとどまっている（意外なようだが）クリステヴァのような人が、何の説明も用意しておらず、また何らの語彙ももちあわせていない意識状態にたどりついてみたいと思った。仏教的伝統が空とか無と呼んでいるそのような解き放たれた意識状態にたどりついて、そこから自分と自分のまわりの世界をよりよく知りたいと思った。意識のヘルメス的変成をめざすモーツァルトになること、錬金術師としてのモーツァルトになること。そしてそのときぼくが選びとったのが、意識のヘルメス的変成をもたらすためのチベット的技術《テクノロジー》だったのである。

チベット的技術の実験室（それはぼくたちじしんの身体にほかならない）では、意識の微分＝差異化のプロセスが、極限的なスピードに加速されていく。心の生物時計は猛烈なスピードで回転しはじめ、日常の思考者をなりたたせている時間性と空間性の軸はどんどん縮んでいき、それまで意識を稠密なマッスに積分していた言語的構造潜勢力がしだいに解体されてくるのである。

そのとき、あの意識状態のさきぶれがあらわれてくる。ちょうど、シンクロトロン（巨大加速機）にかけられて破壊され、結合エネルギーから解き放たれた原子核から素粒子が軽やかな軌跡を描きながらたちあらわれるように、微細化された意識が自由で軽やかな粒子となって飛びかいはじめるのだ。

粗大なマッスにまとめあげる結合力から自由になったこの微細な粒子の運動性を、そっくりそのまますくいとることは、言葉にはできない。言葉に衝突するたびに、粒子の運動は攪乱されていくからだ。だから必要なことは、ぼくたちのエクリチュールに、素粒子の飛跡を追うウィルソン霧箱のたくみさと、霧の水滴の微細さ、軽やかさをあたえていくことなのだ。そのとき微細な差異化状態にある意識の粒子は、霧箱に生成変化したエクリチュールに、天使や、笑いや、極楽浄土の音楽や、光の束のきらめきや、風《プラーナ》の律動として、その軌跡を残していくようになるだろう。

この本をとおして、ぼくはシンクロトロンへの生成変化、霧箱への生成変化をとげようとした。

I

孤独な鳥の条件——カスタネダ論

1

一九七九年の春から私はネパールに住むチベット人の密教僧のもとに弟子入りして、密教の行者になるための訓練を続けてきた。チベットの密教ではドラッグをつかわずにただ瞑想（ゴム）のテクニックによって現実を変容させたり意識の深層領域に下降したりする訓練をおこなう。弟子としての修行をはじめて一年半ばかりたった頃、私の訓練は新しい段階にはいろうとしていた。その頃のフィールド・ノートの一部をここに書きぬいてみよう。

一九八〇年七月十日

カトマンズから南東にむけて車で四時間ほど山の中にはいり、そこからまた一時間ほど歩いたところにある山寺で「ポワ」の修行をおえ、盆地にもどった私を迎えたラマ（密教の師）の態度が一変していることに、私はすっかり当惑してしまった。ラマはいつもの笑顔で私を迎えてくれたが、それまでと違って、私の語る言葉に反撃を加え、私の立っている場所をひっくりかえすような行動にでてきたからである。

久しぶりで会ったラマに、私はまず「ポワ」の修行中におこった異常な体験をことこまかに報告した。「ポワ」は「意識を身体の外に送り出し、死の状態をコントロールする」ための激しい瞑想のテクニックだ。ラマはこの修行はことのほか大事だと言って、とくにていねいな口伝をあたえてくれた。私はそれを受けたあと、すぐに山の寺に籠って修行をはじめたのである。

「ポワ」をはじめて二日目ぐらいから私の頭はガンガンと鳴りだし、頭部にできたしこりが痛んで、ふつうの状態でもどうかなってしまいそうだった。これは「ポワ」の瞑想テクニックが強烈なためだ。「ポワ」では、自分の頭上に「阿弥陀（アミターバ）ブッダ」の想像的なイマージュをつくりだし、その胸めがけて、自分の胸のチャクラに観想した「心滴」という赤い光の滴をとばしていくプロセスをくり返し訓練する。光の滴が胸から上昇するたびにものすごいエネルギーが頭頂にむかってつきあげ、その滴が頭頂を離れる度に私の眼球の中にたくさんの青い火花のようなものがとび散った。

四日目になると痛みが少し消えてきた。そのかわり頭頂の肉がこんもり盛り上がってきて、そのてっぺんにジクジクした血まめのようなものがでてきた。こういう徴しがでてくれば「ポワ」の修行がうまくいっている証拠だとラマに教えられていたので、私は少し安心した。

だが、七日目の晩、その日最後のセッションも終りに近づいた頃だ。いつものように「ヘック」という掛け声といっしょに「心滴」を頭頂から抜き去ったその瞬間、私は自分が奇妙な体験をしていることに気がついた。つまり私は自分が身体の外にいて、自分の身体を上の方から見おろしていることに気づいたのである。それは奇妙な感覚だった。上の方から見おろす身体は髪の毛や着物のひだにいたるまでくっきりと見えるのに、その周囲の空間は身体から遠くなるにしたがって、しだいに暗闇に溶けこんでいくようだった。しかし不思議なことに、私は自分の後方の離れたところにある寝台にすわって心配そうにこちらを見ている同室の若い僧の姿だけは、はっきりと見ているのである。私はもっと上方の空間を見てみたいと思い、意識をそちらの方にむけた。すると、そこはまっ赤な光におおわれていた。

この時、急いでもとの身体にもどらなくてはという気がおこったのを憶えている。身体が少し傾きはじめ不快感を感じたためでもあるし、後方の若い僧が何か大きな音をたてているのに気づいたからだ。私は懸命に、赤い光のかたまりになった自分をもとの身体に落下させる「ポワ」の究竟次第（これについてはあとで説明する）のテクニックをつかった。

身体がグラッと後ろに倒れこもうとした瞬間に私はもとの身体にもどり、ほどなくふつうの意識状態にもどった。若い僧がかけよってきて、瞑想の途中で私がマントラも唱えずに動かなくなり、そのうち身体が傾きはじめたのにびっくりして、棒で床をたたいて意識をこちらの世界にもってこようとしたのだと語った。

私は少し自慢げにこの体験をラマに語った。一年以上も続けてきた瞑想の訓練がついにこんなヴィヴィットな体験をあたえてくれたことが嬉しかったし、なによりもそのことでラマに感謝したい気持ちでいっぱいだったからである。けれど、だまって私の話を聞いていたラマの返事は意外に冷淡なものだった。

「おまえはそこで何を見ていたのだと思う」ラマがたずねた。私は「ポワ」について口伝の中で教えてくれたことを思いだしながら答えた。

「意識（セム）を身体の外に抜き出して阿弥陀ブッダの浄土に送りこめたわけだから、空性というものを体験していたのではないですか」

「ちがう。おまえの見ていたのはただの幻にすぎん。そこが終着点だなどと思ったら大間違いだ。それにおまえはすぐ自分の体験に名前をあたえて理解のおもちゃ箱にほうりこんで安心しようとする。おまえの体験していたものは空性なんかではまるでない。ただの幻を見ていたにすぎないのさ」

私は少々ムッとした。体験の深化をよろこんでくれてもよさそうなものだとも思ったし、修行をはじめる前にうけた口伝で言っていたこととずいぶん調子が違うじゃないかと思えたからである。私はムキになって反論した。

「幻と言ってしまえばそうには違いないでしょう。それにいぜん夢の中でポワの時とよく似た体験をしたことがありますよ。眠っている自分をもう一人の自分が見おろしているんです。あの修行が夢や幻影を私に見させていたのだとすれば、どうしてこれ以上幻影をましていくようなまねをさせるのです。幻影を消し去っていくことが仏教の修行の目的ではないのですか」

「それはおまえが、現実というものが夢や幻のようなでき上がりをしているということを、頭では理解していても、本当のところはちっともわかっていないからだ。おまえの心を探っていけば、水のたまった目玉が外の世界に見てる現実がけっきょくはいちばん堅固なものだと考えてるはずだ。そこでちょっとばかり瞑想のテクニックを憶えて意識の状態を変えることができると、今度はそこで体験したことを絶対化して、名前をあたえ、この現象界にたいする空性だなどと言ってみせているだけだ。水の目玉が見ている現実も、瞑想で体験する現実も、どちらも現実などではない。おまえはまだ現実というものをつかみきっていないのだ」

この言葉に私はすっかり気落ちしてしまった。ラマはそんな私を見て笑いながら、あまりがっかりせずお茶でも飲むがいいと言って、バターのたっぷり浮いた上等なチベット茶をすすめてくれた。私が茶椀に手をかけたとたん、ラマがまたいきなり問いかけてきた。

「それを何という」

「茶椀（カユ）でしょう」

「どこから見れば茶椀だと言えるのだ。上から見たときか、それとも下から見たときか」

「お茶をつぐものだからです」

「ではこの世の誰もそれに茶をつごうという意志をもっていないとき、茶をつがないそういうものは何と言う。どこから見れば茶椀なのか」

私は答えに窮してしまったが、ラマは続けた。

「おまえが外界にとらえ、名前をあたえている現実などというものはたんに条件のあつまりにすぎん。その条件の一面をとらえて、それは茶椀だなどと言っているにすぎない」

その瞬間、私は一気に不安な状態につきおとされてしまった。「ポワ」の体験がいちどきによみがえってきたのだ。私は手にした茶椀が何かブヨブヨした異様なかたまりに変容していくのを感じた。まるで身体を遊離した意識が自分の身体を見おろしているように、この現実世界をぬけだした意識が、この世界の頭上から茶椀を見つめているような不安な気持におそわれてしまったのだ。

その時、ラマは私にむかって、今日から私の密教修行はまったく新しい段階に踏みこんだのだ、と語った。

2

もしこれが一昔前で、カルロス・カスタネダのドン・ファン・シリーズもまだ現われていないころであったとしたら、私はこういうフィールド・ノートをまとめて人類学の調査記録として発表することには、とまどいとためらいを感じたはずである。それにはたくさんの理由があるが、いちばん大きな理由は密教行者になる訓練をしながら体験したさまざまな「意識の変容した状態」[1]を、人類学のありきたりな知的枠組みの中で記述することにたいして、私自身強い抵抗感をもったに違いないと思われるからである。

もちろん人類学は近代の学問としては例外的なくらい、この「意識の変容した状態」というものに関心をもち研究をつづけてきた。そこではいつも、トランス状態のシャーマンがたどる意識の深層領域への下降の旅とか、異様な力の発現に人々の魂を巻きこんでいく呪術合戦の世界、容易にうかがい知れない秘密のシンボリズムにみちた儀礼などのことが話題にのぼってきたのである。だが多くの場合、人類学が専心してきたのはそうした世界を人類学者の住む世界の言葉の水準に切りすぼめて、「知的に飼いならす」ことであったのではないだろうか。

けれど、密教行者の弟子としてその世界を内側からとらえようとするとき、私はそのような知的還元がますますできなくなっていく自分に気づくのである。私が、さまざまな瞑想テクニックの開示する「意識の変容した状態」を知的にあつかおうとするたびに、ラマはすかさずそれを粉々にうちくだいていくような言葉のトリックを仕掛けてくる。そうした意識状態を知的に還元して安心するのではなく、逆にそうした意識状態の側に立って、言葉の論理能力が擦り切れてしまうような地点にまで弟子を追いこんでいくような具合に、ラマの教えは展開していくのである。こういう訓練をつうじてラマは、弟子が無意識のうちにつくり上げ獲得してきた世界のとらえ方とか感受性とかを根こそぎ揺るがし解体して、世界をまったく異なる態度でとらえられるようにしむけていく。そのため私がラマからまっさきに要求されるのは、観察者としての人類学者の位置などというものがまるで不確実な幻影のうえに成り立ったものであることを知り、ついにはそれを放棄してしまうことなのである。

だから、ラマの弟子となった私は、人類学的な知とその解体をせまる密教行者の知との間にひきさかれたまま、はがゆい思いをいだきながら、いつまでも足ぶみを続けていなければならなかったかも知れない。

しかし、カルロス・カスタネダの書いた六冊の書物[2]がこうした状況を変えた。メキシコのヤキ・インディアンの呪術師の弟子となったカスタネダは、この分裂した状況を逆手にとってそこをつきぬけていくようなやり方をあみだした。彼は呪術師の世界を内側から描いた。しかもそれを描くのに彼は「物語」という形式にひそむ魔力を活用した。彼はその世界を、西欧の合理主義を身につけた一人の人類学者が、呪術師との対話や訓練の過程をつうじて、自分のよってたつ世界観の前提を一歩一歩解体しながら、新しい知のあり方にたどりついていく「旅」の過程として描いたのだ。

彼の書いた本は、いまだに多くの人類学者の石頭を改心させるにはいたっていない。しかし彼の本は、それを読んだ多くの読者に、ユーモアを欠いた重苦しい西欧の神秘主義やもっともらしい権威主義で身をかためた東洋の精神的伝統が伝えることのできなかった「現実《リアリティ》」の新しい概念をたくみに伝達することに成功したのである。彼の本をつうじて多くの読者たちは人類学が新しい可能性の領域に踏みこんだという印象を強くもった。

3

カルロス・カスタネダは一九五九年から一九七二年にかけて十三年間カリフォルニア大学ロスアンジェルス校（ＵＣＬＡ）の人類学科に在籍していたが、彼が人類学を学びはじめた当時、そこではハロルド・ガーフィンケルの唱える「エスノメソドロジー」が大きな影響力をふるっていた。「エスノメソドロジー」は、あらゆる種類の「現実《リアリティ》」は人々がものごとについて語り合うプロセスをつうじて「相互主観的」に構成されるものであるという現象学的社会学の思想を、生活のあらゆる場面でさらにラジカルに徹底していくことを考えていた。

それはフォーマルな人類学理論というよりも、「現実」についての新しい感受性を身につけるための「苦行」を学生に要求する一種のカルトをめざしていた。カスタネダのその後の歩みにとって、この「エスノメソドロジー」の思想はとりわけ重要性をもっている。

まだ大学院の学生であったガーフィンケルが「エスノメソドロジー」の構想をいだきはじめたのは、彼がニューヨークの「社会調査のための新学院」にいたアルフレッド・シュッツのもとで現象学的社会学を学んでいたころである。シュッツは「相互主観的」に構成される現実を「われわれ（ウィー）の世界」であると規定した。この世界は同じ生活環境に暮す人々が日々くりかえしている直接的（フェイス・トゥ・フェイス）な諸交換にもとづいて主観的に構成されている。しかしこういう成り立ちをしているために、環境に対する何か新しい読みとり方の可能性が生じてくれば人々が共有するこの主観的世界はいつでも修正されていく可能性がある。そこで今までどおりやってきた前提があやしくなれば、人々の関心が新しい「現実」にむかって開かれていくことになるが、たいがいの人々は、もとのあたりまえの「われわれの世界」に復帰していく。だからこの「われわれの世界」とは、いわば日常世界の常識的な「現実」なのである。

ガーフィンケルはシュッツから現実が「相互主観的」に構成されるものだという現象学的思考とそれを明らかにするための記述法を学びとったが、師の思想の「良識性」は受けつがなかった。つまりシュッツは日常世界の常識的な現実こそが「至上のもの（パラマウント）」

であると言えるほどの「良識」をそなえていたが、ガーフィンケルたちの唱えはじめた「エスノメソドロジー」はこの「良識性」を踏みこえて、現象学的社会学の思想を悪魔的な方向に深化させていったのである。エスノメソドロジストであるメハンとハウストンはこう書いている。

「現実《リアリティ》についての私の考え方は（シュッツとは）まるで違う。私にはどれか特定の現実こそが至上のものであるなどと考えるつもりはこれっぽっちもない。私ならば、あらゆる現実はどれも同等の資格で現実的であると答えてほほえんでいるだろう。どれかひとつの現実が他の現実よりも多くの真理をふくんでいるなどと、一体どうして言えようか(3)」

この考え方を押し進めていけば、常識的な日常世界の「現実」も、社会学者どうしが狭い知的サークルの中で「相互主観的」につくりあげる科学的理論にとっての「現実」も、どちらがより多くの真実をふくんでいるかなどとは言えなくなるだろう。「エスノメソドロジー」はそうやって実際に、常識的「現実」と科学的「現実」の両方を疑問符の中にたたきこんで、社会学調査の概念を一変し、そこを「苦行」の場に変えようとしたのである。

ガーフィンケルがカリフォルニア大学の人類学科における教育をつうじて実現しようとしたのは、この「現象学的苦行」を調査の場だけではなく日常生活のあらゆる場面で実践する学生を育てることだった。彼の学生は人々があたりまえにしていることを疑問視し、共通の理解に亀裂を入れていくテクニックを身につけていくように要求された。休暇で家に帰るときも敵地に乗り込むような心がけを忘れないように、何気ない会話をしているときにも相手は自分のことをひっかけようとしているんだという警戒を解かないように。満員のレストランに入って、自分と同じように席がとれずに待っている他の客にむかって「私の席をとってくれたまえ」と、ボーイにむかってやるようにしつこく要求する、こういう心がまえですべての社会関係に風穴をあけていくように。「エスノメソドロジー」専攻の学生たちはこうして禅の修行僧のような奇矯なふるまいを実践した。

六〇年代はじめのカリフォルニア大学ロスアンジェルス校のキャンパスでは「ガーフィンケルする garfinkeling」のが流行にさえなった。「ガーフィンケルする」人類学科の学生を皮肉るこんな小話まで残っている。

「私、試験にしくじっちゃったみたい」

「しくじった？」

「そう、中間試験にね」

「しくじった、って言ったけど、それどういう意味なの」

「中間試験の出来がひどけりゃ、しくじったって言うでしょう」

「それ、もっと説明してくれない」

「あなた、試験にしくじるってのがどういう意味か知らないとでも言うの」

「いま君が言った〝あなた〟って、どういうことなのかよくわからないんだけど」

「私は別にみんながそう言っているような意味で〝あなた〟って言っただけよ」

「それ、どういうこと」

「あなた、何か変なものでも食べたんじゃない」

「いま君の言った〝食べる〟って、どういうこと？」

「頭きちゃうわね。いったいどういうつもりでこんなバカな質問してるの」

「いま君が言った〝バカ〟って、どういうこと？」

「〝バカ〟って言うのはねえ〝あなた〟みたいな人のことを言うのよ。いいかげんにしてちょうだい(4)」


ガーフィンケルは学生たちに「当惑、どっちつかず、内的葛藤、心理的‐性的孤立、人格を失うことからくるさまざまな症候をともなう鋭角的で名づけようのない不安」の状態に宙づりになれるような精神を期待した。そして彼の学生の多くはこの期待に応えようとしたのである。「エスノメソドロジー」はナーガールジュナ（龍樹）の中観仏教がそうであったように、ひとつの理論体系をつくり上げることではなく、ひとつの生き方をしめすものであり、異なる「現実《リアリティ》」——あるいはカスタネダの言い方を借りれば「分離された現実《リアリティ》」——に踏み込んでいけるようにするための意識の働かせ方を学ぶ方法なのであった。

カスタネダはこれまで一度もおもてだって「エスノメソドロジー」に対する関心や批判めいたことを語ったことがない。しかし、『ドン・ファンの教え』から『鷲の贈物』まで、カスタネダが今日までに著した六冊の本を読んだ私たちには、彼が呪術師の弟子としての実践とその作品をつうじて、「エスノメソドロジー」をアレゴリー化して現象学の極限的なありかたをしめし、ついにはそれをつきぬけてしまう可能性に挑んでいたように思えるのだ。なぜならドン・ファンや彼の友人の呪術師ドン・ヘナロのふるまいとか、弟子である若い人類学者とかわす対話には、野生のエレガンスをたたえた「ガーフィンケル・ゲーム」の実践をみることができるからだ。

たとえば唯識仏教の論争テクニックを思わせるようなこんなくだりがある。ドン・ファンは、真実の知をもとめる「戦士」にとってはふつうの者が夢と呼んでいるものが現実なのだと言う。いつものようにドン・ファンの突拍子もない論法についていけないカスタネダがそこでたずねる。

「それじゃ、ドン・ファン、その夢見ることっていうのは現実なのかい？」

「もちろん現実だ」

「いまこうやって動いているみたいに？」

「そういうふうに較べたいなら、たぶん、もっと現実的だといえるな」

雲をつかむような答えしか返ってこない。そこでカスタネダは少し戦術を変えてみた。逆に「目覚めている」ということをドン・ファンがどうとらえているのか探ってみようというのだ。

「いまこうしていることを、なんて言う？」わたしは、わたしたちがしていることは夢と反対の意味での現実だという意味で、こうきいた。

「食う、と言うな」と言って、彼は笑いをこらえた。（二人はちょうど食事中だったのである）

「ぼくは現実と呼ぶよ」と、わたしは言った。「だって、食事は現に起きつつあるんだもの」

「夢見だって起こるぞ」彼は、こう答えてクスクス笑った。「狩だって、歩くことだって、笑うことだってそうさ(5)」

だが、この対話が二つの重要な点で大学教育でおこなわれている「エスノメソドロジー」の規準から逸脱している点を見逃すべきではない。ひとつは役割がひっくり返っていることだ。たとえばこの場合、ガーフィンケルの利発な学生だったら、いくらなんでもカスタネダみたいに「どうがんばってみても、彼の言ったことを受け入れることはできなかった」などと言ってガックリきてみせるような愚かなまねはしないだろう。彼らは「あらゆる現実は平等で、とりたてて重要なものなどありはせん」（ドン・ファン）ということを体得するために、フィールドにでかけてきて言葉の戦争を挑みかける「苦行」をやっているのだ。日常的理解に裂け目を入れていくのはインディアンのインフォーマントではなく、人類学者のほうなのである。ところがここでは「エスノメソドロジー」そっくりのやり方で、受け身の人類学者ばかりがうろたえ、自分の諸前提を崩壊させられていくのである。

もうひとつの違いとは、ドン・ファンたち呪術師が駆使する「ガーフィンケル・ゲーム」には、大学のそれにはなかった身体テクニックの背景があるということだ。ドン・ファンは「夢見のテクニック」[6]をつかって夢の状態をコントロールする体験をもとに、夢が現実であると断固として主張しているのである。夢の「現実《リアリティ》」にすべりこみ、その状態に翻弄されっぱなしだった現象学者が目覚めてから、「夢もまたひとつの現実である」と言うのとはわけがちがう。

そこでこんなふうに言えるかも知れない。カスタネダはフィールドにおいて、またドン・ファン・シリーズを書きながら、現象学の延長である「エスノメソドロジー」をアレゴリカルに実践した。しかも西欧の教師たちをはるかにしのぐ精神的伝統をもった呪術師の弟子となることで、それを極限的な地点までひき上げた。彼はそのために「管理された愚かさ」というものをはるかに巧みに駆使しながら、現象学の方法的不毛まで克服しようとしたのである、と。

4

では、メキシコの荒野でカスタネダとドン・ファンの「エスノメソドロジー」はどのようにして実践されたのか。ドン・キホーテとサンチョ・パンザのようにして、なされたのである。ドン・キホーテとサンチョ・パンザは旅を続けながら、しだいしだいに共通の「ディスクールの小宇宙」をつくり上げ、しまいにはその小宇宙の中で巨人や妖術使いが飛びかうような「合意」が実現されていった。

ドン・ファンが幻覚性植物を使用することでカスタネダに体験させようとしたのは、サイケデリックな非日常的現実《リアリティ》であったが、カスタネダとの間に風変わりな「ディスクールの小宇宙」をつくり上げることによって、その現実に呪術師に特有の解釈の体系をあたえていった。その解釈の体系は、カスタネダが受け入れているような「常識的」な世界観からみると、およそ途方もないものだったけれど、幻覚性植物のもたらす現実の前では「常識的」な世界観はまったくお手あげなのだから、呪術師の弟子となった人類学者はしだいしだいにその体系を受け入れていかざるを得なくなるのである。そうやってドン・ファンはカスタネダに「おまえの世界観は単なるひとつの解釈にすぎないのだから、唯一絶対のものではありえないということ」をわからせようとしたのだ。だから、もっと正確に言えばドン・ファンはドン・キホーテでもあり、セルバンテスでもある、と言うことになる。セルバンテスはドン・キホーテの物語を書くことで、常識的な世界観もまた解釈の体系にすぎないことを人々にわからせようとしたのであるから。

ドン・ファンはペヨーテ、ジムソン・ウィード、プシロシベ属のキノコの三種の幻覚性植物を使い分けながら、カスタネダを何度も驚くべき体験領域にみちびいていった。たとえば、もうすでに何度かペヨーテを体験しているカスタネダに、ドン・ファンは今度はジムソン・ウィードを混入したきざみを吸わせ「鳥のように飛ぶ」ことを学ばせようとした。この幻覚性のきざみは、すばらしく鮮明な「飛行イメージ」の体験をもたらしてくれた。

わたしは「わたしの翼を広げ、飛んだ」ことを覚えている。わたしは空を切り、骨折って前へ進んでいるとき、孤独を感じた。……そのつぎにわたしはいろいろな光が無数にある野原を見た。光は動き、きらめき、その光度を変えた。それは絵の具のようであり、その強さに目がくらんだ。……わたしの覚えている最後の光景は銀色っぽい三羽の鳥である。それはステンレスのようなまばゆい金属性の光を放っていたが、強烈で、動きまわり、生きていた。わたしはそれが好きになり、いっしょに飛びまわった。(7)

翌日この体験をドン・ファンに話すと、彼はカスタネダに、おまえの「飛行の旅」はべつにとりたてて特別なものではないが、そこに現われた銀色の鳥だけはすごい価値のあるものだと言う。それはカラスだったのだ、と言うのである。

「白いカラスかい、ドン・ファン？」

「カラスの黒い羽は、本当は銀色なんだ。カラスはあんまり強烈に輝くから他の鳥に悩まされることがない」

「なんで羽が銀色に見えたんだい？」

「それはな、お前がカラスが見るように見ていたからだ。わしらには黒っぽく見える鳥もカラスには白く見えるのさ。たとえば、白いハトもカラスにはピンク色か青色に見えるんだ。カモメは黄色だ。さあ、彼らのところにお前がどうやって加わったか思い出してみろ」(8)

自分の幻覚体験から思い出されるイメージを丹念に調べたすえ、カスタネダは自分が幻覚性のきざみの影響で日常的な視覚とは構造的に異質な仕方で世界を見ていたのだという、科学の常識にも納得できるような結論をひきだして、一応のけりをつけてみようとした。けれど、この「結論」は実のところ少しもカスタネダを納得させていないのである。そのような結着のつけ方では、カスタネダ自身が「見た」ことの内容を「理解」できないからだ。だからそのためには何か手ごたえのある比喩を見つけることだ。彼にはドン・ファンの言う「おまえはカラスになったのだ」という解釈がそのような比喩であるように思えた。しかしここに困ったことがおきる。比喩ならば自分は実際には「飛行」していないことになるが、ドン・ファンはそれさえも否定しようとするからである。

「ぼくは本当にカラスになったのかい？　つまり、ぼくを見た人が普通のカラスだと思うかってこと」

「いいや。盟友の力を扱っているときに、そういうふうに考えることはできん。そんな質問は何の意味もないし、カラスになるということは最もやさしいことなんだ。そんな質問はお遊びみたいなもんさ、役に立つなんてことはほとんどない[9]」

もしもドン・ファンがこういうときに「そうだ、おまえは確かに鳥になって空を飛んでいたぞ」とか、「むろんおまえは人間のままだった。けれど想像の中ではカラスになって空を飛んでおった」などと解釈してくれれば、ロスアンジェルスの大学からやってきた人類学者は自己崩壊への深い恐怖と精神危機におちこんで、呪術師の弟子になるのをいったんあきらめて大学にもどろうなどという気を起こさずにすんだかも知れない。けれどドン・ファンはそういう質問自体をくだらない言葉の遊びだとしりぞける。それは彼が「鳥になる」ということをまったく別の水準でとらえ、体験していたからである。

ドン・ファンは「鳥になる」という言葉で、あらゆる生きものがその内部でたえず変化し流動する「何百万もの光の繊維の束」でできている「現実《リアリティ》」の層を「見る」ことのできる意識状態に入れる、という以外のことを言っていない。生きものをつくっている「何百万もの光の繊維」が揺れ動き、伸長し、折れ曲り、分裂し、接合しあっているダイナミックな流動性にみちた「現実」の層では、あらゆる生きものが固定したアイデンティティなどもたないまま、つねに別のもの「――になる」状態にいる。幻覚性のきざみを吸ったカスタネダが「カラスになった」とするならば、それは幻覚性植物の力をかりて、そうした「――になる」現実を体験できる意識状態に入ることができたという意味しかもっていない。そこで、そうしたダイナミックな流動性と交感にみちた現実に対して、日常的現実の意識がとらえるような意味で「ぼくは鳥になったのかい」とたずねること自体くだらないことだ、というわけなのである。ようするに「ものは変わりはせん、ただ見方を変える、それだけ」[10]なのだ。

だから正確に言えば、ドン・ファンがカスタネダに受け入れさせようとした非日常的現実をめぐる解釈の体系は、じつは体系ではなく、戦略なのだということがわかってくる。なぜならこの解釈の体系は、ちょうど「瓢箪に鯰」という禅の公案のように、どんな体系も、幻覚性植物が垣間見せるようなあらゆる存在が「何百万もの光の繊維」となって間断なく変化し流動しつづける現実領域をとらえ切ることはできないのだという真実を、弟子にわからせる目的しかもっていないからである。

5

だが、カスタネダの作品が、幻覚性植物の使用がひきおこす非日常的現実の体験と、その現実に対する呪術師の解釈システムを人類学者が受け入れることによって「現実《リアリティ》」についての新しい考え方が開かれてくる過程を描いただけであったとしたら、彼の作品が六〇年代の中頃から七〇年代の初めまで続いたサイケデリック革命の時期をこえて、今日みるようなとてつもない深まりを獲得するような事態にはならなかっただろう。

ところが彼は第三作『イクストランへの旅』を構想しながら、ドン・ファンとの「十年にわたる作業を細部まで調べなおし」、「幻覚性植物の役割に関する最初の仮説がまちがいであること」に気づくのである。そして、

それは世界に関する呪術的描写の本質的な特徴ではなく、他の方法では認知できない部分を、いわば固めるための補助にすぎなかったのだ。リアリティについての自分の基準に

あまりに固執していたために、ドン・ファンの目的をほとんど理解できなかったのだ。こうしたわけで、わたしのたんなる感受性の欠如が、植物の使用を促していたのだった。(11)

ということを知るにいたる。幻覚性植物の使用はカスタネダの感受能力を拡大するためにおこなわれただけであって、それはドン・ファンの教え全体のなかであくまでもひとつの手段、方便にすぎなかった、というのである。こうして「世界を止めること」と「見ること」という二つのテーマが教え全体のなかから浮上してくることになる。そしてこの時から、ドン・ファン・シリーズは「東洋の偉大な体系と比較しうる精神的な知の方法」という大学出版局のコピーがまんざら誇大でもない水準を切り開いていくようになるのである。

ドン・ファンが「世界を止める」という比喩で表現しているのは、「ふつうでは跡切れることのない解釈の流れが、その流れとは質のちがう状況によって止められてしまう、そうした意識状態(12)」のことをさしている。この意識状態は幻覚性植物の使用でもたらされるが、よりトータルな体験はドラッグなしの状態で起こる。

カスタネダに「世界を止める」状態が訪れたのは、十年あまり続いた弟子としての修行が終りに近づいていた一九七一年五月のことであった、と『イクストランへの旅』には記されている。

その日の朝、ドン・ファンはやさしくカスタネダの手をとりながら、どこか超然とした調子でこう語りかける。

「わしらは二人とも、いずれ死ぬ身だ」彼が静かに言った。「しなれたことをする時間はないんだよ、わしの教えてやったしないことをみんな使って世界を止めにゃいかん[13]」

ドン・ファンの教えてくれた「しないこと」というのは、私たちの意識の内部で間断なく働いている「本質喚起力」を停止させるための禅的テクニックのことである。私たちが外の世界をながめそこに花や岩をみつけたとするとそのとたんに、たとえ「花」とか「岩」と言葉に出さなくとも、そこに「花の本質」「岩の本質」をもつ何か固定した実体の存在することを認める意識の働きが瞬時にしてひらめく。これは潜在的な言葉の喚起力と深くかかわっていて、フィクショナルな意味世界が構成される出発点となるものだ。「しないこと」のテクニックをつかって、そういう喚起力を停止するやり方を、カスタネダはすでにドン・ファンから教えてもらっている。

ドン・ファンはカスタネダに、以前「しないこと」のテクニックを教えたあの山に今度は自分一人で行って、いよいよ「世界を止める」体験をする時が来たのだと言いわたすのである。

カスタネダが山に入って二日目の夕方、不毛の岩地の端にすわりこんでいる時のことだ。

地面でせっせとフンのかたまりを運んでいる大きなかぶと虫をいつまでも観察しているうちに、かぶと虫も自分もいずれは死んでいくことにおいてまったく対等の存在なのだ、という深い感動がこみあげてきた。「わたしはもっとも神秘的な世界に住んでおり、ほかの誰とも同じように、わたしはもっとも神秘的な存在であり、しかもかぶと虫より重要な存在なのではない」という神秘的な合一感が彼をつつみこんだ。

このとき彼の前方の野原を一匹のコヨーテが横切って行くのを見た。コヨーテは近づいてきて彼を見つめた。はじめて野生のコヨーテを見た彼は、飼犬に話しかけるような調子でコヨーテに語りかける。するとコヨーテは彼に返事をして話しかけてくるではないか。「人間がことばを話すようにことばを声にしているのではなく、むしろ、それが話しているという『感覚』」の中で、彼らは不思議な会話をつづけたのである。コヨーテは英語とスペイン語をしゃべった。チカノ・コヨーテだなんて、なんてバカなとカスタネダが思ったとたん、その瞬間が訪れたのだ。

コヨーテが立ちあがり、視線が合った。わたしは、その目をじっと見つめた。その目がわたしを引っぱっているような感じがし、突然、その動物が虹色になった。輝きはじめたのだ。それは、わたしの心が十年前のあのできごとを再現しているようだった。そのときは、ぺヨーテの影響下にあって、ふつうの犬が忘れることのできない虹色の存在に変わってゆくのを見たのだった。まるでコヨーテが記憶の引き金を引いたように、以前のできごとが呼び起こされ、コヨーテの姿に重ね合わさっていった。コヨーテは流動的で、液状で、輝く存在だった。その輝きがまぶしかった。手で覆って目を守りたかったが、動くことができなかった。その輝く存在がわたしのどこかに触れ、からだがことばにはできないような暖かみと幸福感につつまれ、その一触がわたしを爆発させたような感じだった。(14)

身体感覚もなくなり思考も感情も消え失せた状態につつまれていたカスタネダを、地平線に沈みかけていた太陽の光が打った。太陽に見入っていた彼はこの時、ドン・ファンが語っていた「世界のひも」を見る。

すると、「世界のひも」が見えたのだ。わたしの周囲のあらゆるものをつなぐ蛍光白色の大量のひもを、じっさいに知覚したのだ。一瞬、それはまつ毛に反射する太陽光線だろうと思った。またたきをして、もう一度見てみた。ひもはまだあり、周囲のあらゆるものに重ね合わされているか、それを通して出ているかのようだった。わたしはふりかえり、すばらしい新世界を調べた。そのひもは目に見え、太陽から目をそらせても変わりなかった。(15)

翌朝ドン・ファンの家に着いたカスタネダはこのエクスタシーにみちた体験を報告する。ドン・ファンは彼に、その時おまえは「世界を止めた」のだと語る。人がおまえに「世界はこうこうこういうものだ」と言いつづけたおかげで、それ以外には考えられないと思いこんできた世界が崩壊し、神秘的な一体感、ダイナミックな流動性にみちた新しい世界、呪術師の世界がおまえの前に姿をあらわしたのだ、と。

だが、そのあと続けてすぐドン・ファンは身震いするほど重大なことをしゃべる。

「だが、わしがおまえに学んでほしいのは、見るってことだ。たぶんおまえにも、見るってことは、ふつうの人の世界と呪術師の世界とのあいだに入りこんだときしか起きないことがわかったろう。今、おまえはその二つの中間にいるんだ。きのう、おまえはコヨーテに話しかけられたと、信じとった。見ることのない呪術師なら、同じように信じるだろう。だが、見る者は、それを信じることが呪術師の領域に釘づけにされちまうことだってことを知っとる。それと同じで、コヨーテがしゃべったってことを信じないと、ふつうの人間の領域に釘づけにされちまうのさ[16]」

十年前、幻覚性植物についての知識を得るためにドン・ファンの弟子になることではじまったカスタネダの「修行」は、「世界を止めること」の体験と「見ること」をめぐる教えによってクライマックスをむかえた。そして今度はたどりついたその地点から、十年間の出来事があらためて点検し直され、読み直されるのだ。こうして『イクストランへの旅』を書くことで、カスタネダはドン・ファンの教えをひとつのシステムに、「東洋の偉大な体系と比較しうる精神的な知の方法」と呼んでもおかしくないようなシステムに作り上げるのに成功したのである。(17)

このことは二つの重要な点にかかわっている。

ひとつは修行の過程でくりかえし使用される幻覚性植物の役割を、それを使用しない状態でもたらされる「世界を止めること」の中に位置づけ直したことだ。つまり呪術師にとって幻覚性植物の使用がもたらすサイケデリックな「意識の変容した状態」に分け入ったり、その体験を解釈したりすることが目的ではない。呪術師は「ふつうでは跡切れることのない解釈の流れが、その流れとは質のちがう状況によって止められてしまう、そうした意識状態」にたどりつくことをめざしている。幻覚性植物はそのための補助にすぎないのである。

もうひとつの重要な点は、「世界を止め」た後に学ぶべき「見ること」を、「人の世界と呪術師の世界とのあいだに入りこんだ」意識状態である、とドン・ファンが考えていることである。呪術師には「見る」呪術師と「見ることのない」呪術師がいると言うのだ。「見ることのない」呪術師は幻覚性植物の使用や「世界を止める」テクニックが開示する別の世界を信じてしまう。けれども「見ること」を知っている呪術師は、その別の世界を信じない。

「それを信じることが呪術師の領域に釘づけにされちまうことだってことを知っとる」からだ。それと同時に「見る」呪術師は呪術師の世界が幻覚だと言って信じない人の世界にも与しない。「ココーテがしゃべったってことを信じないと、ふつうの人間の領域に釘づけにされちまう」のを知っているからである。「見る」呪術師は、人の世界と呪術師の世界のどちらにも属しておらず、いわば二つの中間にいる。

ところで私が指摘したいのは、この二つの重要な点において、カスタネダの描きだしたドン・ファンは「人類学的呪術師」の範疇を大きく逸脱して、禅者、密教行者、スーフィー聖者のような東洋の神秘思想家の側に接近することになったということだ。

「人類学的呪術師」と私がここで呼んでいるのは、これまで人類学者が調査し分析して頭の中に描いてきた「呪術師の世界」のことをさしている。それと同時に人類学者がフィールドで出会ってきたたいがいの呪術師は実際にそういう世界に生きているという意味をもっている。「人類学的呪術師」のいちばん大きな特徴は、トランスや幻覚性植物の服用がもたらす非日常的現実というものを社会的なコードの中に組み入れて、意味の世界の側にひきよせて、日常的現実を補完するような場所をあたえようとするところにある。つまり非日常的現実にうったえることで、日常的現実の矛盾やほころびをつくろったり、社会的宇宙に全体性の感覚と活力をあたえる「機能」をもたされている。いいかえれば「人類学的呪術師」の世界では非日常的現実が社会的な秩序（ドン・ファンならば、そんなものは人々が堅固だと思いこんでるだけの幻影にすぎんと言うだろう）にあらかじめビルト・インされる運命にあるか、あるいはまたその秩序の源泉になっているのである。構造主義は「呪術師の世界」をもう少し違うように考えているけれど、基本的にはトランスやドラッグのもたらすダイナミックな流動性の領域を「象徴」というコードの中にとりおさえようとする点では、他の人類学的思考とさほど変わらない[18]。

ところがカスタネダの出会った呪術師ドン・ファンの考えでは、幻覚性植物の役割は世界に対する絶え間ない解釈の流れを中断し、知覚や思考のさまざまなレヴェルでおこなわれている急速でほとんど意識されないコード化の過程を解体したところに現われる領域を体験する「世界を止める」という最終的な目的にとっては、たんなる補助手段にすぎないと言うのである。「孤独な鳥」のように生きる呪術師ドン・ファンにとって非日常的現実の領域に踏み込むことは、そこからの分け前を社会の側にもち帰ることではなく、社会的現実の中につなぎ止められている意識を根底から崩壊させるためなのだ。

では、ドン・ファンの言う「見ること」についてはどうか。「見るってことは、ふつうの人の世界と呪術師の世界とのあいだに入りこんだときしか起きない」のであり、「見ること」を知る者は人の世界と呪術師の世界の両方の領域に釘づけにされず、二つの中間にいるのだとしたら、「人類学的呪術師」だってその条件をみたしているではないか。「人類学的呪術師」こそ、日常的な人の世界と非日常的・超自然的な呪術師の世界とにまたがった中間領域に生き、二つの世界を仲介するメディエーターであるからだ。

「だが、そこがまるで違う」とドン・ファンなら言うだろう。「見ることを知っとる者は、そんなふうに頭の中で二つの世界を分けたりせん。人の世界と呪術師の世界は両方とも平等な現実だと知って、まったく同時にしかも同じ場所で二つの現実を生きられるようにならなければならんのだ。堅固な人の世界の現実から呪術師の世界を見てそこを奇怪だと思ったり、その反対に呪術師の世界におぼれちまってそれこそ絶対的な現実だなどと思いこんで人の世界に御託宣をたれたりする、そのどっちも真実の見ることからは遠い。見ることのない呪術師にかぎって、自分は人の世界と呪術師の世界の中間領域に生きてるなどと言うものだが、彼はまだ世界というものを頭でこね上げる悪い癖がぬけきっておらんのだ」とも言うかも知れない。ようするに「人類学的呪術師」は「見ること」を知らないのだ。

　ドン・ファンのように「見る」ためには、きわめてラジカルな意識のあり方を持続することができなければならない。日常的意識がとらえている世界も、幻覚性植物が開く現実も、夢の現実も、「世界を止め」たときに現出する呪術師の世界も、さらには自分の身体という現実さえもすべてが平等な現実であることを知って、しかもその多層的現実を同時性において生きられるような意識状態を保てたとき、はじめて「見ること」ができるのだ。

「イクストランへの旅の途中で見つけたのは、幽霊の旅行者だけだ」と、彼が静かに言った。わたしはドン・ファンを見た。ドン・ヘナロの言っていることがわからなかったのだ。

「ヘナロがイクストランへの途中で見つけた連中は、みんなはかない存在にすぎなかったのさ」ドン・ファンが説明した。「たとえばおまえだ。おまえは幽霊なのさ。おまえの感情や熱心さは人間のものだ。奴が、イクストランへの旅の途中で会ったのが、みんな幽霊の旅行者でしかなかったと言ったのは、だからなんだ」

わたしは、ドン・ヘナロの旅がメタファーであることに、突然気づいた。

「それじゃ、あんたのイクストランへの旅は現実じゃないわけだ」と、わたしは言った。

「現実だ！」ドン・ヘナロが、不意に口をはさんだ。「旅行者のほうが現実じゃない(19)」


多層的現実に対するこのような意識のとり方は、たとえば「現象は空性と異なるものではなく、空性もまた現象と異ならない（色即是空、空即是色）」などという東洋思想の言葉に移しかえてみることもできる。じじつ、ドン・ファンの教えの中心テーマである「世界を止めること」と「見ること」の二つはまた、東洋の神秘的な思想家やその思想を自分のからだをとおして体得しようとする修行者がとり組んできた重要なテーマでもあるのだ。

東洋の神秘家たちはドラッグを使うこともあれば使わないこともあるが、なんらかの身体テクニックを用いて非日常的現実に入りこんでいく訓練をする。たとえば密教（タントラ仏教）の場合、ドラッグによらず、瞑想（ゴム）の技法だけで、日常的現実を変容させ、意識の深層領域を開こうとする。瞑想のテクニックの基本は「生起次第」と「究竟次第」という二つのプロセスでなりたっている。アンリ・コルバンが「創造的想像力」と呼ぶ種々のイマージュの生起する意識領域に下降し、そこへ守護神とかダキニとか言った特定の神々のイマージュをつくり上げるのが「生起次第」なら、今後はそうしてできたイマージュを溶解し消し去って、いっさいのイマージュの未発状態にある意識状態にさらに下降していこうというのが「究竟次第」である。イマージュを操作しながら、日常的現実とは異なる現実の生起する意識の領域を開くことによって、現実《リアリティ》というものに対する多層性の感受性を養っていくわけだ。このあと、夢の状態をコントロールする「夢見《ミラム》」のテクニックを訓練して、夢もまた日常的現実と異ならないできあがり方をしたひとつの現実であり、ついにはそこをまばゆい光の輝きに変えてしまえるのだと言えるまでにする。さらに身体から信じられないほどの熱を発する「神秘の熱《ツンモ》」や、意識を身体から離脱させる「転移《ポワ》」のテクニックなどの訓練が続けられる。ひとつの身体テクニックが習得されるたびに、ラマはそこに体験される非日常的現実に仏教的な解釈の体系を導入し、弟子の「合意」をとりよせるが、それはドン・ファンがカスタネダとの対話の中から幻覚性植物がもたらす非日常的現実をめぐる「合意の体系」をつくり上げ、それを弟子に受け入れさせていくやり方とよく似ている。

だが弟子の訓練がある程度まで進んだと認めたラマは、弟子をさらに根源的な体験にいざなっていこうとする。これから先は瞑想（ゴム）による心的イマージュの力も借りず、文字どおり「世界を止める」ための訓練がはじまるのだ。世界に対する解釈の流れを断ち切り、日頃ながめている世界を解体して、「意識の原初状態」を実現する。

そのあと、この「原初的な意識」が転変して日常的意識の現実がつくりなされるまでの過程を観察して、現実の多層性と、その現実がどれも夢や幻影と同じでき上がり方をしていることを体験させるのである。

光輝く意識の原初にたどりつき
心とは何者であるのか知りぬいた時
おまえにはもはや
この現象の世界の無常に対する
恐れ、悲しみ、虚無感はない
その静かな心の鏡には
現象の世界のつねに動いてやまない様が
限りない戯れのように映っている(20)

インドのタントラ仏教徒の語るこの言葉が、かりにイクストランへの旅を続けるマザテク・インディアンの呪術師の口から出たとしても少しも不思議だとは思えない。

『イクストランへの旅』や『未知の次元』にカスタネダの描き出しているドン・ファンやドン・ヘナロといった呪術師が、「人類学的呪術師」の枠を大きく超出して、東洋の神秘思想家たちの傍らにいると言ったのは、こういう意味である。ドン・ファン・シリーズはこうして、人類学者の書いた本としては信じられないほどの高さ、深まり、そして軽やかさをそなえた世界をつくり上げたのである。

カスタネダ（と彼のドン・ファン）は人類学に対して、したたかな挑戦を仕掛けてきたのだと言える。それはまず『ドン・ファンの教え』の末尾につけられた「構造分析」と称する文章によってなされた。生き生きとした前半部のルポルタージュにくらべ、まったく生彩を欠くこの「構造分析」の章を削除してほしいという大学出版局の編集者の申し出をカスタネダは断わった(21)。そのわけは「構造分析」の章が『ドン・ファンの教え』という作品の重要な一部をなし、それによってカスタネダは人類学における構造分析という知的な方法のパロディを演じてみせようとしたからである。

つぎにカスタネダはドン・ファン・シリーズをつうじ、一貫して「エスノメソドロジー」をアレゴリー化してしめした。ただし方法を逆倒することによって「エスノメソドロジー」を極限的な状況にまで追いこんで、ついには現象学そのものを最終点まで歩み出させようとした。

そして「人類学的呪術師」を超出する新しい呪術師の世界を描き出すことによって、彼は西欧の近代知に内属する人類学的思考の限界をつきぬけようとしたのである。

だから、もしもカスタネダのことを人類学者と呼ぶことができるとすれば、ただ、脱＝人類学的思考を実践することにおいてのみ、そうであったと言える。

注

(1) チャールズ・タート編『意識の変容した状態』ジョン&ワイリー社、一九六九年には、さまざまな「意識の変容した状態」をめぐる翔んでる論文が多数収められている。

(2) 六冊あるドン・ファン・シリーズとは、
真崎義博訳『呪術師と私――ドン・ファンの教え』二見書房（原書は一九六八年）。

真崎訳『呪術の体験――分離したリアリティ』二見書房（一九七一年）。

真崎訳『呪師に成る――イクストランへの旅』二見書房（一九七二年）。

名谷一郎訳『未知の次元』講談社（一九七四年）。

真崎訳『呪術の彼方へ――力の第二の環』二見書房（一九七七年）。

真崎訳『呪術と夢見――イーグルの贈り物』二見書房（一九八二年）。

引用の頁はすべて真崎氏の訳文のものである。

私がこの論文で『ドン・ファンの教え』『分離したリアリティ』『イクストランへの旅』の三冊しか用いなかったのは、別にあとの三冊が他人の手になる作物だろうなどと勘ぐっているためではない。『未知の次元』に展開された「ナワール」と「トナール」の存在学についてはすでに真木悠介氏の優れた文章『気流の鳴る音』（筑摩書房）があり、そこにつけ加えることは何もないと思えたからである。また『力の第二の環』については、たんに私がその内容をあまり気に入っていないという理由だし、最後の『鷲の贈物』については買ったばかりで、まだ読んでいないためである。いずれそれらも併せてより大きなカスタネダ論を書いてみたいというのが私の望みである。

（3）ヒュー・メハン、ハウストン・ウッド共著『エスノメソドロジーの現実』ジョン&ワイリー社、一九七五年。

（4）このあたりの話、すべてリチャード・ド・ミル「エスノメソドロジーの寓意——荒野でガーフィンケリング」（『ドン・ファン論集』所収、ロス・エリクソン社、一九八〇年、六八～九〇頁）によっている。

（5）『イクストランへの旅』一四〇～一四一頁。

（6）ドン・ファンがここでカスタネダに教えている夢見のテクニックは、広く深い伝統をもったもので、東洋的神秘思想の中でも重要な働きをしていた（本書所収「夢見の技法」参照）。

（7）『ドン・ファンの教え』二〇一頁。

（8）『ドン・ファンの教え』二〇二～二〇三頁。

（9）『ドン・ファンの教え』二〇八～二〇九頁。

（10）『分離したリアリティ』五〇頁。

（11）『イクストランへの旅』一五頁。

（12）『イクストランへの旅』一六頁。

（13）『イクストランへの旅』三三三頁。

（14）『イクストランへの旅』三三八～三三九頁。

（15）『イクストランへの旅』三三九頁。

（16）『イクストランへの旅』三四一頁。

（17）この点が、カスタネダの作品は創作だという批難のいちばん有力な根拠にされることが多い。つまりカスタネダは西欧の言葉で書かれたり、東洋語から訳された神秘主義の文献を読んだ知識に、ＬＳＤ体験記をミックスし、それに民族誌的データの味付けをして、ドン・ファン・シリーズを書いたというのだ。たとえばアゲハナンダ・バラティの「カスタネダの弁明――二重の神秘的幻想」(『ドン・ファン論集』所収、一四七〜一五三頁)などは相当なパンチ力をもった批判である。けれどこの批判者ご自身の書いた神秘主義の本(バラティ氏はインドのヴェーダーンタ系神秘主義セクトの高級司祭でなおかつ『タントラの伝統』などの著作で知られた人類学者でもある)を読んでも、あまり感動がわいてこないのはどうしたことか。万が一、ドン・ファン・シリーズがフィールド・データにもとづかない創作の部分が多いとしても、かえってそのことで舌を巻く人の方が多いのではないか。

(18) ジル・ドゥルーズ、フェリクス・ガタリ共著『アンチ・エディプス』ミニュイ社、一九七二年の「野人、蛮人、文明人」の章。

(19) 『イクストランへの旅』三五五〜三五六頁。

(20) パトゥル・リンポチェ『クンサン・ラマの教え』にこの言葉が引用されている。ラマ・ケツン・サンポと中沢新一の共著『虹の階梯』平河出版社、一九八一年を参照されたい。

(21) リチャード・ド・ミル『ドン・ファン論集』六八頁。

チベットのモーツァルト——クリステヴァ論

1　空間が笑う

ジュリア・クリステヴァの作品には、つねにある種の「笑い」にたいする感覚がつらぬかれている。それはけっしてユーモラスな笑いではないが、言語と空間表象すべての「起源」の場からたちおこってくるパラドキシカルな笑いである。この起源の笑いがわきあがってくる場に結びつくさまざまなパラドキシカルな諸テーマを形式的言語学と記号論の場にもちこむことによって、そこを不安定で動的で可溯的なものにつくりかえようとする戦略において、彼女はジャック・デリダをはじめとするポスト構造主義の書き手たちとパラレルな関係をもっている。

たとえば「われわれは意味を笑うのでも無意味を笑うのでもない、われわれが笑うのは意味の構築性であり、ひとが言葉を語ることを可能にしているポジションそのものを笑うのだ」と書くとき、クリステヴァはこの起源としての笑いのごく身近に立っている。彼女はフィリップ・ソレルスの音楽ざわめく小説《ロマン》『H』を論じた文章のなかで、『H』に充満し、そして彼女じしんの理論の言葉すべての根底にある笑いが、ラブレー的哄笑でもスウィフト的嘲笑でもない、いわば「東洋的」なまったく別種の笑いであることを、次のように強調している。

この笑いは、すでに見出され約束され充実しきった身体に依拠して、科学と神秘と結婚と精神を動揺させんがために放たれるラブレー的な高笑い、つまり大いなる「人間」のたてる豪快な笑い声ではない。ましてそれは、社会的合意の仮面の下に地獄をあばきたて、「人間」どもにむかってお前なぞ小人国の住人にすぎないと叩きつける冷酷で醒めきったスウィフトの嘲笑ともちがう。ルネッサンス以来、西欧が笑うとき、そこにはいつも理性の光があった（ヴォルテールやディドロの下克上の笑い）。さもなければ、権力と論理がその明晰さを失ってあいまいになり、ぐらり傾いてついに解体にいたる精神病理の片角でばかり笑うようになってしまった（意味を磨滅させる黒い笑い。たとえばジャリ、レイモン・ルーセル、チャップリン）。だが、『H』にはそれらとはおよそ異なる別の笑いがみなぎっている。(1)

彼女がここで「別の笑い」と呼んでいるものは、意味の構築性や構造性と文字どおり直接結びついている笑いである。それは記号と直接結びついている笑いである。それは記号という不在の場所に送り返されることによって生ずる反作用的（ルサンチマン）な笑いではなく、意味の構築力がおこるまさにその地点で即座にはじけとぶ、パラドックスを肯定するような明晰な笑いなのである。つまり、ラブレー的哄笑にみられるように、ポジションをしっかり定めた「人間」がすでに構築ずみの体系を笑いとばす批判の笑いとちがって、この「別の笑い」はポジションというものがきめられたとたんにふきだしてきてしまうのである。おまけにそこには、スウィフト的嘲笑のように意味が構築されるために体系のずっと下の方で抑圧やら隠蔽やらがおこなわれなくてはならないという事実を暴いて、嘲笑してみせるような不健全なところがない。それに、意味や論理の構築性そのものを否定して、それをグシャグシャに解体して喜ぶ病的な黒い笑いと異なり、意味の構築性を笑いとともに肯定する明快さをもっている。「別の笑い」は、リズミックに揺れる多様体としての身体に、その運動を固定するような「軸」があたえられ、それをたよりに意味作用が動きはじめようとする瞬間にわきあがってくる。それはリズミックな流れの上におかれる「軸」の恣意性を笑うのだとも言えるが、そのような恣意的な「軸」をもとにして構築される意味の世界を笑いとともに迎え入れているのだとも考えられる。

ところでクリステヴァの言う「別の笑い」が、じっさいにどんなものかを知るためには、われわれには苦労して『H』を読むよりも、次のような「東洋の笑い」の話を想いおこしてみたほうがわかりやすい。そこに、きわめてラジカルなかたちで、この「別の笑い」が描かれているからである。

唐代の禅僧薬山和尚はある日、僧堂の裏手にある山上を散歩していた。夜中になって薬山はその山上で、突然、大声で一笑した。近隣の村々の住民たちは、その夜同じ笑い声をきいて、口々に言った。「東隣りで人の笑う声がした」。翌朝になって、村々のものは笑い声の主をもとめて一斉に東へ東へと探して、ついに薬山の寺にたどりついてしまった。とりつぎに出てきた弟子によれば、「たしかにゆうべは和尚が山頂で大笑するのが聞こえた」という。この話は有名になり、それを伝え聞いた薬山の友人李総理はこんなほめうたをつくった。

静かな住居を見つけて、飾らぬ心をたのしみ、年中、客を送ることも迎えることもない。あるときは、孤峰頂上にのぼって、雲のうちから顔をだす月に大笑いする。（『祖堂集』[2]）

薬山のはじけるように明晰な笑いは、ふつう考えられているユーモラスな笑いとはちがう。その笑いは意味に反作用するものでも、無意味にたいしてむけられたものでもない。雲間が晴れ、そこから月が顔を出したということ自体にはなんの表象性も含まれていないし、また表象性がないという事実の「無意味」さを笑うほど、禅者はひねくれていない。薬山和尚が笑っているのはもっと別のことだ。この禅僧は、月が雲間から顔を出すことによって、連続のプロセスに句点が打たれたこと、連続体に切断がとびこんできたこと、ただそれだけのことに身体を揺らせて笑っている。ここにあるような「東洋の笑い」は、空とか無とか無限とか呼ばれているもののほうにたしかに方向づけられているけれど、けっして空や無や無限それじたいから笑いが生じてくるなどということはありえない。空を横切る光がそこに溝や痕跡を刻みこんだとき、無の連続体から「起源における粒子」とも言うべきモナドがとびだしてきたとき、そして無限の多様体に位相的ねじれを加える「点」があらわれたとき、それを無邪気に笑う笑いなのだ。クリステヴァの言う「別の笑い」とは、それゆえ、原エクリチュールの場、意味の構築性の立ちあがるパラドキシカルな起源の場ではじけとぶ、それじたいきわめてパラドキシカルな笑いなのである。

クリステヴァの考えでは、運動の連続過程をせきとめたり、不連続の句切りを入れたりする原初的な分節がおこなわれる場にわきおこるこうした「別の笑い」は、新生児の身体のセミオジスにあらわれる最初の笑いに深く根ざしている。この笑いは、鏡像効果がおこる以前の幼児の行動、つまり分析の場面にいっさいの表象をもちこむことができず、また言語の「イデアール性」によって欲動の流れがコード化されるという事態がおこる以前の状態にある「幼児言語」のなかに観察することができる。

ウィニコットやスピッツによる「幼児言語」の研究と彼女じしんの観察にもとづいてクリステヴァの語っていることをまとめてみると、おおよそ次のようになる。(3)

生後まもない幼児は、母親の身体との接触やその温かさや母乳などがふたたび自分のほうにもどってくることを求めて、母親のほうにむかって呼びかけをおこなう。スピッツが「アナクライズ anaclyse」と呼ぶこの呼びかけは、母胎のなかにいたときの生の構成要素がいまここでは欠如していることをしめしている。ところでこの呼びかけに応じた「じゅうぶんに良い母親」がさしだした乳房に口唇が触れたとたん、新生児は母乳を飲んで「原初的ナルシシズム」を満足させる前に、柔らかな笑いをもらすのである。母親の乳房はアナクライズの呼びかけを受けとめる壁をなすものだが、幼児の欲動の流れがこの限界点に触れたとたん、最初の笑みが幼児の顔からもれるわけである。いわば母親の乳房や身体は、呼びかけが投射される表面の壁、限界点、固定軸、目標をしめすものであり、幼児の呼びかけを柔らかく受けとめてもてなすことによって、欲動の流れをそのくだける先端部で笑いに変えるのである。もちろん、アナクライズの呼びかけをもてなす限界点はなにも乳房だけに限定されない。口唇や視覚や聴覚のどれにおいても同じ「アナクライズの笑い」がこぼれてくる。さしだされたり、ひっこんだりする乳房、いきなり視線にとびこんでくる光、間隙をおいて発せられる声や音楽などが、同じ働きをすることができる。新生児はそういう乳房や光や音があらわれたとたんに、にっこりと微笑む。

クリステヴァはこれらの観察から、フッサールの『幾何学の起源』に直結する、きわめてスリリングな思考を展開してみせる。このアナクライズの笑いが、あらゆる空間性と言語の論理－象徴機能とのとば口であることをしめしてみせるのだ。

乳房や光や音は、アナクライズの欲動の流れを瞬間的に受けとめ、固定化し、クッションボードのように吸収するプリミティブな固定点をなすものだ。これらの点ないし軸は、自己と他者、幼児と母親、主体と客体が未分化の状態にあって、まだいかなる空間性もかたちづくられていないところに、リゾーム状の運動性を固定し吸収する原初的な「場」をつくりだす。この原初的な「場」には、まだ内部も外部もない。それは空間性のとば口ではあっても、まだ空間と呼べるようなものはかたちづくられていない。だが、この固定点や軸の出現によってすでに決定的なことはおこってしまったのである。クリステヴァの語るところをさらにラジカルに押し進めるならば、これらの点、軸、印を境にして、ある決定的な位相的ねじれがおこり、そこからいっさいの空間性の原基とともに、意識にとっての無限というものがたちあらわれるようになるのだ。つまり、アナクライズの笑いが生まれる「場」をつくりなす点は、こののち言語の論理－象徴機能に深くねざした空間なるものがかたちづくられる基点をなすと同時に、いかなる空間表象、いかなる言語様式によってもとらえることのできない無限にむかってもひらかれているという、きわめてパラドキシカルな位置をしめることになるのだ。

アナクライズの笑いを誘発する運動性／固定化の分節は、とりわけ視覚をとおして二つの重要な形成をおこなう。欲動の固定点はまだ内部も外部もない「場」をつくりだすが、その

「場」はくりかえしあたえられることによって、あいまいなまとまりをもつ「空間」へと変化していく。不連続の切断点が、いわば笑いとともに原初的なトポスをつくりなしていくのだ。フッサールならばおそらく「大地」と呼ぶであろうこのような空間性の原基は、だからもともと母体的ななりたちをもっているわけだ。だが同時に、このあいまいなまとまりをもつ「潜在的空間」（ウィニコット）は、幼児の身体とまわりの世界を差異化する「移行的対象《オブジェ》」となっていく。いうまでもなくそれは、のちに言語の論理‐象徴機能が獲得されるための母型をなすものだ。欲動の流れを受けとめていたパラドキシカルな固定点は、「あれ、そこ」などという音声とともに幼児の身体からじゅうぶんに分離された「対象《オブジェ》」や「レフェラン」に象徴化されていく。こうしてしばらくたてば、アナクライズの笑いがわきあがっていた原初的な「場」は、「場所‐の‐名前」になってしまう。[4] こうして、アナクライズの笑いのなかに、われわれはたがいに分ちがたく結びあった空間性の原基と、言語の論理‐象徴機能の母型を同時に見出すことになるのだが、これはフッサールが『幾何学の起源』において、「形をなし」「形式化」する人間の空間直感の能力が「言語にむすびつく論理の働き」に深く根ざしていることを指摘したときに、すでに気づかれていたものである。

　クリステヴァの言う「原記号作用《ル・セミオティック》」は、欲動の流れを固定し吸収するこのようにパラドキシカルな「点」のあらわれをもとにして、この「点」が可能にする位相的なねじれの直後に形をなしてくるものなのだと考えられる。したがって、「原記号作用」と呼ばれるものには、すでに言語と空間の形式をうみだしていく「目的論的理性」（フッサール）の萌芽がすべて内蔵されている。『詩的言語の革命』にくわしく描かれているように、この「原記号作用」はヘーゲル的「否定性」をバネにしながら、一義的な命題表現を可能にする論理‐象徴機能にまで「上向」していく。そしてその「上向」のプロセスには「原記号作用」に内在する運動性を固定し、せきとめるための禁止点や固定軸がさまざまのかたちをとおして多発的に何度もあたえられ、そのたびにその禁止点や固定点をいわば「軸」にするようにより複雑なより新しい笑いのかたちが生まれてくるのだ。だが、意味の構築性が動きはじめるまさにその地点でわきおこるこれらの笑いは、すでに、原初的な「場」「空間」をつくりなすパラドキシカルな「点」とともにあらわれる柔らかな笑い、位相的ねじれの位置に生まれる笑いのなかに先取りされ、予告されていたものである。

2　数の生成

「無限」に刻みこまれる固定点として、そこに位相的ねじれをつくりだす笑い。この起源としての笑いが浮かび上がらせるもうひとつのパラドキシカルな存在。それはほかならぬ「数」である。

なぜなら、リゾーム状[5]の欲動の連続的な流れを固定し吸収する「点」や「軸」の場所にわきおこるアナクライズの笑いのように、あるいは連続体にモナドの出現するその瞬間にはじけとぶ「東洋の笑い」のように、数はそのはじまりにおいて、そして隠蔽された起源としていまもなお、連続体に刻みつけられる溝やすじにほかならないからである。

数ははじめに、糸の結び目として、陰干しされたレンガにヘラで刻みつけられた溝として、また亀の甲羅に彫りつけられた痕跡として、竹の小片として出現した。これらの結び目、溝、痕跡、切り口は、数を表象しているのではない。それは「グラム」として表象と意味作用の手前にある。数は連続体に刻みつけられ、それによってはじめて意識にとっての無限というものを出現させる不連続の痕跡であり、無限にたいして最初に加えられる有限化の切りとりである。したがって、アナクライズの欲動を固定する「点」のように、数にはつねに位相のねじれ、生成、カタストロフが内蔵されている。この位相的ねじれと生成の「事後」に、数は表象の対象としての「数《ノンブル》-記号《シーニュ》」となり、順序化され相互に関係づけられながら、数学的な構造世界を構築するようになる。そのため、ピュタゴラス派やネオプラトニズム、カバラーなどにとって、数はまず算術の対象である以前に、人間にたいして「無限」をめぐる問題をつきつけるきわめてパラドキシカルな「数秘術」的存在であったのだ。一見何の変哲もない数は、その内部に科学と神秘主義の萌芽を同時にはらんでいる。

笑いと数の共通性はそこから生まれてくる。アナクライズの笑いが、いっさいの記号論的空間（空間表象）の原基であるとともに、言語の論理-象徴機能を受け入れる母体をもなしているように、数もまたもっとも純化された数学的形式にたどりつくべき構築性の原基、卵であるからだ。だがそれ以上に重要なのは、アナクライズの笑いがリゾーム状の多様体に加えられる位相的ねじれのおこる「場」に位置しているのと同じように、起源としての数もまた、それによってはじめて意識にとっての無限というものを出現させることになる有限化のグラムであるというパラドキシカルな構造をもっている点である。クリステヴァはしばしば「テクスト的意味作用」に関連して、カントールの集合論的表現をかりながら「言語《ラング》は超限数をもつ[6]」と語っている。テクスト的活動、詩的言語、「別の笑い」などが、言語の形式化する構造にたいしていわば「意味する無限」をあらわにするように、起源としての数はそれみずからにおいて超限数であり、数学的形式の全体をその基底において無限をめぐるパラドックスにむけてひらいているのである。

じっさいこのように考えてみるとはじめて、フィリップ・ソレルスがいまだにその可能性のいささかも色あせることのない小説《ロマン》『数《ノンブル》』において、自らのエクリチュール論、言語論をくりひろげるもっとも重要な鍵として「数」をとりあげたときに、彼はまさしく問題の核心にふみこんでいたのだということが理解される。グラムとしての起源の数はテクストのメタファーであり、また微分するモナドとしての「テクスト的意味作用」そのものであるからだ。クリステヴァがこんにちまでに書きえたもっとも見事な論文のひとつ「式の生成」(『セメイオチケ』に所収[7])は、このソレルスの『数』を受けて書かれた。そのなかで彼女は、テクストの問題を数論のパラドックスに関わらせながら明晰にあとづけてみせた。われわれが考えるように、起源としての数と原初的な笑い（または「記号論的コーラ」をつくりなす「場」）とが、まったくパラレルな位置構造をもっているとするならば、初期クリステヴァが展開した数学基礎論的テクスト論と、『詩的言語の革命』などにおける精神分析学的テクスト論との間には、切断や発展ではなく、むしろ同じ着想にたつずらしだけが存在する。しかものちにしめすように、クリステヴァの「可能性の中心」は『詩的言語の革命』ではなく、『セメイオチケ』のなかに見出すことができるのである。「式の生成」が出発点にすえるのも、たえず形式化をすりぬけていく起源としての数のもつパラドキシカルな性格である。

> 起源のときから、数は表象も意味作用もおこなわない。（ミメーシスと芸術における）模倣の外にあり、イデアールと意味作用と形而上学的真理の外にある数には自らの内部も外部もない。数は自分以外の力によってひきだされたり、造りだされたり、おこされたりしたものではない。刻みつけることによって無限をあらわにするものとして、数はアナフォリック（意味作用に先立つ模様）であり、その機能は多数多様性そのものを模様化し、意味作用をすりぬけていくことにある。[8]

無限に刻みこみ、無限を点化して組織化する運動のとば口にあるグラムとしての数。科学と神秘主義をともに内蔵するこの起源としての数は、近代数学の出発点において対照的な方向をむいたふたつの「数の概念」のなかに分裂していった。デカルトが考えた代数的数とライプニッツの微分法における解析的数のふたつである。

デカルトにとって、数は「われわれの思考に依存」するものとして、合理的な主体の構築と並行的に考えられていた。おまけにこのような思考する主体とまわりの対象的世界ははじめから二元的に分離されているので、数はその時点から具体的な物事を表象する「数‐記号」であった。「数もまた、なんらかの被造物においてではなく、たんに抽象的に、すなわち一般的に考察されるときには、思惟様態であるにすぎない」と書くデカルトはまた次のようにも言っている。

数が問題になる時、われらは、多くの単位で測られる或る主体を想像する。そして、悟性がさしあたりその主体の多性〔数〕(multitudines) を考えるのはよいとしても、進んで、「数えられるものはわれわれの表象〔数の表象〕から全く排除されている」と前提して何かの結論を下すに至らないよう、われわれは警戒するであろう。実際、数に対し、驚くべき神秘や全くの根なしごとを帰する人々は、まさしくその誤りに陥っているのであって、もしかれらが「数」をば、「数えられるもの」とは別なものであると考えなかったのならば、確かに、あのような事にあれほど信をおかぬはずである。(9)

デカルトにとっての数は、主体にそれ固有の限界づけをあたえ、その同一性を保証する「持続」の概念によって、すでに数えられ、整序だてられうるものとなっている。自分自身の持続と限界を意識している主体は、具体的な対象世界の事物もまたそれぞれに固有限界づけと持続をもっているという意識をもち、そのようにして世界を統一的にとらえているのだ。こうして数は、具体的な事物を「表象」することになる。それぞれに固有の持続（これは数で表象される）をもった諸部分を加えていくことによって全体というものまでが計測され、構築されるデカルトの代数幾何学的世界観の基礎には、起源の数がはらむパラドックスを「信じ難い迷妄」として禁止するひとつの大きな隠蔽がひそんでいるわけだ。

だが、起源としての数がはらむ無限をそこから排除し禁止したデカルトは、そのかわりに無限を超越者の場所に、つまりは神に帰属させることによって、この隠蔽から生じてくる困難を解消しようとした。無限はこうして抽象化され、遠ざけられ、超越化され、こんどは「数‐記号」の構築する体系全体を維持するのに欠かせないメタ・レヴェルの中心的位置に置かれることになった。無限がゼロ記号につくり変えられたわけである。しかも、どこまでも外延されうる抽象的に構造化された空間は均質な一種の「外‐無限」の観念を生み出していくから、これによって、起源の数に（ひいては主体の起源に）内在している無限は、二重に蔽い隠されていくことになる。数が「あざやかな錐を突き出して、その萌えあがる力をもって空間を切る」、そのとき数がのこす痕跡、溝、切り口があらわにする無限は絶え間なく句点のビートが刻まれ、絶え間なく差異が刻まれていく無限であり、あらゆるものを吸いこんでいく均質な「空」としての「外‐無限」とは、およそ異なるものなのである。

クリステヴァは、空間を「代数」化しようとしたデカルトにたいして、空間を「解析」しようとしたライプニッツの微分法の思想のもつ重要性を強調している。彼女はこのとき無限をどう処理するかという数学上の問題が、テクスト論というかたちで言語学の場にもちこまれようとしていた問題とまったく同質のものであることを、正確にとらえている。

たしかにライプニッツの「微分＝差異化」算術は、形式化された数の内部に無限をとりもどしていくための技法にほかならない。クリステヴァの言い方を借りれば、数にその「無限‐点」としての機能をとりもどしていくための技法なのである。彼女はこう書いている。

> 微分法の象徴プロセスは、全体を部分に分割しつつ測定していく方法とはおよそ異なるものだ。「無限‐点」は連続性と変移の法則にしたがうものであるから、どの「無限‐点」ひとつとってもたがいに等しいものはなく、どんな一致のなかにも無限小の距離が隠されている。微分法は構造として形式化されない。それは漸近という手続きのもとにすすめられる機能をしめしている。πと書かれた「記号‐数」と、微分法にもとづく表記法（$\frac{\pi}{4}=1-\frac{1}{3}+\frac{1}{5}-\frac{1}{7}+\cdots\cdots$）でしめされた「数」との間には大きな違いがある。微分法は

統一体をばらばらに分解するのだ。統一性の鏡である「記号‐数」はこわされる。微分法の表記法は「記号‐数」をはみだし、のりこえていくのである。(10)

ライプニッツの微分法はあらゆる微小な空間まで微分＝差異化していくために、点から点をつなぐ「持続」によって考えられたデカルト的な均質空間は、そのあらゆる地点で無限を内包する「穴」をうがたれ、分解され、解析されることになるわけだ。こうして、微分法は、観念的な均質無限（ニセの連続体）の場所を解析し穴をうがつことによって、そこに「超越」とは異なる「場《フィールド》」としての真の連続体を回復しようとしたと考えられるのである。

したがって数を微分するとは、体系全体をささえるゼロ記号として超越者の位置に抽象化され遠ざけられていた無限を数の内部にとりもどしていくということ、「数‐記号」という個体マッスに統一する力をすりぬけて、連続体に刻まれる「無限‐点」としての起源における数にたちもどっていくことを意味している。大きなマッスにまとめあげ統一する力を、無限に差異化していく移行の運動におきかえていくのである。このようにしてみるとき、テクスト活動とそれに対応する理論の言葉「セマナリーズ」の特質を、ライプニッツの微分法思想とパラレルさせながら、「意味の微分＝差異化　la différentielle signifiante」なる新造語をつかってとらえようとしていたクリステヴァが、それを象徴秩序にたいする異和的な力の侵犯だの、秩序とカオスの弁証法的往復運動だのとは、まったく異なる視点からみていたのだということがわかる。
テクストや詩的言語を象徴秩序にたいする異和的な力の侵犯とそれによるシステムの再活性化としてとらえようとした古典熱力学的イメージにたいして、それを「意味の微分＝差異化」という言葉でとらえようとしたクリステヴァはむしろ、量子論化された現代の熱力学とよく似た立場に立っているのだ。たとえばこの新しい熱力学は次のように主張する。

この科学のもっとも基本的概念であるエントロピーを、現代熱力学はシステムの原子の状態に関する観察者の無知の度合として考えるのだ。われわれがある対象の圧力、体積、温度などを測るとき、その対象を構成している原子や分子の正確な位置や運動量についての知識は欠如したままで残ってしまう。われわれに欠如しているこの情報量をしめす数値こそ、エントロピーに対応するものである。古典熱力学においてはエントロピーは、発動エンジン的な意味で、外的な仕事に充当されていないシステムのエネルギーをあらわしていた。現代的な見方では、ふたたび人間の意識というものがはいりこんできて、エントロピーはシステムの状態ではなく、その状態にたいするわれわれの知そのもののありようと関係するようになっている。(11)

「意味の微分＝差異化」という言葉でとらえられたテクスト活動とセマナリーズも、それと同じように、システム（オープン・システムであるにせよ何にせよ）の状態ではなく、その状態にたいする意識の働かせ方のほうに関係しているのである。統一するマッスにまとめあげ積分していこうとする力に対抗し、すりぬけながら、深層でも外部でもないまさにその同じ場所で、分子（モナド）が絶え間なく差異のビートをたたき、連続体に絶え間なく数が刻みこまれていく「場」にはいっていくことのできる意識の働かせ方を、クリステヴァは「意味の微分＝差異化」と呼んでいるのだ。『数《ノンブル》』のようなテクストとクリステヴァのセマナリーズが実現しようとしたのは、言語体におけるこのような微分化、分子化の試みである。マッスに積分化し統一していく凝集力を解体していくからといって、微分化の運動を秩序や統一体にとっての未分化のカオスに降下していくことと勘ちがいしてはいけない。微分化していく意識にとって明晰な光景とうつるものが、あくまでもマッスに統一しようとする意識にはカオスの闇に見えているというだけの話である。言語的なマッスをさまざまなレヴェル（語彙のレヴェル、意味論のレヴェル、統辞法のレヴェル、物語のレヴェルなど）で統一する力を解体しすりぬけていくために、このときソレルスの駆使した技法をデリダは「散種」と呼んでいるが、その技法はジョン・ケージの音楽やミニマル音楽などと深い相関性をもっているように思われる。また、次のように書くクリステヴァは、テクストというものにたいして、分子化をとおしてエディプス三角形からの脱出線を探りあてようとする『アンチ・エディプス』の著者たちとほとんど同じイメージをいだいているのである。

「存在」によって囲いこみをおこなう装置を解体し、微分＝差異化する意味形成性によって無限を充たしていく。それは、「現実界－象徴界－想像界」の形づくる三角形の外に出ることであり、数を刻みこむ空間すなわちテクストの空間を設置することにほかならない。(12)

ところで、『セメイオチケ』におけるクリステヴァが、「意味の微分＝差異化」としてのテクスト論を展開するために、しばしば七世紀インドの言語哲学者バルトリハリの著作を援用しているのは、きわめて興味深いことである。そこにはたんなる「テル・ケル好みの東洋趣味」などではなく、テクスト論がはらんでいる非－西欧知的なるものの特質がよくしめされている。

バルトリハリに代表されるようなインドの（ブラーフマン的、仏教的）言語論は、西欧の言語論と異なって、コミュニケーションを可能にする超越者、普遍者や、形式化されうる言語構造というものをその出発点にすえない。インド的言語論は、起源における数ときわめてよく似たモナド的な「言語種子」とその成長の記述からなるものである。言語の種子は、あらゆる言語表現がとらえることのできない空、無、無限に深くひたされている。つまりそれは、空や無限に位相的なねじれがおこった地点に生まれるパラドキシカルなモナドなのだ。

言語論はこの言語種子が目的論的理性の運動力のなかで自らを展開し、成長していく過程を描くが、そのことによって、言語そのもののもつ多層性と、その基底において言語は空や無限にむけてひらかれ、ひたされてもいるというパラドックスをあらわにするのである。それは、言語を整合的な体系として記述することからはじめることによって、形式化と構造の起源にあるパラドックスを隠蔽してしまう西欧の多くの言語理論と対照的である。

だが、それればかりではない。もっと重要なことは、ユダヤ＝キリスト教的な西欧がその形式化の起源にあるものを思考するときに必ずと言ってよいほどひき合いに出す「供犠」のメタファーが、東洋の言語論にはおよそ欠如しているという事実である。超越論的言語論にとって、形式化・構造化の起源はつねに、精神的・神的なものによる物質的・感覚的な土台の否定や殺害として、体系的なものにたいする異和的な力の殺害として、あるいは上方からカオスにむけて射し込む光のイメージとして思考されていた。目的論的理性の光みちる「上向」の果てからすべてが照らし出されるから、その起源はつねに異和的な力の領域の殺害としてイメージされてきたのだ⑬。

だが、言語の起源をモナド的な言語種子の生まれる位相的ねじれの場所におくインドの言語論にとって、目的論的理性の「上向」はおよそ光にむかっていくものとは考えられていない。つまり、光は生まれたばかりの無数の言語種子のとびかう微分化され分子化された意識の状態にこそみちみちているのであり、マッスに統一され積分されていく「上向」のなかでその光はあたかもドップラー効果のように鈍化し輝きが失われていくのだ。したがってこの内在的言語論には、超越論的言語論のそれを転倒した「光学」のイメージや植物学的なイメージはあっても、「殺害」や「供犠」のイメージは存在しえないのである。

「意味の微分＝差異化」としてテクスト活動をとらえるクリステヴァがすぐれて非西欧的であるとするならば、ソーマ（身体的なもの）や「原記号作用《ル・セミオティック》」に加えられる否定性による象徴的殺害をその出発点にすえるようになったクリステヴァは、たとえその転倒や再布置化をめざしているのだとしても、よりユダヤ＝キリスト教化されたクリステヴァである。それによってたしかに「異邦の女」クリステヴァの語る言語はよりよく理解され、受け入れられるようになった。だがそれとひきかえに「測りしれぬ量の無数の数の萌芽」（ルクレティウス）のうちの多くがついえていったことも否定できない。

3

しかし、つねに上向をめざし、構築をめざす力強い目的論的理性と、それをささえている超越論的言語論の内部でおこなわれなければならない「意味の微分＝差異化」としてのテクスト実践とセマナリーズ（意味‐解析学）は、じっさいにはきわめて入りくんだ道すじをたどらなければ、自分自身を実現できないように思われる。それは「たたかい」の様相をとることになるだろう。ソレルスは「ぼくがここでたたかいと呼んでいるもの」を燃える火のメタファーをつうじて言い表わそうとしている。このメタファーがすこしも月並でないのは、その火がたんなる破壊や攻撃ではなく、トポロジカルな空間変形をめざすものとしてまっすぐに「テクストのたたかい」の本性に射込まれているからである。つまりそこでは言語における一義性への上向の運動と、「表面」を形成する空間構築へのトポロジカルな運動とが同質なものであることがしめされ、それにたいする「たたかい」を火のイメージにたくしているのだ。彼は『数《ノンブル》』の冒頭でつぎのように書きつけている。

……紙が燃えていた、そして、規則正しく形が歪められるやり方でそこに投影され、描かれ、彩られたものすべてが問題なのだったが、その一方、ひとつの章句が語っていた——《外面がここにある》。視線のまえに、というよりはむしろそれから身を引くようにして、このページ、あるいは燃えつきて丸く巻かれ、褐色になってしまった木の表面。すでに測りえなくなった大空間。貼りつけられ、分解した大きなもの。線や色が灰のなかにふたたび見出されて、それこそが僕たちを過去なしに放置する出発なのだった、肉体をもたず防備もなく、打ち砕かれた僕たち——(14)

燃える火は静かに、紙の表面を歪めていく。「表面を収縮させていく火」という意味の微分＝差異化をおこなうミニマルな要素（このミニマル要素は『数』というテクストの全面に散布され、微細な変形をともないながら反復されていて、そのさまはスティーヴ・ライヒの音楽を連想させる）がまさに「たたかい」であるのは、このトポロジカルな変形が同時に、一義性に上向していく言語に内在する目的論的理性の力にたいして抗っていくことを意味しているからである。一義性や合理性にむかって上向していく言語の運動を押し上げているのとまったく同じ力が、「身体」というリゾーム状の多様体を位相的に変形し、ついには「外面」や「表面」をもった「姿《ヴィザージュ》」をつくりなしていくトポロジカルな運動をも押し上げているのである。

「身体」を「姿」に変える「表面」生成の過程は意識のなかで多発的に、そして重層的におこっている。身体という多様体または「宇宙卵」（ドゥルーズ＝ガタリ）をあらゆる方向からあらゆる方向にむけて貫いていく欲動の流れの一部に方向性をあたえるアナクライズの呼びかけが固定、吸収される「点」、その「点」のまわりにつくられる「場」と原初的な「空間」、これらのものが「表面」生成の原基をなすものである。原初的な「空間」は、あいまいなまとまりをもつ自分に固有の空間と、そこからあいまいに分類された状態にある対象世界の空間とに分離していく契機をはらんでいるが、そこに決定的な転回軸をもたらすのが「鏡像の効果」である。そのときを境にして身体という運動体は、鏡にうつった自分の「姿」のなかにだましとられていく。こうして身体といういわば「見えない」多様体は、多重的な位相変形を受けながら「姿」という「見える表面」をつくりだしていく（その多重的な過程のなかで決定的な位相的ねじれをつくりだすのが、アナクライズの呼びかけを固定、吸収し、原初的な笑いを生みだす「点」であることは、さきにクリステヴァとともにわれわれが見てきたとおりである）。そして、もともとは内部も外部もない多様体としての身体が、「姿」「表面」という外部性をとおして自分の想像的アイデンティティを獲得するのと並行して、こんどはその「表面」の外部に分離された世界のすべてが、それぞれの「表面」をもった「対象」世界としてつくりあげられてくるのである。

だが、フッサールが『幾何学の起源』のなかですでにつかみとっていたように、またラカンをくぐりぬけたクリステヴァが『詩的言語の革命』における精巧な記号論的テーゼのかたちでしめしているように、身体を「姿」に変える「表面」産出のトポロジー変形は、同時に言語の論理‐象徴機能の獲得と深く関係しあっている。つまり身体が見えるようなものになるとともに、人間どうしのコミュニケーションが可能になり、空間は時間化されるようになるわけである。

だから、紙の表面を規則正しく歪め、収縮させていくソレルスの「火」とは、言語と空間のすべてを「形」「形式」につくりなし、一義性にむけて上向し、意味の統一的世界を構築していこうとする目的論的理性の力にあらがう「テクストのたたかい」のメタファーであると言うよりも、「テクストのたたかい」そのものなのだと考えられるのだ。ソレルスやクリステヴァが主張したのは、テクスト活動が人間のセミオジスすべてを巻き込んだものでなければならないというものだった。だとしたら、「意味の微分＝差異化」が可能になるためには、言語的な統一体のすみずみに「穴」をうがち、意味を積分して統一していこうとする力をすりぬけていくだけではなく、位相的な変形の過程を逆にねじっていきながら、ついには空間性の原基にまで立ちもどっていく必要があるだろう。

じっさいソレルスやクリステヴァはそうやって、「〝詩＝歌〟の生まれでる直前の燃える生成の場を横断⑮」していこうとしたのであり、そこで無限を刻みこむ起源における数や、空間性と言語の論理‐象徴の原基であるあの「別の笑い」などに出会うことになった。したがって彼らが、紙の表面を歪め収縮させていく火はまた錬金術の火であると語っているのを、あながち大げさな詩的修辞としてすませることはできないように思われる。あるいは逆に言えば、ほかならぬ錬金術こそ、「テクストのたたかい」と同質な記号論的・位相論的実践でもあったということになるかもしれない。

だが、まさにこの地点において、ソレルス＝クリステヴァの「テクストのたたかい」は超越論的言語論に呑みこまれていくのである。「表面」を収縮させ、上向をめざす位相的変形の過程を逆にねじりもどしながら、無限をめぐるパラドックスの起源の場所に、言葉と空間の形式が生まれ出ようとする生成の場所にたちもどったテクストとセマナリーズが、ここでふたたび東方からあるいは上方から射し込んでくる「曙光」を受け入れ、新たな上向を開始しようとするからである。東洋の内在的言語論が「まばゆいばかりの光におおわれた」と形容する「意味の微分＝差異化」の極限状態が、ここでは一転して救済をまつ「闇」の世界としてとらえられることになる。テクストは、敵対する諸力がなんの媒介者もないままにむなしい衝突をくりかえしているこの「闇」の世界に終結をもたらしていく超越的な「光」をすすんで受け入れていこうとする。ジェノ－テクストからフェノ－テクストへの上向が始まるわけである。その上向過程が弁証法的な体裁をとるのは、それがすでに前提され見出されているはずの超越論的な場を、ふたたび見出していこうとする「再生」の物語として語られる必要があるからである。クリステヴァはその過程をバタイユ風の経済学用語をつかってこう書いている。

この光は状態に変化をもたらすまばゆいハレーションであり、それが闇（と〝夜〟）と敵対に終りをもたらす。この光が「式」を語り出すのである。つまり、この呪術的生産の圏域を、場所をあたえられていない〝剰余〟のなかを横断してきた主体によってひきうけられたコトバの生産物を語り出すのである。この剰余の部分、言いかえれば式のなかにいったん吸収されたこの無限こそ、ジェノ－テクストにほかならない。ジェノ－テクストは「快楽の対象《オブジェ》」[16]となり、他者にむかって送り出され、コミュニケーションに供せられる「贈与物《オブジェ》」となる。

　ここでは、「意味の微分＝差異化」による無限への接近過程や、「表面の収縮」による位相空間の逆ねじれ過程とはまったく逆の過程が、「再生」の名のもとにおこなわれている。ジェノ－テクストというパラドキシカルな起源の場にみちていた闇は、上方ないし東方から射し込んでくる光によってその運動性を拘束され、とどのつまりは「供犠」されることによって、オブジェクト／メタに二重化されて、コミュニケーションの場を流通する「贈与物」となっていく。それと並行して「曙光」は見えない多様体としての身体という卵に裂け目を入れ、位相的な変形をほどこしながら、それを見える「姿」につくりなしていく。つまり、フェノ－テクストとは超越性の場から射し込む光そのものであって、ジェノ－テクストにたいして「供犠」を執行するものなのだ。それはあたかも、「曙光」のもたらすハレーションが、身体を可知性のほうにもぎとっていくという超越論的な正統イスラームの神学を思わせるような上向ではないか。

「死と再生」の構図は超越論的なものの内部で語られる物語にすぎない。ソレルス＝クリステヴァのテクスト論、詩的言語論がそのなかに衝撃にみちた多くの創見をちりばめながらも、終りなき永久の往復運動と超越論内部での相対的な位置に甘んじなければならないのは、決定的な地点でそれが「死と再生」の物語のほうに身をゆだねてしまうからなのである。「意味の微分＝差異化」によってたどりついた「無限－点」が無数に生起しつつある場を、たどりついたとたんに「闇」にすりかえ、ふたたび超越性による供犠を受け入れ、その光のほうにむかって上向していこうとする（ソレルスやクリステヴァにとっての）テクストや詩的言語は、それがいかにダイナミックにみえようとも、その限りにおいては、けっきょくのところ超越論的言語論の内部でおこる小状況にとどまってしまう。西欧の形而上学とその言語論に挑んだ「テクスト」と「セマナリーズ」は、最終的にはその形而上学に内属していくだろう。そして彼らはふたたびユダヤ＝キリスト教に帰還していくだろう。『セメイオチケ』以後のクリステヴァの理論的展開が真の衝撃力を持ちえないのは、まさにこの点にかかっている。「象徴機能」と「原記号作用」の弁証法的プロセスにせよ、「秩序とカオスの往復運動」にせよ、テクスト実践をどこかカリカチュアライズしかねないそうした理論の言葉の数々は、初期の彼女のテクスト論が内包していた「可能性の中心」をむしろ蔽い隠してしまっているようにさえ思えるのだ。

しかしそうは言うものの、循環論におちいることなしに、ほんとうの意味で超越的形而上学とその言語論から脱け出し、それを乗り越えるなどということが、いかに困難なことであるか。クリステヴァの「グノーシス的記号論」の前に立ちはだかったのと同じ困難は、超越的形而上学の内部にありながら自分の体験した「神秘」によってその枠からはみださざるを得なくなった多くの神秘思想家や詩人たちの前にたちはだかった壁でもある。つまり彼らは、さまざまな精神技法をつうじて意識の状態を「微分＝差異化」し「分子化」していったところにあらわれる「静かに輝くまばゆい内的な光」の体験と、リゾーム状の多様体に「表面」をつくりだし可視的な世界を生み、またそれによって主体どうしのコミュニケーションを可能にするもうひとつの別の光、つまりは超越性の「曙光」とをどのように調停させるか、という問題にぶつからざるをえなくなったのである。内的な分子状の光の体験を「闇」にすりかえてしまうのは、たんなる欺瞞であろう。しかしその光を超越性の「曙光」と同一化するある種の「一性論」は、それ以上に多くの循環論的パラドックスをかかえこむにちがいない。

たとえば、イスラーム教神秘主義スーフィズムが、「ムハンマドの夜の旅」という喩えをつうじて表わそうとしているのも、「超越者をもった神秘主義」がかかえこむことになるこうした困難のひとつであるように思われる。スーフィーは、多重的な構造化によってできあがった想像的な「個我」のヴェールをひき裂きながら、修正をとおして意識の状態を分子化していく探究のすえに、象徴的な死の状態、つまりは「神的なるもの」との再統合が実現された状態にはいっていこうとする。スーフィーはその過程を「ムハンマドの夜の旅」を模範にしながらたどっていこうとする。

ムハンマドの天界への肉体的上昇は、彼の存在に充満している神の恩寵によって起こった。スーフィーの上昇は「威力の夜《ライラ・アルカドル》」という名で知られている夜に起こる。その夜、諸天は開き、天使と精霊は下降する。スーフィーの心は満月のようであり、その魂は夜の闇のようである。満月のとき、心は太陽の光をすべて反射し、夜明けまで平安と静寂をもたらす。夜明けが来ると、「絶対者」の光の中に平安は消し去られ、ただ「存在一性」の「絶対的平安」だけが残る。[17]

「微分＝差異化」ないし「分子化」の極限状態を、「夜の闇」であると同時に、そこには超越性からの光を受けた満月が平安と静寂にみちた輝きを放っている状態ととらえることによって、超越性の光と分子状態の光とはメビウスの帯のような関係に入る。そしてこのパラドキシカルな状態を禁止するのが夜明けの「曙光」なのである。分子状態の平安はそれによって消し去られて、「存在一性」という超越的なものの放つ光のなかの「絶対的平安」がすべてをおおいつくしていくわけだ。ここでも困難は解消されるよりも、むしろ巧妙に回避されているだけなのである。

だから、ジュリア・クリステヴァの理論的試みを、失敗したグノーシス主義と言うのはたやすいことだけれど、そのときわれわれ自身も同じ困難の前に押し出されるのだということを忘れてはいけない。彼女が記号理論のなかで直面した困難というのが、こんにちわれわれのすべてをつつみこんでいる形而上学の場に穴をうがち、そこを脱け出ていこうとするときに必ずたちはだかる、巨大な吸飲口のようなものに由来しているからである。[18] この吸飲口をすりぬけていくために、ここからわれわれは「超越者なき神秘主義」とそれをささえる内在的言語論の検討にむかっていくことになる。

注

（1）ジュリア・クリステヴァ「ポリローグ」『テル・ケル』五七号、一九七四年春号、これは論文集『ポリローグ』スイユ社、一九七七年所収。

（2）『祖堂集』、柳田聖山編訳『禅語録』中央公論社、一九七四年所収。

（3）クリステヴァ「場所の名前」『テル・ケル』六八号、一九七六年冬号、これも『ポリローグ』に収められている。

（4）クリステヴァのこの指摘は、おおくの創生神話が、たとえば、

「もののかたちが神と現じたはじめは、葦の角《ツノ》であった。国はまだかたまらず、あぶらのようにどろどろ、くらげのただように似たころ、つのぐむ葦はあざやかな錐を突き出して、その萌えあがる力をもって空間を切った」（石川淳『新釈古事記』）

などという記述につづけて、ほとんど「場所‐の‐名前」にすぎないような神名を列挙していくことと照らしあわせてみることができる。アナクライズの呼びかけの「萌えあがる力」を突き上げる欲動が、「点」や「場」をつくりなし、ついで「場所‐の‐名前」に変わっていくプロセスと、神話の過程はごく近い関係にある。

（5）クリステヴァは、ドゥルーズ＝ガタリの「リゾーム」を批判して、それが何らかの空間様式としてしめされるときには、すでに言語の論理機能に、つまりは目的論的理性のなかにとらえられてしまうために、真の非‐主体化とはほど遠い解放の想像的カタルシスをあたえるだけではないか、と語っている

（「場所の名前」）。この指摘はたぶん正しい。だが、それを承知で「リゾーム」と言ってしまうところが、彼らのユーモアでありまた魅力でもある。

(6) クリステヴァ『ポリローグ』一八六頁。

(7) クリステヴァ「式の生成」『セメイオチケ』スイユ社、一九六九年。

(8) クリステヴァ『セメイオチケ』二九五頁。

(9) デカルト『精神指導の規則』野田又夫訳、岩波書店、一一一～一一二頁。

(10) クリステヴァ『セメイオチケ』二九七頁。

(11) H・J・ホロヴィッツ「マインドの再発見」『マインズ・アイ』（ホーフスタッター編）バンタム社、一九八一年。

(12) クリステヴァ『セメイオチケ』三〇二頁。

(13) 中沢新一「色彩の胎生学」『色――is特集号』ポーラ文化研究所、一九八二年。

(14) フィリップ・ソレルス『数』岩崎力訳、新潮社、一九七六年、七頁。

(15) クリステヴァ『セメイオチケ』三一二頁。

(16) クリステヴァ『セメイオチケ』三一二頁。

(17) ラレ・バフティヤル『スーフィー』竹下政孝訳、平凡社、一九八二年、一〇〇頁。

(18) ジャック・デリダによる脱構築の試みは、このような吸飲口に呑まれることをまぬかれようとする技術の鍛練なのであろう。

極楽論

なぜ「天国」を書きつづけるのか。それは僕じしんが、存在をすりぬけたものたちのとてつもないユーモアに巻きこまれてしまっていると感じているからだ。

（フィリップ・ソレルス『天国』）

1　エメラルドの都市

イスラームの編年史作者の一部には、ジャーバルサーとかフールカルヤーと呼ばれるその都市を、バグダッドやクーファのような実在の都市のように描写するものもいるが、じっさいにはそれはどの地図にものっていないし、だいいちこの世界に属している都市だとは考えられない。フールカルヤーには権力というものが存在しない。そこでは労働の必要もないし、不幸もない。住民は野菜や果物を食べ、男女の性の相違も知らない。大地は天使のような軽やかな輝きにみち、色あざやかではつらつとし、ぬけるような青空のもと、たおやかな樹木でおおわれている。しかもその緑の森と見えるものは金の葉からできていて、みずからの光を内に宿しているので、そこには影というものが存在しないのだ。都市の構造といい、それを囲む景観といい、フールカルヤーはどんなに巧みな想像力をもこえでていく完璧さをそなえている。

地上楽園や桃源境の伝承として見るとき、フールカルヤーという都市にはとりたてて特殊なところはない。だが、イスラームの神秘主義者スーフィーたちがその都市を「エメラルドの都市」と呼ぶとき、そこには微妙な、しかし根源的な変化が生ずるのである。アラブ世界の通常の宇宙論的地理学では、この都市にたどりつこうとする旅人は、その前に世界のへりであるとともに中心でもあるという宇宙山カーフに出会うと考えられていた。スーフィーたちは、このように宇宙論的な表象体系のなかに位置づけられていたユートピア都市を、深いエメラルド・グリーンの色調に染めあげることによって、それを神秘的なヴィジョンの生起する内的な体験の場につくり変えようとしたのである。

スーフィーにとって、エメラルド・グリーンは究極的な色彩体験の隠喩である。それは深い瞑想のなかで体験される。この色にはいっさいの光とその運動性が未発のままに内蔵されていて、そこからまばゆいきらめきとともに、神的な光が戯れのようにおどり出るのである。エメラルド・グリーンは、いっさいの存在が分節化をはじめようとする直前の静かな息づまるような瞬間をしめしている。したがって、伝承の都市フールカルヤーを「エメラルドの都市」と呼ぶことによって、彼らはユートピアのヴィジョンを宇宙論的なあるいは神話的な表象の体系から解き放って、それを意識の多層領域をつらぬいて横断していくダイナミックな内的体験としてとりもどそうとしているわけだ。

　こうしてフールカルヤーの世界は、神性がさまざまに自らを開示していく運動のプロセスの一領域をしめすようになる。それは「知」が存在の多層性を深々とした直感のなかでとらえるヴィジョンのうちに、おさめられることになる。存在のこの多層性は、絶対的に認識不可能な「一者」にはじまり、この「一者」がさまざまなイマージュとなって表われでる領域を通過しながら、ついには感覚的な世界にまでたどりついていく。この連続的なプロセスにひとつの節目を導入するのが、フールカルヤーの世界である。……エメラルドの都市は創造的想像力が自らの象徴性を展開する「形而上学の国」なのだ[1]。

　スーフィーがとらえようとしたエメラルドの都市は、けっして非現実の世界についての神話めいた物語などを意味しない。つまりけっして想像的《イマジネール》なものではないのだ。それは意識の多層的な展開のプロセスのなかにたちあらわれてくる純粋なヴィジョンのひとつであり、現実の世界と同じくらいに、いやそれ以上に現実的な世界である（現実の感覚的な世界は、この展開のプロセスの表層的な末端部にはじめてあらわれてくるにすぎない）。彼らはフールカルヤーをめぐる神話的伝承をエメラルド・グリーンに染めあげ「形而上学化」することによって、創造的想像力の領域において生起する微細にしてあざやかな光と形と運動性を知の対象に変え、観念化し、凍結してしまう表象体系から、ユートピアのヴィジョンをヴィジョンとして救出しようとしたのである。

地上楽園や天国のヴィジョンは、「他界」や「あの世」や「死後の世界」をめぐるたんなる表象などではない。それらのヴィジョンを、身体と意識の多層領域をつらぬいていく横断線としてとらえなおしてみなければならない。そのときはじめて、地上楽園や天国や極楽浄土などをめぐるさまざまな描写はレトリカルな月並さから解き放たれ、驚くほど新鮮なヴィジョンとしてよみがえってくることになる。天国はわれわれの存在様式にほかならないのだ。

2　エクリチュールの横断性

ダンテが『神曲』を書くことによって果たそうとしたのも、じつはこのことと深く関係している。

ダンテは「ひとの世の旅路のなかば、ふと気がつくと、まっすぐな道を見失い、暗い森に迷いこんでいた(2)」。とうていこの森を脱け出せないことを知り絶望する彼の前にヴェルギリウスの霊が現われる。天国のベアトリーチェの願いでダンテを救うべく現われた彼は、正しい道に帰るため、地獄と煉獄を通りぬける長く苦しい旅の案内者になろうと言う。煉獄から先はベアトリーチェの霊がダンテを導いて、天国の至福のありさまを見せることになるだろう。ダンテはヴェルギリウスを導師として、地獄－煉獄－天国を横断する未曾有の旅に出かけたのである。

『神曲』というエクリチュールをつうじて、ダンテは地獄－煉獄－天国という三つの異なる次元を通過していく。フィリップ・ソレルスが「ダンテとエクリチュールの横断性」(3)という文章において強調したのは、この三つの次元を通過するプロセスが、同時に、言語活動の三つの水準を次々に通過していくプロセスに対応しているという点である。多層的な存在と意識のさまざまな次元を横断していく運動を、エクリチュールという痕跡にしるされた差異としてしめすことによって、ダンテは地獄－煉獄－天国を宇宙論的な表象の体系としてではなく、また「他界」を観念としてではなく、物質主義的神秘学（ランボー）の問題としてとりもどそうとしたのだ、ということをソレルスは書いている。

九層からなる地獄を横切る旅を描くダンテのエクリチュールは粘性を重くひきずり、いつまでもいつまでも真の差異を生むことのない希望なき反復をくり返しているように見える。そこではひとつの行為は必ずその行為の結果としての報復の罰をまねき、言語活動は混乱しさけび声が充満し（「ここでは嘆息と、嘆きと、はげしい叫び声が、星無き空に鳴りひびく。思わずも私は涙にくれた／聞きなれぬ言語、恐ろしい叫び、苦痛を湛えた言葉、怒りの音色、鋭くてしかもしわがれた声々、そしてその中にはためく手の響きが／合して一つの騒音となり……」[4]（『地獄第三歌』）自由な生成変化ではなくゆくえを定められた悲しいメタモルフォーゼが支配し（「魂魄《こんぱく》はこの森に落ちるが、場所を選び定める自由なく、命運の投げのまにまに、落ちたところで芽を出すこと……」[5]（『地獄第十三歌』））、にくしみと絶望のためにコミュニケーションは阻害され出会うといえばすぐに争い、重苦しい同一性の幻影にしばられたまま、地獄の住人は身動きもままならぬのだ。

地獄の住人は、徹底的な外部性の記号におしつぶされている。そこで発せられるパロールは地獄の刑罰と同じくらい種々さまざまではあっても、そのどれもがまるごと固定され、ますます失語症に近づいていく。ダンテにとって、地上が書物の飛散する場所であるとしたら、地下にある地獄はその飛散した書物の破片をとり集めるのではなく、部分を全体ととりちがえたまま、ぎゅっと凝結させてしまう場所であるから、シニフィアンは身動きもならず、反復する無言のなかに落ちこんでいく。その反対に天空は、束縛ではなく関係性のあらわれる場所である（天空において神と愛と意味が、星辰と記号によって革命の書をつづるのだ）。地獄はしたがって根底において身体の物質性の牢獄であり、ますます固く、不毛で、束縛されたものとなり、力なきパロールはその巨大さの前に圧倒されてしまう。地獄は空間とパロールのゼロ度なのだ。[6]

ソレルスのいう地獄のもつ凝結性や束縛というものを、もっともよくしめしているのは地獄の怪物ルチフェルだろう。なぜならルチフェルは神に反逆した堕天使のなれの果ての姿であり、それを天使のなかでもっとも美しく「光を身に負う者」であった過去の姿と対比させてみるとき、地獄的シニフィアンの性質がはっきり見えてくるからである。

天国ではたくさんの天使たちが光をまといながら軽やかに行き来している。その天使の様子を多数多様と表現することができれば、地獄に堕ちたルチフェルの姿は、多数性の凝結体とでも表現するしかない（「おお、かれの頭上に三つの顔を見たときの私の愕きの、どんなに大きかったことか！　一つの顔は前方にあり、その色は真紅／ほかの二つは、両肩中央の真上で前方のと接合し、さらにこの三つ、頂上の鶏冠のところで相合する／……／六つの眼でかれは泣いており、三つの顔から涙と血と涎とがしたたり落ちた」[7]〔『地獄第三十四歌』〕）。天国の美しい天使であったとき無数の天使たちはたがいに軽やかに交通しあっていたのに、地獄の怪物となったいまでは、ルチフェルは多数のものを無媒介的に合体したまま他との交通を阻まれ、涙と血をしたたらせ無言の孤独にたえながら、罪人の身体を生きたままくだき続けなければならないのである。天使が無限にむかって自己差異化していくのだとしたら、地獄の怪物は全体性に凝結していこうとしている。ダンテがこのシニフィアンの沼地を横切っていくことができたのは、ひとえに導師であるヴェルギリウスのもつパロールの力によっている（天国のベアトリーチェが地獄を横切るダンテの道案内にこの言葉のマイスターを選んだ理由はそこにある）。

地獄を脱け出たダンテは煉獄の山にとりかかる。この煉獄において、ようやく声と音楽があらわれるのである。聴覚と視覚がたえず呼びさまされ、地獄におけるため息やさけび声はパロールのほうに、歌のほうにむかって変化していくのだ。地獄では驚きおののくダンテにむかってヴェルギリウスが説明をあたえ、その恐怖を鎮めようとしていたのにたいし、煉獄のダンテは愛や自由意志について絶え間なく師に問いかけをおこない、しだいにダンテじしんの言葉が自発性の軽やかさをもつようになるのである（「師よ、私の視力は、あなたの光をうけて、見る見る生命みなぎり、あなたが談義によって分別また言明なさるすべてを、さやかに見分けられまする」(8)〔『煉獄第十八歌』〕）。

哀泣が歌に変わるように、地獄の凝結的シニフィアンは自発性の軽やかさをもった煉獄のそれに変化していき、偏りのない想像機能をもつようになり、沈黙と新しい言語活動のあらわれをしるす不連続点に近づいていくのである。こうして彼は小さな跳躍をくりかえしながら「人間の根」に、つまり罪から逃れた言語活動の根にむかって歩んでいくのである。(9)

地獄のシニフィアンが身体の物質性のうちに固く凝結され、自由な差異を生むことのない反復のうちに沈んでいたのにたいし、煉獄の火をくぐりぬけることによって、ダンテというシニフィアンは重苦しい粘性の沼地を脱け出た身軽さを身につけ、同一性の想像的《イマジネール》幻影にしばられた差異なき反復から、語の多義性を生みだす象徴的《サンボリック》なものの差異化のほうにむけて歩んでいくのである。煉獄の火は、それをくぐりぬけていくものに「人間の根」をあたえる。暗い森に迷いこんで以来はじめて、『神曲』のなかに「ダンテ」という名前が書きこまれる。横断の旅をするもの（そういうダンテを主体と呼ぶことはできないだろう）はここで象徴界《サンボリック》における同一性を獲得するのだ。だが、この「ダンテ」という名前は『神曲』のなかでこのあと二度と登場することはない。なぜなら、「人間の根」を獲得したことで迷えるダンテに究極的な救いがもたらされるわけではないからだ。それだけでは、せいぜい再生したにすぎないだろう。「新　生《ヴィタ・ノーヴァ》」をめざすダンテはさらに横断の旅をつづけなければならない。天国にむかって。

ベアトリーチェの霊にいざなわれながら天国を横断していくダンテをつつみこんでいるのは、信じられないほどにゴージャスなシニフィアンの洪水である。いっさいの場所《ウビ》、いっさいの時間《クワンド》から解き放たれた天界には、瞬間瞬間のきらめきのなかに光とかたちが現われ出て、それが急速な旋回をおこし、大きな渦となって上昇し、きらめきとなって飛散していくのである。地獄を支配していた希望なき同一性の反復はここには存在しない。たえず微細な差異が生起し、差異はまたみずからの差異を無限に産出していくのだ。エクリチュールが自分でエクリチュールを産んでいくようだ。そうしなければ、ダンテが体験しているこの天国の、あまりに急速で、あまりに軽快な運動状態に、もはや言葉が追いついていくことさえできないと思われるからである（「暈《かさ》が、その支えとなる水気のいと濃き折、それをえがき出す光体のまわりに、まるくとり巻くと見ゆるほどの、恐らくは至近の距離に／火焔の環、かの一点を囲み、最大の速力にてこの宇宙をめぐる第九天の運行さえ、はるかにしのぐかと思わるる速さにて旋回する／……しかと眼を据えよ、その一点と最も近く接する環に。しかして知れ、その動きのかくも迅いは、内に燃えさかる愛の刺激、げにはげしいためと」[10]（『天国第二十八歌』））。

しばしば、ダンテというエクリチュールの主体さえ見えなくなる。ダンテ－ベアトリーチェの結合体は、みずから天使的な軽やかさを身にまとい、この光の洪水のなかを飛昇しているので、天使と同じような存在と非存在の「間《あわい》」のようなところにすべり出てしまうのである。天使はここでは、光の海という空無の連続体に軽々と立ち現われる光の粒のようなもので、この光の粒が存在と非存在の「間《あわい》」で乱舞し、歌い、音楽を奏で、笑いさざめいているのだ（「夜の白羊宮の季節となっても、掠めとられはしないこの永久《とこしえ》の春に、かく花ひらく次の三つ組は／絶えるひまなくオザンナを歌い奏ずる、この三つ組を形づくる天福の三つの序列の中に、三つの妙音を鳴り響かせつつ／……さて、一つを除いて最後の円舞に参ずるは、主天使と大天使のむれの環、最後の環は、すべてこれ嘻々として楽しむ天使のむれ」[11]（『天国第二十八歌』）。ソレルスは、存在と非存在の「間」に戯れる天使的光景を「笑いのエクリチュール」と呼んでいるが、光のきらめき、霊妙なハーモニーをたたえた音楽、めくるめく旋舞などとともに、この軽やかな笑いこそ、のちにわれわれが見るように、天国や極楽の浄土の主調音となるものである。天国は絶え間ない生成変化と自由な差異の「空‐間」なのだ（天国的生成変化の軽やかさは、地獄の凝結空間を支配していたあの身動きならないメタモルフォーゼとするどく対立しあっている）。

だが、ダンテが至高天の薔薇マンダラに近づくにつれ、彼の言語活動はしだいに静寂に近づいていく。これはその光景のあまりの美しさ、霊妙さ、微細さに、天国的な「笑いのエクリチュール」すら追いついていけなくなったことをしめしている（「私の見た美しさは、われら人間の思量をはるかに超えているばかりか、私は堅く信じて疑わぬ、その美を悉く味わい得るは、そを造りたもうたおん方のほか、絶えて無しと／しかし、詩句に托してその美しさを追い続ける私の作業は、これきりで打ちきられねばならぬ。それが、ぎりぎりまで技を揮った芸術家すべての定則ゆえ／その困難な楽想が終りに近づくを告げる、わが低音喇叭のそれよりも、はるかに大いなる先ぶれに……」[12]（『天国第三十歌』）。エクリチュールはここで一気に無限のなかにすいこまれていく。至高天の差異化状態は、ついに人間の意識に可能な差異化する能力を超えてでてしまうのである。

われわれが、ソレルスの「ダンテとエクリチュールの横断性」という文章を道案内にしながら（あまり忠実であったとは言えないが）たどってきたように、ダンテは『神曲』を書くことによって観念の地獄、観念の天国というものを否定し、それを身体が意味にむかい、ついには無限領域に溶け入っていく横断的な「物質主義的」プロセスとして、とりもどそうとしたのである。『神曲』のあと、天国はもはや表象でも観念でもなく、われわれの存在様式そのものをしめすものとなる。エクリチュールの横断性がそれを可能にした。それは天国が宗教的ヴィジョンの問題であると同時に、意味の形成性をとりまく問題にかかわっているからである。

3　天上の音楽

地獄の堕天使ルチフェルは三つの顔をもち、複数の生きものが融合合体した身体をもっている。その身体には男の性も女の性も融合合体しているわけだから、この怪物をアンドロギュヌス（両性具有）であると言うこともできるかも知れない。けれど、天国に住む天使たちがアンドロギュヌスであるという意味から言えば、ルチフェルのことまでそう呼ぶのは言葉の誤用というものだろう。

もちろん天使たちも身体をもっている。だが、それは男の身体だろうか。女の身体だろうか。もしそのどちらでもないとしたら、それは去勢された男だろうか、それともペニスをもった女だろうか。おそらく天使は、それらすべてとは異なるようなあり方でアンドロギュヌスなのである。天使は、二つの性をあわせもつとか、二つの性を融合合体した存在であるとか考えるのは間違っている。天使は二つの性をともどもに抜き去ってしまうのだ。しかし、だからと言って、天使を無性だと言うこともできない。じっさいに身体をもった天使を単純に無性だと言ってしまうのは、天使をいたずらに観念化してしまうことになるだろう。

身体をもって存在するとは、男女いずれかの性の身体をもつということだ。この点では、乳房をもった男やペニスをもった女や去勢された少年のように二つの性を融合合体した両性具有者というのは、「存在」の領域に属しているのだと言える。二つの性の融合した身体が、軽いめまいとともに、たちまち二つの性の身体の存在をくっきりと浮かび上がらせることになるからである。この意味で言えば、天使的アンドロギュヌスは、存在でも非存在でもない、まったく別の領域を拡げようとしているのだ。天使は存在する。身体をもって現われているのだから。けれど、天使は存在しない。天使の身体は、男の身体でも女の身体でもなく、二つの性の身体を融合したものでもないからだ。このような天使の存在様式こそが、「笑いのエクリチュール」やまばゆい旋舞や天上の音楽などとともに、天国という場の特性をつくりなしている。存在するのでも存在しないのでもなく、それらの「間《あわい》」へすべりこみ、存在と無のどちらからもすりぬけていこうとする天使のありようは、天国をおいつくしている軽やかでゴージャスなシニフィアンの洪水状態と深くつながりあっている。

天使は「語ることをやめない場」（ソレルス）をつくりだすのだ、とも言える。それは、意味の形成性がたちおころうとするまさにその瞬間の運動性をしめす場であり、その運動性がまだ存在や意味世界の構造性にとらえられることのない「間」にほかならないからだ。天使の「空-間」には、存在や意味の同一性をつくりなす反復もまだおこっていないから、差異は差異のまま自由に戯れつづけることができる。そのため、天使たちは大きな旋舞を描き、たえざる運動性のなかにあって、一瞬たりと同一性の反復におちいることもなく、微細な差異をつむぎだしている。天使は、天国は、差異のユートピアをしめしている。それはたえず存在をすりぬけ、無限のほうにむかいながら、超越的な無に吸い込まれていくことからも身をかわしつづける運動性そのものとして、けっして「語ることをやめない」のである。

ところでわれわれがすでにほかの場所[13]でしめしておいたように、意味の形成性がたちおころうとするこの天使的「空-間」は、同時にまた原初的な「別の笑い」（クリステヴァ）のこぼれおちてくるところでもある。「別の笑い」はできあがった意味世界に反作用する笑いではなく、無の連続体に不連続点が打たれ、そこから意味の形成性がたちあがってくるその瞬間にはじけとぶパラドキシカルで無邪気な笑いである。この「別の笑い」は連続の過程がせきとめられたり、不連続の句切りを入れる原初的分節のおこなわれる場にわきおこるものとして、意味にも存在にも属することなく、非存在の連続体からも微細な、だが決定的な跳躍をおこなっている。そこで「別の笑い」は、存在と非存在、連続と非連続、意味と無意味の「間」にすべりこんでいきながら、そこで柔らかな笑いをたてつづけているのである。つまり天使の「空‐間」はまた、けっして「笑いさざめくことをやめない」のだ。それはほんらいその笑いが意味化の限界点をもたないからだ。天国が軽やかで柔らかい「笑いのエクリチュール」におおわれているのはそのためである。天国にあるのは、哄笑でも、高笑でも、嘲笑でもなく、まるで咲きこぼれる花のような、さざめく微風のような笑いなのである。キリスト教やイスラームの天使論は、たんなる神学上の象徴論などではない。天使を存在と意味の領域にしばりつけ限定づける表象の体系から解き放ったとき、われわれはその天使論のなかに、意味形成性のプロセスをめぐるきわめて深遠なヴィジョンを見出すことになるだろう。

しかし、事情は仏教の極楽浄土にとっても変わらない。たとえば源信の『往生要集』などを読み進めるわれわれは、地獄、餓鬼、畜生、阿修羅、人、天からなるいわゆる輪廻する六道世界を描く粘性をひきずるエクリチュールの「厭離穢土」の章をへて、ようやく極楽浄土のさまを描き出す「欣求浄土」の章にいたるとき、そこにあふれんばかりの光のきらめき、宝飾の輝き、微風のそよぎを見出し、そのエクリチュールの洪水にのみこまれていく思いがするのだ。

かの世界（極楽）の相を観ずるに
三界《さんがい》（この世）の道に勝過《すぐ》れたり
究竟《くきょう》せること虚空のごとく
広大にして辺際なし

宝花《ほうけ》千万種にして
あまねく池・流・泉を覆う
微風《みふうけよう》花葉を動かすに
交錯《こうしゃく》して光は乱れ動く

宮殿《くでん》・諸楼閣は
十方を観るに礙《さわり》なし
雑樹《ぞうじゅ》には異なる光色ありて
宝欄はあまねく囲み繞《めぐ》りたり

無量の宝は絞絡《きょうらく》（交差）し
羅網な虚空に遍《あまね》し

種々の鈴は響きを発し
妙なる法音を宣吐《せんど》す
衆生の願楽《がんぎょう》（願うこと）すること
一切みな満足す
ゆえに我　かの
阿弥陀仏の国に生まれんと願う(14)

この極楽の浄土には、軽やかさ（微風花葉を動かす）、絶え間ない光の運動性（交錯して光は乱れ動く）、色彩の悦楽（雑樹には異なる光色ありて）、完全性（宮殿・諸楼閣は十方を観るに礙なし）がたたえられ、微細な運動性がたえず重層的な変化と差異とをつむぎだしているのである。

もちろん、仏教の浄土に天使はいない。だが、ダンテとキリスト教の天国にみちみち、そこを存在からも非存在からもすりぬけていく霊妙な「間」としてつくりなしていたあの天使のはたしていた役割を、この極楽浄土でになっているのは、おそらく「音」であろう。極楽浄土には絶妙な「音」がみなぎっている。それらの「音」はけっしてメロディやハーモニーを整えて構成された「音楽」ではない。けれど極楽浄土に流れている「音」は、どのような

「音楽」をもしのぐ質をそなえている、と浄土教のテクストは語っている。たとえば『大無量寿経』上巻には、こう書かれている。

ふつうの人間の帝王がおさめる国には、百千というほどたくさんの音楽がある。しかし王者のなかの王者である転輪聖王からはじめて須弥山をしだいに上に登り、他化天の神が住む第六天の天人の奏でる音楽は、人間の世界の音楽など比較にならないほど美しいものである。その第六天のもろもろの音楽をあわせても、無量寿仏の住む極楽浄土の宝玉の木をそよ風が吹きぬいて奏でていくただ一種類の「音」に、とうてい及ばない。また極楽浄土にはおびただしい種類の自然発生性の音楽とでも言うべきものがみちていて、その音楽はすべて仏法の音なのである。その「音」はよく澄みわたり、ほがらかな音色ともの悲しい音色が溶け合い、微細で、柔らかくみやびな香気がただよっている。あらゆる世界の音のなかで極楽浄土の「音」こそが最上のものである、と言われるゆえんである。（私訳）

極楽浄土に流れている音は、そのおおくが「打つ音」である。浄土の池の畔には七種の宝玉でできた枝や葉や花や実で飾られた栴檀の樹が並んで立ち、微風がこれらの樹々を吹き渡ると、葉ずれの音は妙音をきわめる。またその大空は、さまざまな宝玉をちりばめた羅網がおおい、そこには宝鈴がかけてあって、そこからもたえず至高の音が奏でられ、数知れぬ多くの楽器もまたはるか虚空のかなたにかかっていて、打つ者もいないのにみずから打音を発している。天国が微細な変化にみちた光の旋舞でおおわれていたように、極楽浄土の全空間は静寂をかすかに「打ち」、かすかに擦っていく微妙な音の変化にみたされているわけである。

極楽浄土には、この「打つ音」を組織する調性体系というものがない（人と神の世界の音楽をつくりなす調性体系と対照的だ）。そのかわり、そこではロラン・バルトの言う「響きの体系」というものに、音の世界の官能性全体が移行していくのである。バルトは、「打つ音」こそが音楽の意味形成性の基底にあることを、次のように語っている。

《音響性》（響きの色彩の網目）は、身体が《打つ音》の富のすべて（チリンチリンという音、すべる音、ぶつかる音、きらきらした音、うつろな音、分散する音、等々）を持つことを保証する。したがって、《打つ音》――もっぱらそれのみで音楽のテクストの構造となる要素――こそが、音楽における超歴史的連続体をなしているのだ。(15)

浄土教のテクストは、その修辞のかぎりをつくして、極楽浄土をこの「打つ音」の富のすべてでみたそうとしているのだ。微風にそよぐ小さな宝石が軽くぶつかりあい、複雑な差異（ズレ）を生みだしながら響きあうチリンチリンという音、大空いっぱいを埋めつくすレースの網目にとりつけられた鈴が一ヵ所におこった振動を全空間に波及させていくブーツストラップ状の響き、誰も打つ者がいないのに大空はるかかなたにかけられた打楽器が自然発生的に奏でる打音の響き。これら「打つ音」の響きこそが、浄土の「音」を、調性体系をもついっさいの「音楽」にたいして卓越したものにしている。

だが、なぜ調性体系を欠いた「打つ音」の響きの体系こそが、浄土の音にふさわしいものなのだろうか。それはバルトが言うように、調性組織の全体が幻影（マーヤー）のヴェールであり、言語（ラング）であるからだ。

この言語《ラング》は、それ自身の打つ音《クー》（それ自身のもつ断層《クーピュール》）に従ってではなく、いかなる錯乱の可能性をも主体から取り除く既知の機構に従って、身体を分節するように定められている。だが、もう一方では、矛盾を含みつつ——すなわち、弁証法的に——調性は、打つ音の熟練した奉仕者となり、別の次元では、それに従わせることを求めるのだ。[16]

ようするに「打つ音」は天使なのである。天使は神のものである光の海に身体をひたしながら、同時にそこから軽やかにとびあがってくる光の微粒子だ。けれどその光の微粒子は、アンドロギュヌスであることによって、すべての存在や意味という幻影のヴェールに捕捉されることがない。もし、天使が存在や意味の側に自分をゆずりわたしたとするならば、もはやその天使からはたえず自分のなかで微細な差異を生産しながらきらきらとゆらめき、輝いている霊妙さは失せ、粗大な言語（ラング）と稠密な物質性に捕われた悲しい姿をとらざるを得なくなる。天使は堕天使になってしまうのだ。

「打つ音」にしても、そうだ。「打つ音」は音と音楽の意味形成性のパラドキシカルな場にとびだしてくる音の微粒子である。どこから、その粒はとびだしてくるのか。浄土教のテクストが語るように、それは無限の大空であり、とてつもない遠方の空間であり、ようするに未発の振動を内蔵した非存在の「場」、空間の様式にも時間の様式にもまだ展開してこない徹底的な「他界」である。「打つ音」はそこからとびだしてきて、みずからのうちに微細なズレをたえず産出しながら、他の「打つ音」たちと交差しあいながら、いかなる調性の体系、いかなる音階の体系、和音とリズムのいかなる体系からも脱出していく響きの網目をおりなしているのだ。この極楽浄土の「打つ音」が調性の体系に、つまりは輪廻する世界のものである幻影のヴェールにとらえられるとき、それはたしかに美しい「音楽」となって流れ出るだろうが、そのときにはもはや「打つ音」のもつ天上的輝きは失なわれてしまう。「音楽」は「打つ音」の堕天使なのである。極楽浄土を描きだす浄土教経典は、意味形成性について
のテクストであると同時に、それじしんが官能と言語の多層領域を横断していく意味形成性としてのテクストそのものである。

4　浄土と恋愛のディスクール

では、このような天国や浄土は、いったいどこにあると考えたらよいのだろうか。『阿弥陀経』によれば、極楽浄土は西方にあって、十万億の仏土を過ぎたはるか彼方にある世界であり、そこに阿弥陀仏という仏がましまして、今現在も説法をつづけているという。『阿弥陀経』は極楽浄土をいちおう一定の空間的様式のなかにとらえようとしているとも言えるが、同時にそれを無限遠点におくことでこの空間的様式の外部に限りなく近づけている。つまり極楽浄土は空間的様式としてみるかぎり、ひとつのパラドックスをはらんでいるのだ。天国を空間的表象から解き放とうとしたダンテも、いっぽうではまた天国をいちおう宇宙論的構図のなかにおさめようとしている。ダンテがヴェルギリウスとともに下降していった九層の地獄は地球の内部にむけて掘り下げられているものだから、地獄を通りすぎて煉獄山のふもとにたどりつくまでには、ちょうど地球を貫通するトンネルを通りぬけて地球の裏側にたどりついたことになる。煉獄山の頂きに地上楽園があり、そこから至高点に達する天国の階梯がはじまるのである。したがって、ダンテの天国も空間的表象のなかにありながら、けっしてわれわれが生きている空間的様式の延長上にある天上の超越的世界に存在しているのではなく、いわばトポロジカルなねじれをもつ不可能な空間性のなかに設定されていることなる。

このような空間論的パラドックスは、地上楽園の場合にとくにはっきり見てとれる。至福にみちた地上楽園は多くの場合、地の果て（あるいは地の中心）にある高い山や海上はるかの島のような一定の地理上の場所に位置づけられている。しかしそれはまた、通り抜けのできない壁だとか、氷の壁、永遠にたれこめた厚い雲、燃えさかる火炎のバリヤーにとりかこまれ容易に近づくことのできない非‐場所なのである。地上楽園のヴィジョンは地上的悦楽と精妙な自然美につつまれ、すぐれて感性的な場として、この地上世界と同じ地平にある。けれど地上楽園は同時に「どんな地図にものっていない」という矛盾した性格をもしめす。地図というものが、フッサールの言うように原初的空間性に根ざしたひとつの認識様式として、空間的様式そのものに関する表象であるとするならば、「どんな地図にものっていない」ことによって、地上楽園は空間性に属しながら、空間性についての言語（ラング）をすりぬけていくのである。地上楽園が母体的な悦楽、感性的な芳醇さにつつまれた場所であるためには、それは悦楽を分節し、その遊走性をせきとめるいかなる言語からも自由でなくてはならないためである。そして、この地上楽園のもつ空間論的パラドックスは、空間的様式そのもの、原初的空間性そのものからぬけだしていこうとする浄土や天国のはらんでいるそれと、トポロジー的に同型なのである。

天国や浄土はどこにあるのかという問い自体が、とてつもなく困難であるように見えるのは、そういうものが現実の世界には実在しない想像的《イマジネール》なものにすぎないからではなく（もっとも実在する世界という考え自体、みずからのはらむ空間論的パラドックスの隠蔽の上になりたっているのだけれど）、そこが空間性（空間的表象）の形成性の場でもあるからだ。フッサールが『幾何学の起源』でしめしてみせたように、人間の空間直感の能力は「言語にむすびつく論理の働き」に深く根ざしている。空間直感の能力は、だから言語のもつ論理化し象徴化する機能とまったく同じプロセスをたどって同時に形成されてくることになる。したがって、天使が飛びかい、微妙な「打つ音」の響きにおおわれた天国や浄土が、つねに存在や意味を組織化する体系の働きをまぬかれていく意味形成性の場をつくりなしているのだとすれば、そこはまた空間性そのものが生まれでてくる場、いわば空間形成性の先端部でなければならないだろう。

空間形成性の先端部にあるのは「点」である。その点は、まだいかなる空間性もかたちづくられていないところに打ちこまれ、そこにある決定的なトポロジー上のねじれをつくりだす。そしてその不連続な切断点をもとにして原初的なトポスがつくりなされ、そのとき同時に生まれてくる言語の意味形成性とともに、そこからすべての空間表象が形成されてくるのだ[17]。だから空間形成性の先端部は、いかなる空間表象、いかなる言語機能によってもとらえることのできない「無限」にむけてひらかれていると同時に、この空間形成性の先端にある「打つ点」の運動性、複数性を分節しおさえこもうとする空間表象の言語（ラング）にむかいながらしかもそれをたえずすりぬけていく「間」にあるパラドキシカルな場にほかならないのだと言える。言ってみれば、空間形成性のとば口は沈黙と節度ある言語活動の「間」にあって、とめどなく語りつづけ、またとめどなくトポスの原基的粒子を放出しつづけている。

天国や浄土を空間性としてとらえがたいのはそのためだ。天国や浄土はわれわれのとらえる空間性の内部にある。なぜならそれは空間形成性の先端部にある「点」と異ならないが、そこからいっさいの空間表象がかたちづくられてくるからである。天国と浄土はわれわれのとらえる空間性の内部にはない。その「点」があらゆる空間表象に先立つ無限というものにひたされているからである。天国と浄土はわれわれから無限に近いところにある。なぜならそれは「距離」の意識を生みだす空間性以前に属しているから。しかしそこはまたわれわれからもっとも遠いところにある。天国や浄土が空間性の内部に完全に属していない「点」の場にあって、そこから空間性の外部をめぐるフィクションが生まれてくるからである。こうして、極楽浄土、天国、地上楽園は、空間性の奇妙な「間」にすべりこんでいくフラクタル性をもつことになるわけだ。

密教（タントラ仏教）や浄土教教理において、阿弥陀仏の西方極楽浄土のような浄土世界が、仏陀の三身論のなかの「報身」として位置づけられているのは、浄土世界のもつこの意味形成性または空間的フラクタル性にもとづいている。三身論では、仏性の存在様式というかたちで、意識のあり方を「法身（ダルマカヤ）」「報身（サンボガカヤ）」「変化身（ニルマナカヤ）」の三層性としてしめそうとしている。複雑な歴史性と多義性をもったこの三身論を体系だって手短かに説明するのは難しいので、ある密教テクストの説明によってそれを代表することにすれば、こうなる。

法身は微動だにせず、そこにはいかなるあらわれも生起せず、また滅していくものもない。空性の輝きを内蔵しながら、法身には内部とか外部とかの空間性はなく、中心もなく限界もない。心的現象のすべてから解き放たれている法身こそ、心の自然、心の本然のありようをしめすものだ。報身はこの法身から軽々と戯れのようにわきおこる光の輝きだ。報身は無数の光の微粒子としてあらわれでて、あらゆる空間をおおいつくす。この自由な光の輝きが報身の浄土をつくりなすのだ。仏性はまた変化身として、輪廻する現象世界にあらわれでるが、変化身は報身から放たれる暖かいつつみこむような慈悲力そのものをしめしている。変化身の慈悲はあらゆる構成的思考、[18]あらゆる二元論にとらわれることがないから、とどまるところを知らず、また無際限である。

ゾクチェン[19]のクラスに属するこの密教テクストは、光のメタファーを用いて、意味形成性としての「報身」を「法身」の空無と心的現象の世界との「間」として、たくみに説明しようとしている。「報身」とは、無限の光を未発のままに内蔵した「法身」の連続体から、まるで戯れのようにフッと立ちのぼる光の微粒子であり、その自然な生産性をはばんだり、制限しようとしたりするいかなる限定も加えられることがないから、この光の微粒子は絶え間なくまたとどまるところを知らずあらわれでて、そこにゴージャスな光の輝きでできた「報身」の浄土をつくりなすのである。この「報身」の放つけっしてとどまることを知らない光は、「変化身」という媒体をかりて（たとえば歴史上のシャカムニ・ブッダなどがこの「変化身」を代表する）、輪廻する現象世界に注ぎこまれる。これが仏性に宿っている慈悲にほかならない。慈悲というものの本性は、もともと存在と非存在の「間《あわい》」のようなところに、とどまるところを知らず無限にたちのぼってくる「報身」の光の微粒子の運動性にもとづいているため、無限定的コミュニケーションの様相を呈するようになる。この無限定的コミュニケーションが、多かれ少なかれ限定性にしばられたコミュニケーション体系の形成される原基的な力をなしていることはたしかだ。だが、慈悲は意味形成性の「間」に絶え間なく生起する力として「けっして、たちのぼりつづけ、放射しつづけることをやめない」ために、けっきょくそれは交換と言語の体系性を破壊してしまうのである。いっさいの価値判断の体系をのりこえ、「贈与」の思考をのりこえ、あらゆる生きものにたいして、慈悲は惜しみなく注ぎつづけられている、というわけなのだ。

　こうして浄土は意味形成性の場として、そこにパラドキシカルな距離の意識と、「間」のディスクールとでも呼ぶべき慈悲の無限定的コミュニケーションをめぐるヴィジョンをともどもに内包することになる。そして、この意味形成性の場のはらむパラドックスこそ、日本浄土教のスリルにみちた思想展開をうながす力となったのだ。

浄土教のなかで、西方極楽浄土に住む阿弥陀仏は、そのあふれんばかりの慈悲力でありとあらゆる生きものを救いあげようとする「救済者」となった。そしてそのことが、パラドキシカルな浄土の空間性をするどい距離の意識に変え、意味形成性の場に欠如と欲望の関係を、つまりは愛の関係をもちこむことになったのである。浄土のヴィジョンはもともと、たえず存在と非存在の「間」にすべりこみ、またその「間」から絶え間なくわきあがってくる運動性をそなえていた。密教のように(これについては、あとで詳しく説明される)浄土に生まれる(往生する)ということを、さまざまな身体的なテクニックをつかって意識状態を変化させ、その存在と非存在の「間」にみずからすべりこんでいくこととして考えているうちは、浄土の空間性や意味形成性の問題がパラドックスとしてつきつけられてくるということはまずありえない。密教では、修行者の身体じしんを、間断なく光や音の振動が柔らかく貫いていく意味形成性の場につくり変えていこうとする。そのため、浄土との距離の意識も、慈悲の力で救いあげてくれる阿弥陀仏と自分との差異の意識も、そこではあるともなしとも言えない形成性の「間」でかすかな羽音をたてているにすぎないのだ。

だが、身体そのものを意味形成性の場に変容するためのテクノロジーを放棄し、自分は存在と言語（ラング）の世界にそのままとどまりながら、阿弥陀仏の救済をうけようとする念仏者の決意が生まれたとたんに、阿弥陀仏と念仏者の間には無限の距離が横たわるようになる。浄土が空間性の彼岸に去っていくのだ。そうなればもう身体をなかだちにして浄土のヴィジョンの生起するあの「間」にすべりこんでいくことはできなくなる。欠如を生みだす距離の意識と、その距離を埋めようとする欲望の関係のなかで、阿弥陀仏と念仏者の関係は本質的には言語的関係とならざるをえないのだ。意味形成性に象徴機能がとってかわる。音声言語がエクリチュールを凌駕していくのである。こうして、極楽浄土のヴィジョンを観想するという心身的な技術をつかうことによって、身体を浄土のヴィジョンの生起する意味形成性の場につくり変えていこうとするインドや中国の密教的浄土教にひとつの裂け目が走り、日本浄土教はそこから音声言語と距離と現前のとりもどしをめぐる「近代的」思考への道を開いていったわけだ。法然はこう言っている。

念仏といっても仏の色相光明を念じるのは観仏三昧であるが、この念仏によって仏身と同体の仏性をこの身に観想するなどは、智慧もおぼつかなく心も浅劣な自分らの境界ではない……。仏の身相を観念せず、ただ仏の御名を念ぜよ。われわれ凡夫は何かと障害が多く、観想念仏など出来はしない。さればこそ釈尊が憐みをたれて、称名念仏をひたすらにおすすめ下されておいでなのだ。[20]

法然は「南無阿弥陀仏」という六字の名号それじたいが阿弥陀仏なのだと言い、この六字名号を一日に何万遍も何十万遍も唱えつづける称名念仏だけが、自分の考える浄土教なのだと語っている。たしかにいっさいの感性的な特徴を失って「神‐の‐名前」だけになった対象にむかって、その名前を呼びつづけるこの発話行為は、浄土教の全体に裂け目を入れて、そこを言語学的領野につくりかえるものである。だが、称名念仏の発話行為は、同時にそれを言語学の極限状態に運び去ってしまうものである。称名念仏は文であるよりも歌に近づき、まるで悦楽が語りだしているようになる。それは、バルトによって次のように語られた愛の発語 Je-t-aime（わたしは・あなたを・愛しています）のフィギュールを想起させるほどのものなのだ。

アーメンが言語の限界にあり、その体系に結びつけられるところがなく、言語の「反動的な衣」を剝ぎとるものであるのと同じように、愛の発語 Je-t-aime は、統辞構造の限界に身を持し、同語反復を受け入れ（Je-t-aime は Je-t-aime を意味する）、「文」につきもののあの隷属性を遠ざける（それは一語文にすぎない）ものである。発語としての Je-t-aime は記号ではない。記号の負けに賭けるものなのだ。[21]

なぜか。するどい距離の意識によって浄土のヴィジョンに裂け目を入れた日本浄土教が、そのことによって極限的な対象関係をつくりあげてしまったからである。それは「主体が他者との鏡像関係内で宙吊りになっている状況」にほかならない。念仏者は阿弥陀仏との鏡像関係内で宙吊りになっている。ちょうどあてにならない恋人の心にむかって愛の告白をつづける主体が、不確かな他者との鏡像関係内で宙吊りになっているように（わたしは阿弥陀仏にむかって、その名を呼びつづけている。しかし阿弥陀仏がわたしの臨終にあたって極楽浄土に救いあげてくれるか、さだかではない）。存在と非存在の「間」にある浄土は、存在の意識にとっては無限のかなたにあるように思える。称名念仏の主体はその距離を一気に飛びこえようと名号をとなえつづけるが、その距離の意識こそがこの発話行為をかたちづくっているものなのだから、念仏の主体は死に至るまでこの鏡像関係内で宙吊りになっていなければならないのだ。称名念仏は、母親をもとめる幼児の発語や恋愛主体による愛の発語のように、二元論の語なのである。親鸞が「横超」の思想によってのりこえようとしたのは、言語学的領野につくりかえられた日本浄土教のはらむこの宙吊りのジレンマである。

5　浄土論のカサノヴァ

中世前期につくられた極楽往生記の多くが、魅力的だがどこか手に負えない感じがするのも、浄土のヴィジョン全体を言語学的領野につくりかえていこうとする浄土教に潜在している特有の型のようなものにつながりをもっている。浄土教のなかで、阿弥陀仏と念仏者は極限的な対象関係にはいっていく。絶対的な充実と絶対的な欠如が、とてつもない距離をはさんでむかいあうようになる。浄土教はこうして、浄土のヴィジョンの生起する場を構造的なものに、つまりは言葉の場に変えていくのだ。そのため、極楽往生記はますます恋愛のディスクールの型に似かよってくる。なぜなら恋するものの発話行為の場とは、「語ろうとせぬ他者（恋愛の対象）を前に、おのが内部で恋情のままに語りつつある誰かの場」[22]にほかならず、その構造は、ことによると臨終のさいにさえ「来迎」をとおして語りかけてくれないかも知れない他者（宗教的ヴィジョンの対象）にむかって、名前を呼びつづけ願望のままに語りつづけようとする念仏者の対象関係と、じつによく似かよっているからだ。だが、このようにしてつくりあげられた念仏主体の「想像界」の過剰こそが、限界を超え出ていると思えるほどに壮麗な極楽浄土のイメージをつむぎだしたのだ。欠如の意識と「想像界」の無限の消費が、ここには同時に存在している。

したがって、恋愛対象の肉体との合一、つまり性行為そのものが、恋愛のディスクールの最大の敵であるように、浄土教の念仏主体の「想像界」にとってゆるしがたいことは、身体を媒体にして浄土と合一しようという思想をいだくことではなかろうか。性行為は恋愛のディスクールの延長ではない。恋する二人がはじめて性行為をおこなおうとするとき、二人は二人の愛の発語をつむぎだしていたあの「想像界」を死に追いやるような、めくるめくほど深い淵を知らず知らずのうちに一気にとびこえているのである。だから、浄土教のような「想像界の浄土論」にとって密教（タントラ仏教）とは、愛の発語にたいする性行為のようなものを意味していることになる。密教が身体をなかだちにして、身体を浄土のヴィジョンの生起してくるのと同じ意味形成性の場につくり変えることによって、いわば浄土の「肉体」と地つづきに合一しようとしているからだ。密教は浄土論のカサノヴァなのである。

その違いはまず言葉の能動性にあらわれる。「南無阿弥陀仏」の称名念仏も、「オーム・マニパドメ・フーム」のマントラ（真言）もともに言語の限界に立つ発話行為であることにおいては変わりない。たしかに語として見れば、どちらも一定の意味を伝達しようとしている。「南無阿弥陀仏」は「阿弥陀仏よ、わたしはあなたに帰依します」という意味をもっているし、「オーム・マニパドメ・フーム」も「オーム（聖音）・宝玉のような蓮華よ・フーム（聖音）」という語のはらむ多義的な象徴的意味をになっている。だが、発話行為の状況がすべてを変えてしまう。称名もマントラもそこでは意味を伝達するのではなく、音楽的な悦楽をともないつつ、言語学にも記号論にも属することのない、ある状況をつくりだす。浄土教の称名と密教のマントラは、この状況のなかにあるそれぞれの語の能動性において、大きな違いを見せるのだ。

称名念仏における「南無阿弥陀仏」は、念仏主体が阿弥陀仏との鏡像的な対象関係のなかで宙吊りになっている状況に、文字どおりとりついている。ところが、密教のマントラの場合には、もともとそうした極限的な対象関係が前提にされていないのである。称名が念仏主体と対象とのとてつもない距離の意識につき動かされているとすれば、密教のマントラはそのような距離の意識が生まれでようとする瞬間に、つまり浄土のヴィジョンがその「物質性」とともに生起していたあの空間性の起源の場に、ゆるやかにたちもどっていこうとしている。それは鏡像的にせよ（マントラは観想された仏陀や菩薩に呼びかける言葉ではない）、象徴的にせよ（観想された仏陀や菩薩がわたしを去勢することなどありうるだろうか）、いっさいの対象関係をすりぬけていくような能動性をそなえている。「想像界」がマントラにとりつくことは（密教の理論にそくして言えば）不可能なはずである。

こうしてマントラは一種の鼓動として、身体を打つものとなるのである。心臓の鼓動よりももっと柔らかな、もっと微細な鼓動が身体を、打つのだ。それは、悦楽的な反復として身体を通過していく音である。その通過のあとには、身体を微妙な差異性をともなった体感が横断し、波のように広がっていくが、この体感こそ身体をして意味形成性の場につくりかえていくものなのである。したがって、マントラとは、意味形成性をになった音の粒なのだ、と言うことができる。この音の粒は、いっさいの意味形成性の萌芽を未発のままに内蔵した深い沈黙（中観仏教ならそれを不可言説の空と呼ぶだろう）のなかから自然発生性としてとび出し、意味世界の構築のほうにむかって横断していく運動線に連動している。たんなる音楽でもなく（それはこの音の粒を幻影のヴェールである調性体系やリズムの体系のなかに組織してしまう）、またたんなる言語学的な発話行為でもない（音の粒が身体を打つリズミックな運動性を、それはしめ殺していく）ことによって、マントラは放出された音の粒をたえず意味形成性の場に放置しつづけようとするのである。マントラは、沈黙をも言語（ラング）をもすりぬけ、両者の「間《あわい》」にすべりこんだまま、そこで「語りつづけ、身体を打ちつづけることをやめない」。マントラには、その意味形成性を限定する最小限の力しか加えられていないからである。そして、身体を打つ「響き」がけっして一様ではなく、複数性と差異をはらんでいるように、この音の粒の「響き」もまた一様ではない。そのため密教には、「響き」のもつ多様性の数だけ異なったマントラがあり、またそのパンテオンにはそれと同じだけの数の神々が群れ集うことになる。

けれど、マントラはたんに「言葉の門」であるにすぎない。密教の総合性は人間の活動のあらゆる側面をまきこみながら、浄土の「肉体」と地つづきになるための通道をうがとうとしている。「身口意の三密門」のすべてに、つまり「身体」「言葉」「意識作用」のすべての側面にたいして、そこを意味形成性の場につくりかえていくような改造を加えつつ、密教はあげて浄土のヴィジョンの生起するあの存在と非存在の「間」にすべりこんでいこうというのである。

「意識の門」の修行では「生起次第」という観想のテクニックが鍛えられる。視覚的な想像力をつかって、自分の身体とそれをとりまく世界のすべてを、仏陀や菩薩やもろもろの密教的神々の集う浄土の光景（それはマンダラとして構成されることがおおい）に変容させていくのである。もちろん、あたり一面を浄土の光景にふさわしい神々の宮殿に変え、自分の身体像までそこに住まう神の姿に変えていくこのような想像力の鍛練は、それ自体が目的になってしまえば、密教的修行の主体をふたたびパラノイアックな「想像界」にふうじこめてしまうことになるだろう。だが、密教は、それはたんなる手段（方便）なのだと言う。観想という視覚的想像力のテクニックを使って密教がめざしているのは、視覚的な意識作用を、光の意味形成性とでも呼ぶべき「報身」の浄土特有の状態へとすべりこませていくことなのである。チベットのある密教テクストにも、こう書いてある。

> 神々の宮殿《シャメーカン》を観想することによってもたらされるものは
> 構成的な意識作用によって夢・幻のようにつくりだされた
> 日常的な環境世界を解体・変容せしめることによって
> かわってそこに「報身」の浄土をありありと見ることのできる
> 浄化された「報身」の智慧を得ることである[23]

このテクストが「報身の智慧」と表現しているものは、じっさいには光の意味形成性状態のことにほかならない。「報身」は、「微動だにせず、そこにはいかなるあらわれも生起せず、また滅していくものもなく、空性の輝きを内蔵しながらいまだ未発の状態にある」ところの「法身」から軽々と放たれる光の微粒子である。この光の微粒子は「イメージの種子」であり、意識のさまざまな層を横切りながら異なるイメージを形成し、ついには「構成的な意識作用によって夢・幻のようにつくりだされた、日常的な環境世界」を生みだすことになる。だから、「報身の智慧」をたたえた状態とは、空無の無限連続体である「法身」から自然発生的に軽々とたちのぼってくる光の微粒子の運動性が、構成的意識作用のつくりだす粗大なイメージのなかに凝固してしまわないうちの「間」をとらえようとしているのだ、と考えてまちがいない。観想のテクニックを説明する密教テクストが、浄土の光景を物理的な物体とか物質色でできているのではない「光のかたまり」として想像し、その細部にいたるまでをヴィヴィッドに視覚化して、しかも全体がたえず微細なゆらめきと複数性をたたえながらきらきらと輝き、かすかに振動しているようにつくりださなければいけないと、くりかえし語っているのも、視覚的想像力のつくりだす浄土のヴィジョンが光の意味形成性の状態をさそいだしてくるものでなければならない、ということにつながりをもっている。

「身体の門」になると、さらに複雑になってくる。これはおもに「管」という通道と、「風（プラーナ）」の運動性に関係をもっている。まず、呼吸法をなかだちにしながら、「風」の運動性を微細化していくのである。そしてこの微細化された運動性を、同じように微細な通道として身体内にうがたれた「管」をとおして絶え間なく横断させ、それをつうじて身体をくまなく走る通道に、浄土を「打つ」あの意味形成性のリズムを通過させていこうというのだ。

身体のあらゆる活動をつき動かしている「風」の運動性には「微細なもの」と「粗大なもの」のふたつがある、と密教では考えている。たとえば、ある密教理論家はこう書いている。

「風」には微細な「智慧の風」と粗大な「行為の風」の二つの種類がある。もっともそれらの根源には未発の運動性をたたえた状態があり、ここからたちのぼった運動性がたちまちにして分節され歪められてしまえば、それが「行為の風」となって、われわれを輪廻の現象世界につなぎとめるもとになる。「行為の風」は意識の面では構成的意識作用となってあらわれ、粗大な分別知の分節的思考をもたらす。これにたいして、「智慧の風」は未発の状態から自然発生的に立ちのぼってきたまま、それを限界づけるものがないから、大いなる楽にみち、空性に輝きつづけている。このあらゆる二元論から解き放たれた「智慧の風」を、微細な「管」に送りこむことが、覚醒の条件であり、この身体を神々の浄土に変えることである。[24]

つまり、微細な「智慧の風」というのは、言葉の意味形成性をしめす音の粒としてのマントラ（正確に言えば、マントラの語を音楽化するその発話行為）や、観想のテクニックがさそいだす光のイメージと同じように、運動性における意味形成性のことをさしているのである。この微細な「智慧の風」は微細な「管」を通過しながら、身体をその差異の体感で柔らかく打っていた。けれど身体が器官組織をととのえ、粗大な「行為の風」が活動のあらゆる面で微細な「風」を圧倒するようになれば、身体の活動性は存在と意味（分節的思考）の世界に深くつなぎとめられてしまい、身体をつらぬく「風」は天使の軽やかさ（それは限界づけるものを知らず、たえず生起し、たえず変化し、たえず運動していくもののもつ質だ）を失なってしまう。そこで、密教的テクニックは、「行為の風」を吹きとどめ、かわってそこに「智慧の風」がふたたび動きはじめる身体の状態をつくりだそうというのである。

密教という浄土論のカサノヴァは、柔らかいマントラの振動が打ち、光の粒子が軽やかにたちのぼり、「智慧の風」が吹きぬけていく微細な身体をつくりあげようとする。彼は「身口意の三密門」を浄化することによって得られたこの身体をもって（まるで恋する人のベッドにすばやくすべりこんでいくように、とでも言おうか）、浄土のヴィジョンの生起する存在と非存在の「間」に地つづきのまま巧みにすべりこんでいこうとする。「即身成仏」の密教思想は、象徴論の問題でもまた宇宙論（コスモロジー）の問題でもなく、意味形成性の実践をつき動かすこのカサノヴァ的衝動にかかわっているものなのである。

6　至福、大楽、極楽

ところで、インド・チベットの密教理論家が考える、「行為の風」をとおす粗大な「管」というのは、フロイトがニューロンの仮説をかりて記憶と生の本質について語っているところのものと、きわめてよく似ている。密教生理学では母親の胎内にできたばかりの胎児の身体には、まだどんな器官もできていないが、そのかわりそこには吹きこまれたばかりの「智慧の風」が原初的な自由をいまだ束縛されないまま、絶え間ない活発な運動をはじめているのだ、と説明している。この状態の胎児には記憶というものはまだない。記憶は、この胎児の身体のうちに粗大な「管」からなる神経組織がととのい、「智慧の風」の自由な差異化過程とでも言うべき運動性を拘束して、分節化した「行為の風」が、この器官性身体のなかをとおりぬけるようになって、はじめて生まれてくる。「智慧の風」はいわば非‐記憶的運動性であり、記憶が生ずるためにはこの非‐記憶的運動性をとどこおらせ、遅延させる粗大な通道が身体内にうがたれていなければならないのだ。だから、われわれがふつう生と呼んでいるものの本質は、「智慧の風」の非‐記憶的運動性を遅延させるところにあるのだ、ということになる。そして、密教では、この輪廻する現象世界にある生きものたちが限りない至福の状態（大楽）にけっしてたどりつけないのは、記憶を生みだすこの〝運動性の凍結〟というものから、われわれの生がなりたっているからなのだ。[25]

もちろんフロイトは、タントリストたちのように身体技法をつかって大いなる快楽の享受される状態にたどりつこうなどとは思いもかけなかっただろうが、それでも記憶の形成をめぐるその独創的な心的メカニズム論は、密教の記憶理論と驚くほどよく似かよっているのである。それはジャック・デリダが次のように語るように、フロイトが死と快楽の絶対的な享受にたどりつくことを決定的に引き延ばされたものとして生の本質を考え、またその遅延作用にたいして「通道」の形成がもっとも重要な働きをしているのだと見ていたためである。

痕跡産出にかかわるこれらの差異は、いずれもみな、遅延作用の諸契機として解釈しなおされるものであります。フロイトの思想を支配しつづけてやまぬモチーフに従い、この運動は、生が危険な備給を延期し、保留（Vorrat）を形成することで自己防衛を計ろうとする努力として記述されます。脅威的な消耗や現前が、通道あるいは反復の手を借りて延期されるのです。これはすでに、現実に対する快楽の関係を定立するあの迂回（Aufschub）のことではないか（『快楽原則の彼岸』参照）。死の経済、遅延、反復、保留などによらぬ限り、到底死からその身を守りえない生、そうした生にとっての本源における死のことではないのか。[26]

このような遅延作用の考えに、タントリストもいやおうなく賛成するはずである。彼らもまた、輪廻のなかにあるわれわれの生の本質は、純粋な運動性や大いなる快楽のたたえられた状態の享受を、決定的に引き延ばされているところにある、と考えていたからである。その遅延は自由な差異化の状態にある「智慧の風」の運動性が凍結され分節されて「行為の風」となり、そのこわばった運動性をとおす通道として神経組織の粗大な「管」がはりめぐらされ、そこから記憶化がはじまることによってもたらされる。こうして輪廻にある生は、「智慧の風」が内蔵している純粋な輝きや大楽にたどりつけない延期の状態におかれることになるわけである。

だがそれならば、密教の実践をこのような遅延作用の否定として考えるべきなのだろうか。たしかにタントリストは、遅延作用についての理論をねりあげるだけで、その延期状態のままいつまでも手をこまねいている、というようなことはなかった。彼らは、「身口意の三密門」の凍結状態を解きほぐすような身体技法、とくに呼吸法をなかだちにして「風」の状態をいわば微分＝差異化するテクニックをつかって、身体内にもう一度微細な通道管をよみがえらせ、そのなかを吹きぬける「智慧の風」を微細な運動性としてとりもどすことによって、大いなる快楽、純粋な輝きの状態というものにたどりつこうとしている。けれど、それが延期されていた快楽の享受を大楽という形でとりもどそうとしているからといって、それは遅延作用のたんなる否定をめざしているのだろうか。もしかりにそうだとしたら、密教思想は、死の経済や遅延などによらない限り死からその身を守りえないという生の本質を安易に否定し、恐るべき消費やとめどない快楽や現前とかいったものにいわば素手のまま直接無媒介にたどりつこうとして生の本質にある遅延作用を隠蔽してしまう誤りをおかしていることになるだろう。じじつ、おおくの密教テクストは、いっさいの心的現象のあらわれが絶滅したニルヴァーナ（涅槃）を不断の至福状態である大楽のみちるところとすることによって、そのような隠蔽をおこなおうとしているように見うけられるのである(27)。

インド後期密教の著名な神秘詩人サラハは、そうした考えにまっこうから反対している。

最後の段階をスカ（楽）と同一視することは、単なる混同にすぎない。この最終段階についての肯定的概念も否定的概念も、またこの種のいかなる構成もすべて人を完全な悟りへと導くことはできない。黄金の鎖と鉄の鎖とのあいだに何一つ差はないはずだ。なぜならば、共に人を縛るものだから、そして共に人が避けるものだから(28)。

では、スカ（楽）はどこにあるのか。それは現前と遅延の「間」、死と死の経済である生との「間」、もしこういう言い方ができるとすれば遅延の形成性の場、つまりはデリダが「差延」という言葉でしめそうとする絶妙な運動性にあるのだ。大楽をたたえた「智慧の風」は、未発の運動性を内蔵したまま何ものも生起せずまた何ものも滅していくことのない絶対的なニルヴァーナと、生の遅延作用をもたらす「行為の風」の「間」にある、存在と非存在のとらえがたい「空‐間」のうちにたちおこっている。だから、密教は遅延作用を否定するのではなく、肯定するのでもなく、ただその遅延の形成性の「空‐間」にすべりこんでいこうとしているだけなのだ。それは身体をなかだちにしておこなわれる。なぜなら「スカ（楽）は肉体なくしては全くありえない。もし肉体がなければ誰一人として楽について語ることすらできないからである」[29]。フロイトのように、快楽の享受の可能性を死のなかにまで延期するのは、たんなる思弁にすぎないのだ、とタントリストなら言うだろう。なぜなら大楽という状態そのものが、死と生の「間」にたちおこる自由で微細な運動性のなかにこそたたえられているものだからである。そのようなとらえがたい運動性を宿す「空‐間」性を、密教テクストは「不二」という言葉でとらえようとしている。

静的であれ動的であれ、一切の存在物は究極的には不二の状態にある。それらは初めから生来清浄であり、穏やかな天空のように澄み渡っている。この不二という語も単にこの究極的性質に対するよび名にすぎず、その名称もまたそこには留まってはいない。そして、この不二性[30]――そのなかには知られることも知る人も共に存在しない――が大楽と呼ばれるものである。

タントリストの身体は、この不二性の大楽を体験している状態にある。では、大楽を体験しつつあるその身体は、どのように表象されればよいのだろうか。おそらくこの問いかけは、「天使の性は何か」という問いかけと同じような難しさをはらんでいる。それが、たえず表象の言語（ラング）をすりぬけていこうとする意味形成性の場をとりおさえようとしているからである。

インドの後期密教では、大楽を体験しつつあるその身体を、いだき合い性行為をおこなう男神と女神の姿で表現しようとした。女神が未発の運動性を内蔵した空性（般若）をあらわすとすれば、男神はその未発の運動性を存在の世界のほうに引き出そうとする形式力（方便）をしめしている。そしてその二人の合体する姿によって、「場」の連続体から運動性が光の粒子となってとびだしてくるその瞬間をとらえようとするような、意味形成性の現場を表象したのである。したがって正確に言えば、不二性の大楽を体験しつつあるタントリストの身体は、男の性の身体でも、女の性の身体でも、また男女の合体した身体でもなく、天使の場合と同じようなアンドロギュヌスの身体なのである。このアンドロギュヌスの身体は、意味形成性の状態にある運動の場そのものである。それは言ってみれば存在と非存在の「間」でとめどない快楽を体験しつつある身体だ。男神と女神の合体像は、この運動性の場をとらえるための、表象の体系に可能なかぎりのレトリックにすぎないのだと言える。

これは、タントリストたちがじっさいに異性のパートナーと性行為をしながらおこなう性ヨーガ的な実践の場合にも変わらない。彼らはそれをとおして、性的な快楽そのものを微分＝差異化しようとしているのだ。ふつうの状態でおこなわれる性的な快楽は粗大な器官のなかを通過する「行為の風」のふるえによってもたらされる。性ヨーガ的な実践では、「風（プラーナ）」の状態をコントロールする特殊な呼吸法をつかって微細化された「智慧の風」を、微細な「管」のなかに送りこみながらこれを上昇下降させ、性行為によってもたらされる運動性のふるえを微細化することによって、その快楽を器官性の束縛から自由に解き放とうとするのだ。その場合でも密教テクストは、そのはげしい快楽を意味形成性の「間」で体験しなければならないと、こんなふうに語る。

はじめは、その快感がなかば空性のなかにひたっているような微妙な感覚をもたなければならない……観想をおこなっていだきあう男神と女神に変容したときにも、おたがい自分の行為に対象があるという感覚をすてて、不二の状態のなかで空性のうちから軽々と光がたちのぼってくるようなその瞬間の知覚のなかで、大楽を体験するのである。(31)

したがって、その場合にもタントリストは男の性の身体と女の性の身体をともどもにすりぬけていくアンドロギュヌスの身体をもって、大楽をたたえたあの「間」にすべりこんでいこうとするのだ。だから、その彼が「わたしには女などいらない、身体のなかにそれをもっているから」と語ったとしても、クリステヴァのように[32]、その言葉から女の性の疎外と観念によるその同化を読みとる必要は、おそらくない。たぶんタントリストにとって不思議でならないのは「女性的なものを、悦楽の場とする根本的なファンタスム[33]」そのものであろう。大楽は、男の性の身体も女の性の身体もともにすりぬけた天使の身体や、アンドロギュヌスとしてのタントリストの身体のなかに体験されているものなのだ。それはほかならぬ意味形成性の場であり、存在と非存在の「空‐間」である。そこから、限界を知らないとめどない快楽と笑いのエクリチュールが生まれてくる。

タントリストたちの書いた文献やその生き方が、まるでヘンリー・ミラーのような奔放さをもっているのはそのためである。彼らは、ヘンリー・ミラーがそうであるように、反モラルの徒などではまるでない。彼らはただたんに肉体をもった非モラルの天使だというだけなのだ。そしてそのことによって存在と非存在の「間」、意味形成性の場にまぎれこんだ彼らは、そこで笑いつづけ、大いなる快楽を享受しつづけているのである。

注

（1）クリスチャン・ジャムベ『東方の論理――アンリ・コルバンと形の科学』スイユ社、一九八三年、三六頁。

（2）ダンテ『神曲』寿岳文章訳、集英社、一九八〇年、七頁。

(3) フィリップ・ソレルス「ダンテとエクリチュールの横断性」『ロジック』スイユ社、一九六八年所収。
(4) 『神曲』二〇頁。
(5) 『神曲』七七頁。
(6) 『ロジック』六七〜六八頁。
(7) 『神曲』二〇三〜二〇四頁。
(8) 『神曲』三二九〜三三〇頁。
(9) 『ロジック』六九〜七〇頁。
(10) 『神曲』六五〇頁。
(11) 『神曲』六五三頁。
(12) 『神曲』六六二頁。
(13) 中沢新一「チベットのモーツァルト」(本書所収)を参照。
(14) ヴァスバンドゥ『浄土論』五世紀、源信『往生要集』一〇世紀に引用。
(15) ロラン・バルト「シューマンの『クライスレリアーナ』」岸本浩訳『海』一九八三年八月号、二八四〜二八五頁。また同じ号の浅田彰「シューマンを弾くバルト」も参照のこと。
(16) 「シューマンの『クライスレリアーナ』」二八四頁。
(17) 「チベットのモーツァルト」
(18) 『ゾクチェン・タントラ・クンチェー・ギャルポ』チベット、成立年代不詳。
(19) チベット仏教ニンマ派の伝承しているゾクチェン密教は、ふつうのタントラ分類法でいくと無上ヨーガ部不二タントラに属することになるけれど、その哲学は密教、禅、ボン教などを集合するきわめてユニークなものである。
(20) 法然『要義問答』一三世紀、永忠順『和語燈録——極楽往生への燈』大蔵出版、一九八二年より引用。

(21) ロラン・バルト『恋愛のディスクール・断章』三好郁朗訳、みすず書房、一九八〇年、二三二〜二三三頁。

(22) 『恋愛のディスクール・断章』五頁。

(23) ロチェン・ダルマシュリー「マンダラの本質を略述する黄金の溶流」『ニンマ派埋蔵経典集』所収、チベット、一七世紀。

(24) ジグメ・リンパ『知恵の宝庫』チベット、一八世紀。

(25) ロンチェン・ラプジャムパ『仏教諸乗の頂点を極める宝蔵』チベット、一四世紀。

(26) ジャック・デリダ「フロイトとエクリチュールの舞台」三好郁朗訳、『エクリチュールと差異（下）』法政大学出版局、一九八三年所収、六五頁。ただし、この引用のなかの「遅延」は原文ではもともと「差延」となっている。しかし「差延」の考え方の「霊妙さ」を出すために、ここでは本論につごうのよいように勝手に改竄した。

(27) ダスグプタ『タントラ仏教入門』宮坂宥勝・桑村正純訳、人文書院、一九八一年、一三一〜一三二頁。

(28) 『タントラ仏教入門』一三二〜一三三頁に引用。

(29) 『タントラ仏教入門』一三四頁に引用。

(30) 『タントラ仏教入門』一三五頁に引用。

(31) ドゥンジョン・ジグデル・イェシェ・ドルジェ『プルパ・ナムチャ・ポティ』チベット、二〇世紀。

(32) ジュリア・クリステヴァ『中国の女たち』丸山静他訳、せりか書房、一九八一年、一〇三頁。

(33) フィリップ・ソレルス「天使の性」『テル・ケル』一九七八年春号。

II

風の卵をめぐって

1

中央アジアの高原地帯を何度も旅行した人々のなかにも、「風の行者」と呼ばれる仏教修行者の姿をじっさいに見かけたという人はめったにいないようだ。二十世紀はじめのチベットに十数年間にわたって滞在し、みずから修行尼となって仏教を学んでいた東洋学者アレクサンドラ・ダヴィッド＝ニール女史のように幸運な体験のできる人は、そうざらにはいないからだ。彼女の著書『チベットの魔術と神秘』（一九三二年）には、その「風の行者」との出会いが美しく印象深く描き出されている。

その日、広大なチベット高原の台地を横切っていた彼女は、はるかむこうの平原に小さな黒い点のようなものがかすかに動いているのに気がついた。もう二週間というもの人っ子ひとり見かけないさびしい旅を続けていた彼女が好奇心にかられて双眼鏡をのぞいてみると、黒い点と思われたのはじつはこちらに向かって歩いてくる男の人影だった。しかしこの場合、「歩いてくる」という表現はあまりふさわしくないように感じられた。それというのもこの人影が、異常な身軽さ、信じられないほどの速さでこちらに近づいてくるのがわかったからである。男はぐいぐいと近づいてきた。そして彼女の横方をまたたく間に通りすぎていってしまったが、東洋学者は彼の印象をすばやく次のようにとらえていた。

まったく無表情な彼の顔には深い静けさがたたえられ、大きく見開かれた目は、はるか遠くのほうの何か不可視の対象をしっかりと凝視していた。男は走っているのではない。まるで空中に浮き上がり、跳びはねながら前方に進んでいくように思えた。ボールの弾力を身につけて、足が地面に触れるやいなや軽くバウンドさせている、といった趣きなのだ。おまけに彼の足どりは時計の振り子のように正確だった。

これが空中を浮遊し歩行する能力をもつと噂されていた「風の行者《ルン・ゴムパ》」か、と彼女は思った。じっさい外国人の彼女にラマ僧のもつ超能力を説明しようとするチベットの民衆は、ことあるごとにこの「風の行者」のことを話題にしてきたし（この事情は今もあまり変らない）、彼女がいた頃は地方の有名な修行場近くの高原にいけば、まだ何人もの「風の行者」たちが、この奇妙な歩行の行をおこなっていたのである。それに聞く者をうっとりさせる神秘的な空中歩行の伝説が生まれてくるのにだって、それなりの理由があるのだ。「風の行者」

の「風《ルン》」という言葉が、たとえば「風《ルン》の馬《タ》」と呼ばれる護符の旗をはためかせたりする大気のそよぎを意味するばかりではなく、この場合にはタントリズム生理学が言うところの生体の「気＝プラーナ」をも意味していることを教えられていないふつうの人たちにとって、「風」を自由自在にコントロールしながらすごい距離を一気に駆けていくという修行者の存在が、ただちに空中を浮遊し歩行していく行者のイメージに結びついていったとしても、まったく無理からぬことではなかろうか。

もちろん、いたずらにものごとを神秘めかして語ることを好まないこの東洋学者は（仏教学者たちは彼女の書いたものをあまりにオカルト的で想像力過剰だとして、はなから信用していないようだけれど、わたしの見るところ、彼女は自分の体験をごくつつましく語ろうとしているにすぎないと思われる）、「風の行者」がそのとき一種の瞑想歩行の訓練をしていたのだ、ということは理解していた。けれど外側の印象をこれだけ的確にとらえていた彼女にも、さすがにこのとき「風の行者」の意識の内部で進行していた事態はつかめなかったように思える。ダヴィッド＝ニールはこの瞑想歩行が麻酔的な自己催眠の効果によって可能になると考えている。つまり、このとき行者たちは自己催眠によってからだの知覚を一時的に失うために、石コロや障害物につまずいても痛みを感ずることなく、一定の速度と「ボールの弾力」をもった足どりで、前方に歩んでいけるというのである。

けれど、もし彼女の言うとおりだとするならば、瞑想歩行を終えた「風の行者」の足は、チベットの荒野に散在する大小の石のために傷つき膨れあがってしまうことになるはずだが、修練を積んだエレガンスをたっとぶ行者がとてもそんな武骨な修行を好むとは考えられないのである。それに大切なのは、美意識の問題だけではない。そもそもこの修行にとって大事なのは、目標に向かって真一文字に進んでいくことではなく、「意識」とふつう呼ばれているものがたがいに速度の異なるいくつもの流れの層をなしていて、そのうちきわめて迅速な流れの層の存在はふだん気づかれていないという事実を体得させることにあるからだ。このきわめて迅速な意識の働きによって（この意識の流れは言語によって抑圧されているわけではないから、無意識と呼ぶことはできない）、トランス状態で歩行している「風の行者」は、大きく目を見開いて「はるか遠くのほうの何か不可視の対象をしっかりと凝視」しながら、同時に視界にとびこんでくるすべてのものをその周辺部でとらえ、直感的にすばやくそれに反応する運動をおこしているのである。

ヨーロッパ人としてこの「風の瞑想《ルン・ゴム》」をじっさいに体験した数少ない東洋学者であるラマ・ゴヴィンダの記録を読むと、そのことがもっとよくわかる。ゴヴィンダは「風の瞑想」を体系的に修行しはじめる前に、その修行が体験させる変容した意識状態ときわめてよく似た状態を、せっぱつまった状況のなかで自然に体験してしまったのである。

変幻に色調を変化させる氷河湖パンゴンの美しさに魅せられたゴヴィンダは、湖とそれをとり囲む雪山の全景を見わたせる東岸の傾斜地にさまよい出て写生に時を過すうち、遠くのキャンプにもどる時期をのがしてしまった。昼間は照りつける太陽で暑いくらいだったのに、夜ともなればチベット高原の空気はたちまち氷点下に下がっていく。軽装にサンダルばき、おまけに朝から写生に夢中でほとんど飲まず食わずだったことに気づいた彼を不安が襲った。それればかりか、地面には大きな玉石が累々として、それがまたどこまでも続いているのである。彼はそのときの模様をこう書いている。

このさき何マイルあるかもわからない地面をおおっているおびただしい玉石の間をぬって、道を探している余裕はもはやなかった。夜はすでにすっぽりと私を包み込んでしまった。ところがどうだろう。私は裸足にサンダルをひっかけただけの自分が、すべりもせずよろめきもせず玉石から玉石へと飛び渡っているのに気づき、すっかり驚いてしまった。間もなく私は自分が奇妙な力に支配され、もはや意識が目や頭からの指図を受けずに働いているのに気がついた……いつの間にか身体の重さがまったく感じられなくなり、両足には足の本能とでも言うべきものが備わって、注意して見ていない障害物を確実によけ、足許を確保しながら、玉石の上を軽快にバウンドしていたのである。

（ラマ・アナガリカ・ゴヴィンダ『白い雲の道――チベット仏教巡礼』一九六六年）

こうしてゴヴィンダは思いもかけず「風の瞑想歩行」を実践してしまった。そしてそのとき体験していた変容した意識は、体系的な「風の瞑想」の訓練をつうじて得られるものと、ほとんど同じであった、と彼は書いている。

ところで、じっさいにこのことは、チベット仏教のニンマ派やカギュ派の一部の密教行者たちの間に伝えられている「風の瞑想歩行」の訓練の内部にたちいってみれば、今日でもじゅうぶんに確認のできることなのである。この瞑想歩行の訓練は「風《ルン》の究竟次第《ゾクリム》」とか「管《ツァ》と風《ルン》」などと呼ばれる複雑な身体技法の体系の、ちょうど準備段階の訓練の部分に組みこまれている。訓練のプロセスは、師匠から弟子へと伝えられていく密教のリネージごとに多少の相違を見せるけれど、おおむねどの場合も「観想」と「凝視」のふたつからなりたっているようだ。

観想は映像的な想像力の訓練にかかわっており、視覚がたえまなく外の世界を構成しつづける対象化の意識作用に変容をもたらそうとしている。観想の訓練をおこなおうとするには、生き生きとした視覚的なヴィジョンにみちた像を、自分の前方ないし頭上の空間にありありと想起させ、また自分の身体そのものまで神々の純粋なイメージに変容させていかなければならない。タントラ仏教は訓練のあらゆる場面で、この技法をフルに活用しているのである。

太陽や月や星あるいはロウソクの炎などを凝視する訓練も、それにおとらず重要な技法だ。それは意識を一定の対象に集中することによって、意識の内部でたえまなく立ち騒ぐ認識作用を静止にむかわせる。それはまた、外界の対象世界を静止像として固定するためにめまぐるしく動き回っている眼球の運動まで停止させていこうとするから、視覚による世界の構成作用にいちじるしい変化がもたらされるのだ。

「風の瞑想歩行」では、修行者はまず映像的なヴィジョンを生き生きと働かせながら、自分のななめ上方の空間に一定のイメージを観想して、目をつむっていても開いていても、いつもそのイメージが鮮明に持続できるようになるまで、根気よく練習をくりかえす。それができるようになったら、今度は歩きながらでもその状態が保てるようにして、だんだん歩く距離と速度を増しながら、そのイメージめがけてまっしぐらに歩んでいくわけだ。さらに、これに凝視の訓練を重ねていく。観想のヴィジョンにみたされながら、同時に大きく見開いた目で地平線よりすこし上方の星を選んで（チベット高原では昼間でも星が見える）それを凝視しつづけるという二重の集中力を養っていくのである。しだいしだいにこの歩行訓練の時間は長くなっていく。はじめは平らなところで、そのうち多少の石が散在する野原で、さらには起伏のある台地へと訓練の場所を広げていく。するといつの間にか、からだの重さが感じられなくなり、しかも「両足には足の本能とでも言うべきものがあたえられ、注意して見ていない障害物をよけ、足許を確保しながら」軽やかにバウンドしていく「風の行者」特有の歩き方が身についてくるのである。

しかもそうやって歩行している状態の意識は、めざめている日常の状態とはまったく異なる志向性の感覚をもって、外の世界をとらえているのである。ゴヴィンダはその感覚を次のようにうまく表現している。

両足はまるで憑かれたように、ほとんど機械的に動いていくのである。周囲の物が夢の中に出てくるようにどこか超然としているのにも気がついた。自分の身体でさえ意志の力からなかば切り離され遠のいていく感覚なのだ。まるで最初に加えられた一撃によって定められた弾道を真一文字に進んでいく矢のようだ。

このような意識状態を持続できるかぎり、時計の振り子となって軽やかにバウンドしていく、この奇妙な歩行を安全につづけることができる。けれど、観想と凝視に意識を集中したトランス状態が少しでも乱れれば、たちまち足許は狂い、小石や植物に足をからめとられていくのである。

2

インド人の書いたおびただしいタントリズム文献の中に、「風の行者」たちのおこなっているような瞑想歩行に関するはっきりとした記述が見つからないところから考えると、この瞑想歩行の技術はことによると、もともとチベット高原で発達していたシャーマニズムの脱魂技術に根ざしたものであろうか、とも思える。じじつ興味深いことには、「風の行者」たちの試みるこの歩行訓練ときわめてよく似たやり方が、仏教思想の伝統とはなんの関わりももたないアメリカ大陸のインディアンの、幻覚性植物を用いる一部の呪術師の間に伝えられているのだ。人類学者カルロス・カスタネダの著した「ドン・ファン・シリーズ」の熱心な（そして真摯な）読者ならば、たぶんここで、ヤキ・インディアンの呪術師ドン・ファンが弟子になりたいと言ってカリフォルニアの大学からやってきたこの人類学者に、奇妙な「夢見の技法」を教えようとしながら、幻覚剤を使わない一種の瞑想歩行の訓練を課している印象的なくだりを思いだすことだろう。カスタネダはこう書いている。

　知りあってからまもなく、ドン・ファンは別のやり方も教えてくれた。視線を固定せずに長時間歩くことである。彼がすすめた方法は、何かをじかに見るのではなく、目を少し内側に寄せ、視界にとびこんでくるすべてのものを周辺部でとらえるというものだった。当時は理解できなかったわけだが、彼によると、はっきりと焦点を合わせず地平線より少し上に目を向けていれば、ほとんど一八〇度の視野ですべてのものが同時に見えるようになるということだった。この訓練をつむことが内部の対話を遮断する唯一の方法だと、彼は断言した。

（『未知の次元』名谷一郎訳）

ヤキ・インディアンも含め、この地域の文化圏に住む呪術師は、呪術師になるための訓練過程に、タントラ仏教が愛用しているような観想やあとで詳しく説明する「風《プラーナ》」のコントロール技法などを意識的に使うことはほとんどない。そのかわり彼らは、ペヨーテやプシロシベ属のキノコのような幻覚性植物をたくみに使いわけて、知覚の構造や意識の状態にいちじるしい変容をもたらそうとしている。その違いを考慮にいれれば、ここでカスタネダが学んでいる歩行法は、「風の行者」のおこなう瞑想歩行の訓練とほとんど同じ効果をつくりだそうとしているように思われる。

けれど似ているのは、身体技法だけではない。もっと大切なのは、そのような身体技法がもたらす変容した意識状態の体験を、より開放されたレヴェルで世界をとらえ、意識の本性について考え、新しい宇宙の感覚をもたらそうとする課題（ドン・ファンはそれこそが呪術の課題だと言っている）に組みあわせ、嚙みあわせながらプラグマチックに活用していく、そのやり方の類似性のほうである。とりわけ、ドン・ファンが、地平線のすこし上方に目を向けてほぼ百八十度の視野ですべてのものを同時に見ていくというこの歩行訓練が、彼のいわゆる「内部の対話をとめる」状態をつくりだすためにとても有効な手段になるととらえている点は重要だ。その言葉によって、彼はたんなる身体技法上の類似性などというものを越えて、精神的な知の体系すべての核心にまで触れようとしているのである。

「内部の対話をとめる」という表現には、すこし説明が必要かもしれない。カスタネダによればこの老呪術師は人類学者にむかってつねづね、呪術というもののもっとも大きな課題は「世界についての考えを変える」ことにつきるとまで語っている。彼は「世界」のリアリティというものが、人々がおたがいに会話を交換しあう間‐主観的な過程をつうじて構成されると考える現象学者と、とてもよく似た考え方をもっていた。つまりドン・ファンによれば、わたしたちは子供の頃から「他人が世界とはこうこうこういうものだ」と話すのを聞いて育ったおかげで、一定の形式をそなえた世界についての考え方とか感覚を獲得してきたのである。言いかえれば、他者のディスクールを中継点にしながら、世界のとらえ方をかたちづくってきたわけである。しかもわたしたちはこうして意識の内にとりこまれた他者のディスクールとたえまのない「内部の対話」をくりかえし、そのディスクールの秩序にしたがって「現実」なるものを不断に構成しつづけている。だから「世界がかくかくでありしかじかであるというのは、ひとえにわしらが自分に世界はかくかくでありしかじかであると言いきかせているから」なのであって、多様なレヴェルでたえまなく流れつづけている「内部の対話こそがわしらを縛りつけているもの」にほかならない、とドン・ファンは言いきるのである。

　だがその言いきりに関して、このインディアンの呪術師のほうが、同じことを主張するヨーロッパの現象学者よりもずっと自信にみち、さらにその先にある地点にまで踏みこんでいこうとする確かな手ごたえさえ感じられるのは、呪術師には現象学的認識を越えでていくのを可能にする確実な身体技法の伝統があるからだ。彼は人類学者の弟子に、「内部の対話」を止め、不断にくりかえされるディスクールを介した世界の構成作用を停止させていくためのいちばん有効なやり方として、呪術師修行のごく初歩の段階から瞑想歩行の訓練を課していく。それが、リアリティにたいする考え方をさらに解き放っていく「夢見の技法」をマスターするためのしっかりとした下地を養っていくことを可能にするからである。

じつを言えば、チベット仏教の「風の行者」たちの場合も、それと同じなのだ。彼らもまただたんに超能力なんてものを身につけるために、こんな訓練をしてるのじゃない。そこからよけいな仏教的外皮をさっぱりぬぐい去ってみれば、早い話が「風の行者」のめざしていることも「世界についての考えを変える」ことにほかならないからである。チベットの密教行者たちも、「現実」が多層的な構成をもち、またその「現実」の表層部分の構成にたいしてディスクールの秩序が決定的な重要性をもっているという現象学的思考を前提にしている。しかも彼らはさらに、幻覚性植物ならぬ精巧をきわめた瞑想の身体技法を駆使して「内部の対話」を止め、たえまなく流れつづけている「世界」の構成作用を停止して、ダイナミックな流動性・運動性にみちた別種の「現実」のなかに踏みこんでいこうとしている。

ただヤキ・インディアンの呪術体系の場合とすこしだけ違っているのは、タントラ仏教の場合にはこうした実践的な意識論がつねに一種の身体論として語られているという点である。「風の瞑想歩行」の訓練は、「風の究竟次第」という身体技法の体系の一部分をなしている。そしてこの「風の究竟次第」が背景にしているものこそ、身体という現実を意識と宇宙の生成プロセスのなかでとらえようとする、もっとも開放されたかたちの身体論なのである。それは身体についての日常的な考え方に揺さぶりをかける。そればかりか、それは、身体という考えそのものまで解体して、純粋な運動性のなかに解き放ってしまおうとしている。

3

「風の瞑想歩行」の訓練は、わたしたちをただちにタントラ仏教の身体論や意識論の心臓部にいざなっていく。それは、この歩行訓練が、「風の究竟次第」とか「管と風」などと呼ばれる密教身体論（それは同時に意識の本性をめぐる教えなのである）の核心にふれる重要なテーマを学んでいくのに必要な準備段階をなしているからである。

この瞑想歩行は、身体をめぐる意識に確実な変容をもたらす。この訓練は「内部の対話」を止めていく。間‐主観的なディスクールが構成するリアリティの喚起力を静止に向かわせようとするのである。そのために「からだの重さをまったく感じなくなった」歩行訓練中の行者には、自分の身体とそれをとりまく世界とがまったく異なるように体験されるようになる。眼球が外にとらえている世界には、対象志向性をもった意識が構成する現実につきものの「人間味」のようなものが消えている。周囲の光景は「まるで夢の中に出てくるように」どこか超然としているし、それを見ている意識主体も奇妙な宙吊りの状態にある。しかも夢のなかとちがって、日常の客観的現実につつまれた身体感覚を失いながらも、身体はそれとは別種の直感的な意識の流れにしたがって、正確な実際行動をおこしているのである。

この歩行訓練は、身体が対象化のできるたんなる客観的リアリティではなく、そこを貫いていくいくつもの層に折りたたまれた意識の流れが構成する、これまた多層的なリアリティにほかならないことを体得させるために、絶妙の効果を発揮する。ことによると、身体が稠密な物質でできているという考えはまちがっているのかも知れない。それはこちたき幻影の皮膜として身体の本性をおおいかくし、もともとそこにあってそこを貫いている「風」のように軽やかな運動体を見えなくさせているだけなのかも知れない。歩行訓練に巧みになった自分の弟子が、そんな奇妙な考えにとりつかれ始めたことを見届けた師匠は、そこから「風の究竟次第」をめぐる弟子の訓練を新しい段階へとすすめていく。

「風の究竟次第」の身体技法は、日常的意識がたえまなく「内部の対話」をつづけながらかたちづくっている稠密な表層的身体（表層的と言っているのは、それがのちに言語シンタックスに展開していくような二元論化する構造潜勢力のつくりあげる現象学的身体であるからだ）の脱‐客体化ということを、おしすすめる。そして同じ場所に、微細な差異の感覚をともないつつ運動し、流動していく無数の力線を見出し、そのダイナミックな現実領域に手違いなく踏みこんでいくためのテクノロジーをあたえていこうとしているのである。

　そのための第一歩として、タントリズムの師匠はその弟子に、客観的身体の皮膜をはぎとって、新しい身体のリアリティ感覚をつかんでいくための大切な鍵をあたえる。それは客観的身体の皮膜がひき裂かれたところにあらわれる「微細な身体」を、「管《ツァ》」「風《ルン》」「滴《テイクレ》」という三つの側面からとらえ体験していこうとする、意識論と生理学を結合したタントリズム特有の身体論にほかならない。

　この身体論の基本は、インド密教の巨匠であるナローパによる次のような言葉に言いつくされている。

　構造体「管」を「風」が運動し
「菩提の滴」に構築力が宿る、と知れ
gnas-pa rtsa-la g-yo-ba rlung/
bkod-pa byang-chub-sems-su ŝes/

タントラ仏教の身体論は、稠密で粗大な物質マッスとしての身体のかわりに、その同じ場所に、「構造‐運動性‐構築力」の三つのモメントからなる動的な複合体である「微細な身体」を認めることからはじめる。ナローパの言葉にあるように、この「微細な身体」(これはまた「ダイアモンドの身体」と呼ばれることもある)は、(1)静的な構造体である「管」、(2)運動性としての「風」、(3)潜勢的な構築力としての「滴」の三つの側面からとらえることができる。

このうち、静的な構造体としての「管」は、身体の中央を走る三本の重要な「管」と、さらにそれから枝分かれしたおびただしい数の「微細管」からなる、きわめて複雑な組織をもっていることが、タントリズム生理学では詳細に説明されている。たとえば、あるチベットの密教理論書には、次のように解説されている。

ストゥパのようにまっすぐな「ダイアモンドの身体」のまんなかを、「中央管」が「生命樹」のようにすっくと走っている。「中央管」の上端は頭頂の泉門に開き、下端は会陰に閉じている。それは、赤く、つややかに輝き、まっすぐで、しかも中空であるという四つの特徴をそなえている。その右側に白っぽい光沢を放つ赤い「ロマ管」が走っている。それは下丹田のあたりで「中央管」から分かれ、右の鼻孔につながっている。左側には赤っぽい光沢を放つ白い「キャンマ管」が、同じように下丹田から分かれて左の鼻孔にぬけている。左右二本の「管」からはたくさんの分枝が出ているが、二本の太い「管」は頭頂の白色部をかたちづくるみけんのあたりで「中央管」に合流し、そこから無数の枝分かれが出ている。二本の太い「管」はさらにそこから下に向けて伸び、両眼と両鼻に入って、さまざまな働きをしている。この二本の「太腿」以外の分枝の数はじつにおびただしい。

(『ナローパ伝記』)

つまり、「微細な身体」をつくりなす微細な「管」のなかはさらに三種類に分けられ、ここに記述されている「粗大な管」のほかにも、「微細な管」「きわめて微細な管」などがあって、それらが身体内を縦横に走り、その数を合わせるとほとんど無数の「管」が見いだされ、たがいに横断的な結合をしていることになるわけである。だが、生理学的に見れば、これらの微細な「管」はリゾーム状の連結体をなしているように思われるけれど、「風の究竟次第」や「管と風」のような密教身体論は、そのリゾーム状連結体をとりあえずひとつの構造体とみなすことによって、タントリズム生理学の見解を「プラグマチック」に活用しようとするのである。すなわち、タントラ仏教の修行にとって大切なのは、このうちの「中央管」「ロマ管」「キャンマ管」の主要三本の「管」だけであって、しかも瞑想の過程で身体の内部に観想されるこれらの「管」の形状は、タントリズム生理学の記述とは、かならずしも一致していないのだ。

身体のなかに観想される「管」は、生理学的記述よりもはるかに単純化された幾何学構造に近づいていく。それはもともとメタ・フィジックな「管」なのだ。たとえば、ある手引書には、身体内に次のような「管」を観想するように、と書いてある。

ダキニに変容したおまえの身体のまんなかを、まるで家の支柱のような中央管がまっすぐ走っているのを観想するのである。この中央管は左右どちらにもかたよることなく、竹のようにまっすぐだ。中央管の先端は、頭頂ブラフマ孔のあたりで屋上の天窓が開いたように、まっ青な空間に向かって開き、中央管の道はそこから空性の法界へとつながっている。一方、中央管の下端はへそのあたりで閉じていて、輪廻と三悪趣におちる門を閉ざしている。

（『クンサン・ラマの教え』）

すぐにわかるように、これではタントリズム生理学の記述する「管」の形状とくらべてもあまりに抽象的であるばかりではなく、このようにして観想される「中央管」の位置は、生理学的に見てそれがじっさいに走っていると思える脊椎線と大きいズレをもってしまうはずである。ところがこのズレは、タントラ仏教のプラグマチズムにとってさして問題とはならない。タントラ仏教の実践的身体論にとって大事なことは、「微細な身体」について生理学的知識を得ることでもないし、またたんにヨーガの身体技法をつかってその生理学が指示する実際上のチャクラ（神経生理学的センター）を活性化して「超能力」を得ることだけにつきるのでもない。大事なことは、器官や神経組織によって組織化され結合された稠密なマッスとしての身体を実践的に（つまり具体的な精神-身体テクノロジーを用いて）解体（デコンストラクト）し、その同じ場所に、時間にも空間にもしばられない「空の場」から生起しては溶けこんでいくような微細で自由な（それはいっさいの器官的結合のエネルギーから解放されているのだから）差異化する運動性をとらえていくことにある。観想の技法がさそいだす静的な構造体としての「管」は、そのような解体をおしすすめるためのひとつの手段、方便にすぎないのだ。そのために、タントラ仏教は身体という現実を客体世界のなかにではなく、宇宙論的なとでも言うべきより開かれたコンテクストのなかに位置づけようとするのである。

チベット仏教カギュ派の思想家ペマ・カルポの書いた次のテクストなどは、生理学の説く「管」をタントラ仏教の課題にそうような形で、詳しく説明しなおそうとするものである。

「中央管」の上端は頭頂（のブラフマ孔）まで伸び、そこからみけんに向かって湾曲した枝を伸ばしている。ここから「空性」が入り、下降していく。そのためここはアクショブヤ（阿閦仏《あしゅく》）の性質をもつとも、時間と純粋意識の別名であるラーフの名前で呼ばれたりもする。へその下部で「中央管」はまっすぐ会陰に達し、性器帯では右の方へ曲っている。ここではヴァジュラサットヴァ（金剛薩埵）の性質をもつ豊穣性（性液）と認識が働いている。射精が起こるとき、この下端部がけいれん的な動きをするために、そこはまた「しびれるもの」とも呼ばれている。あるいはそこが男性の場合にはジャスミンの花のような、ないしホラ貝の色のような白い液体をためているところから、「ホラ貝のようなもの」とも呼ばれている。女性の場合、「中央管」のこの下端部は(イ)象の鼻の先のようで(ロ)巻き貝のような渦を巻き(ハ)軟かい粘液で口をふさぎ(ニ)蓮の花のように開閉する。そのため「四つの特徴の」と呼ばれる。経血の流れ出るとき、男性が触れてはならないところから、ここはまた「ダキニの忿怒」とも呼ばれ、赤い液体をたたえている。

(『ナローパ六法詳解』、ハーバート・ギュンター『ナローパの生涯と教え』一九六三年に英訳引用)

このような記述の意図はおそらく、「管」についての記述をとおして、身体というものが多層的な宇宙につつみこまれた同じように多層的なリアリティであり、静的な構造体「管」がそのような多層領域を横断していく軌跡でもあるということを、印象づけるところにあるのだろう。「管」は上端部で、純粋意識と時間性の象徴に接合しながら、その下端では生物的欲動の領域に深くつながれている。そのため、この「管」を観想によって身体のなかにつくりだした密教的修行の主体には、自分の身体のリアリティを、腐敗し、排泄し、生殖する自然過程に直結した下端部にうずく生物的欲動の領域に上端部がそこに向かって開かれている純粋意識の働きをしみこませ、また逆に上端部の「アクショブヤ」（空性の純粋意識の象徴）や「ラーフ」（占星学と時間存在の象徴）の領域を超越性のなかに分離してしまうこともなく、生物的欲動から純粋な運動性としての意識までをつつみこんだ宇宙論的な多層性のなかに位置づけることが可能になるわけである。

したがって、「微細な身体」をかたちづくる構造体「管」を、宇宙論的な性格をもったメタ・フィジカルな器官として考えることができる。それは、物質性と生物的欲動の領域から、自由な差異化の運動性である純粋意識の領域までの多層領域をつらぬいていく、宇宙論的な横断をおこなう構造線をなしている。けれど、その多層性というのは、同時にまた身体というリアリティそのものに内蔵されている多層性でもある。なぜなら、身体もまた、微分＝差異化に向かう意識にとっては純粋な差異の運動体にほかならないのに、二元論化に向かう構造潜勢力のために動きのこわばった意識状態にとっては、鈍重な生物的欲動につき動かされる物質マッスとしてとらえられるからである。だから、構造体「管」は物質マッスとしての身体内部に観想されながら、同時にそのような物質的・生物的な結合力を脱していく運動線でもある、ということになる。「管」がメタ・フィジカルな器官でもあるというのは、そういう意味だ。

だが、この構造体「管」には、胎生学的な説明もあたえられている。『チベットの死者の書』の系列に属するタントラや理論書の記述にしたがえば、母親の胎内で結びついた精液と卵子の結合体に内在する構築力（それはあとで説明するように「滴」のもつ強度である）に精妙な運動性「風」が送りこまれることによって胎児が形成されるのである。

一週間目までは、まだ透明な液体でしかないので、この状態の胎児は「メル・メル」の状態にあると言われる。第二週目になると「ヌル・ヌル」の状態で、軟かいチーズのような塊ができてくる。第三週目には「タル・タル」と肉らしき塊になる。第四週目にはさらに固くなって大きくなりはじめ（「タンギュル」の状態）、第五週目になると、すでに人間の頭の形も整い、いよいよ人間らしい形になってくる（「コルモ」の状態）。

（ニンマ派タントラ『日月の和合』）

胎児のなかに器官形成力が働きだすのは、ここで言われている「ヌル・ヌル」の状態にはいったころからである。そのうちで最も重要なのは、のちに心臓のチャクラがかたちづくられるあたりから、ふたつの反対方向に伸びだそうとする形成力である。一方に伸びた形成力は脳の複雑な「微細管」組織をつくり、また表皮の一端に触れてそこに「水の眼球」をつくりなしていく。もう一方にむかった器官形成力は性器帯を下端とする組織を形成していくことになる。構造体「管」とは、この器官形成力の潜勢的なベクトルを結晶化させたものだ、と考えられているのである。したがって「管」は、器官形成力が最終的な形態に凝固した具体的な諸器官とは正確に重なりあうということがないわけだ。タントラ仏教はこうして、静的な構造体「管」をとおして、「風」と「滴」の内蔵する形成力のベクトルを探し出そうとしている、と言えるかも知れない。

さて、「風（rlung, vāyu）」という言葉は、もともと大気のそよぎや呼吸を意味しているが、タントラ仏教の理論書には「あらゆるものに運動をおこさせる力」とか「運動性そのもの」といった定義があたえられていることが多い。呼吸というフィジカルな過程と、「運動性そのもの」というメタ・フィジカルな表現に、おおきな隔たりがあるように感じられるのはたしかだ。しかしタントラ仏教は、「プラーナヤーマ（調息法）」という身体技法の実践をつうじて、呼吸とメタ・フィジカルな運動性（「風」の運動性がメタ・フィジカルであるのは、それがフィジカルな運動性を超越しているからではなく、微細な運動性としてフィジカルな過程の速度を追いぬいてしまうからだ）との間に、深いむすびつきを認めているのである。

たしかに呼吸というものは、「われわれの身体の活動の全領域で観察され知覚される運動性の一形態にほかならない」（ハーバート・ギュンター）。ただしそれは、意識的プロセスと無意識的プロセスをなかだちできるほとんど唯一の生理プロセスである点において、きわめて特殊な運動性なのである。そのために、タントラ仏教にとって、呼吸のコントロールである「プラーナヤーマ」という身体技法は、身体の全領域で間断なく活動しつづけている微細な運動性そのもののうちに踏みこんでいくための、もっとも有力な手段になっている。「風＝運動性」について、密教テクストは微に入り細に入った記述をたくさん残している。およそ運動過程にあるすべてのものが、この「風」と関係しているわけだから、「風」の概念をつうじて身体論を構想するだけでも、それはおびただしい言葉を費していかなければならないだろう（詳細をきわめた「風」の分析は、十四世紀に著わされたロンチェンパの『ヴィマラ・ニンティク』などに見ることができる）。しかしここでは、「風」の運動性を「微細」と「粗大」に分けてとらえる考え方をとりあげるだけでじゅうぶんだ。これについては、ニンマ派の密教思想家ジグメ・リンバ（十八世紀）の記述が、もっともクリアーによくまとまっている。

「風」の運動性には、微細な「智慧の風」と粗大な「行為の風」の二つの種類がある。それらはともに未発の運動性を内蔵した空性のダルマカーヤ（法身）から自然発生的にたちのぼってくる。だが、こうしてたちのぼった運動性が瞬時にして分節され歪められてしまえば、それが「行為の風」となって、われわれ生きものを輪廻の現象世界につなぎとめるもとになる。「行為の風」は、二元論化に向かう構造潜勢力によって歪められたものだから、意識の面では構成的意識作用となってあらわれ、分節的思考の粗大な分別知をもたらす。これにたいして「智慧の風」はダルマカーヤから自然発生的にたちおこった運動性がたちおこった状態そのままに、それを限界づけ歪めるものがないため、大いなる楽にみち、空性に輝きつづけている。あらゆる二元論から解き放たれた「智慧の風」を、微細な構造体「管」に送りこむことによって覚醒の条件と果がもたらされる。(『知恵の宝庫』)

「智慧の風」と「行為の風」の差異は、ちょうど、ヘブライ語で最初に書き著された聖書と、ギリシア語訳された聖書との差異のようなものだ。初期の聖書にはひとつも句読点が打たれていなかった。そのため聖書は「意味の構造」にしたがって分節されるのではなく、それを読唱する聖職者の気息のリズムにしたがって音楽的なスカンションをあたえられるものであったのだ。それはいわば「気息のテクスト」として、軟かく揺れ動く身体の運動性に接合していた。だが、「意味の構造」にしたがって堅固な構造化のほどこされた翻訳聖書からは、気息の軟かな運動状態は消えていく。論理化する言語シンタックスが、カバラー的身体性をおおいかくしていく。微細な差異化をもたらす一瞬一瞬の「出来事」が「構造」によって隠蔽されていくのである。それと同じように、行為し(身)、言語活動をおこない(口)、思考する(意)人間の活動のあらゆる領域にわたって、微細な運動性を粗大な分節―結合エネルギーによって組織化し、器官をつくりあげようとする過程がみいだされるのである。「智慧の風」と「行為の風」は同じ力から同時に生起しながら、前者は後者によって見えなくなってしまうわけだ。

「智慧の風」と「行為の風」のちがいは、さらに具体的な身体プロセスのなかにも見ることができる。身体プロセスをつくりなしているいっさいの運動性を、神経系と器官に組織だてられた「器官的運動性」と、神経組織が整ってくる以前の胎児の身体のなかですでに活動をはじめ、それ以後も神経系の下層でたえまのない蠢動をつづけている「器官をもたない運動性」とに分けて、考えてみることもできるからだ。

すでに見たように、タントラ仏教では、母親の胎内にあってまだゼラチン状の肉のかたまりにすぎないような胎児の身体内において神経組織もまだできていないうちから、送りこまれた「風」の運動性によってすでに活発なプロセスが始まっていて（むしろ精子と卵子が結合したその瞬間から、と言ったほうがよいかも知れない）、その運動性は死にいたるまでその生体を持続させる力になっていると考えているが、このような考えはけっしてとっぴな想像や思いつきではない。それがじゅうぶんな観察に裏づけられた思考であることは、それをたとえば次のような現代の実験的な神経生理学者の見解に照らし合わせてみることによっても、印象づけることができる。

身体は外界からの刺激に反応をおこす以前から、すでに内在的に活性化された運動性によって行為しているのである。胎生学的にみれば、筋肉運動は神経系的な行為に先行している。筋肉は神経組織によって相互に結びつけられる以前から行為と反応行為をおこなうことができる。

（ジュドソン・ヘリック『人間の本性の進化』一九五六年）

微細な運動性たる「智慧の風」は、いっさいの器官的結合エネルギーから解き放たれている。それは日常的な状態では器官によって組織だてられた「行為の風」におおわれて感知できなくなっているが、身体のあらゆる場でたえまなく活動しつづけており、ヒンドゥやタントラ仏教の行者たちは「プラーナヤーマ」の身体技法をつうじて、その微細な運動領域に踏みこんでいこうとしているのである。「風の究竟次第」は、呼吸法をなかだちにしながら、この自由な非‐器官性の運動性を、メタ・フィジックな構造体である「管」に送りこむことによって覚醒へのもっとも確かな足がかりをつかもうとしている。もっとも自由で、もっとも軽やかで生き生きとし、もっとも軟かな意識状態——菩提心の体験が、それをつうじてもたらされるからである。

「微細な身体」をかたちづくる三つのモメントのうち、もっとも難解なのが「滴」の考えである。これについてはどの密教テクストの記述も次のようにきわめてそっけない。

「滴」には(1)粗大なもの(2)微細なもの(3)きわめて微細なもの、という三つの区別がある。このうち「粗大な滴」とは「ア‐ハム（Ａ‐Ｈａｍ̣）」によって表わされる。「微細な滴」は胸のチャクラにある不壊の「滴」のことをさす。「きわめて微細な滴」は、無始の過去よりの父と母の「滴」であり、白と赤の雫によって象徴される。　（『ナローパ伝記』）

「滴」をめぐる記述がどのテクストも一様にそっけないのは、あまりにも性的なイメージを喚起しやすいこの概念についての詳しい説明を、密教の師匠が弟子にあたえる口伝にゆだねているためである。ここではいますこし、口伝によってこのそっけない説明を補足してみることにしよう。

「滴」は構築力をあらわす。そのなかで、「粗大な滴」をしめす「アーハム」とは、日常的存在者としての「わたし」をつくりあげる想像的《イマジナリー》構築力を意味する密教のテクニカル・タームなのである。この「わたし」は、自己と他者を差異化し、その差異を中心化していく弁証法的交換のなかから想像的に（ここは仏教らしく「夢や幻影のように」といったほうがよいだろう）構築されるものだ。それは、たえず二元論化にむかいながら現象意識を生成する構造潜勢力に根ざしている。そのために「粗大な滴」の構築力は、自己と他者、男と女、ル・サンボリックとル・セミオティックなどのような二元論的構図を前提とし、その構図から形成力を得ているのである。

「粗大な滴」のしめす想像的構築力を「ア」極性（母親の卵子に内蔵された母音的性質）と「ハム」極性（父親の精子に内蔵された性質）との対立‐結合体としてしめそうとしているのは、そのためである。

「粗大な滴」は想像的なできあがりをしている。そのため、この想像的構築体をまとめあげる結合の力はきわめてもろく、そのためわたしたちはたえず精神失患におちこんでいきかねないふちを歩いているようなものだ。胸のチャクラにあると言われる「微細な滴」が密教テクストのなかで「不壊」の性質をもっと言われているのは、「粗大な滴」の構築力がしめすもろさに対比しているからである。「微細な滴」は、わたしたちの生体をまとめあげている凝集力をしめしているのだ。その凝集力は「不壊」の性質をもちながらも、けっして静止と固定化にむかっていくようなものではない。わたしたち生体について考えてみればすぐに分かるように、この「滴」が凝集にむかいつつも、同時に常に新しい可能性にむかってダイナミックに開かれているからだ。想像界《イマジネール》が容易に破壊することのできない精妙で動的な凝集力、それが「微細な滴」なのである。そこで、密教の師匠たちはしばしば、これについて次のような口伝を弟子に手渡そうとする。

　「微細な滴」はきわめて微妙な力をしめす。その「滴」がおまえの胸のチャクラのあたりに、フッと、まるで感じられるか感じられないかくらいの力で、柔らかくそして軽く立ちのぼってくるのを、瞑想のなかで感知できるまで訓練をつづけるのだ。そうなれば、おまえは固い鎧のような「わたし」の幻影をひき裂いていくことができる。

（一九八〇年七月十五日のわたし自身のフィールド・ノートから）

だが、生体の根源をなしているようなこの「微細な滴」も、さらに電子顕微鏡的視覚のとらえる差異化の領域に踏みこんでいくと、リズミックな凝集と消散をくりかえしているもっと微細な物質生成力のようなものに、たどりついていくだろう。密教テクストは「きわめて微細な滴」という言葉で、この電子顕微鏡的視覚、いや量子力学的視覚によってはじめてしめされてくるようなレヴェルに、ピントをあわせようとしているのだ。

「きわめて微細な滴」というものが、一方では「無始の過去よりの滴」として連続体として表象され、もう一方では「白と赤の雫として象徴される」という相補的な粒子状のシンボルであらわされていることは、とりわけ興味をひく事実だ。もちろんこれがまず、生殖のイメージに結びついているのはたしかだ。生体をまとめあげている、想像界によって破壊されない「微細な滴」は、もともとは精子と卵子の結合によって生みだされてくるものだ。だから「微細な滴」それじたいが、それよりもさらに微細な相補的な「滴」の結合からつくりなされ、しかも生殖をつうじることによって、相補的なふたつの「きわめて微細な滴」の接合から「微細な滴」が形成され、さらにそれが分裂していくというプロセスは、「無始の過去から」いささかも切断されることなく連続してきたのである。

けれど、「きわめて微細な滴」という考えをとおしてタントラ仏教が語ろうとしていることが、そうした生殖的・遺伝子的イメージをさらに脱けでた地点にまで触れようとしているのは、たしかなことである。タントラ仏教は、物質そのものの生成を同じような連続性と粒子性の相補性においてとらえ、それが意識体のあり方と深くむすばれていることを、「きわめて微細な滴」のとらえ方において、しめそうとしているのである。フリッチョフ・カプラのような現代の理論物理学者が、意識と物質の生成をめぐる東洋的メタ・フィジック（それはどこまでも身体的《フィジカル》なメタ・フィジックだ）と、量子力学的思考の意義深い並行性を指摘することができるのは、そのためである。カプラは、現代物理学の「場の量子」という新しい物質観が、意識と物質の生成の現場を「空」と「有」の相補性としてとらえる東洋的思惟と驚くほどよく似ている点を、こう書いている。

物質は分割できない原子で構成されているのか、それとも根源的な連続体としてなりたっているのか。この古くからの問題に対し、現代物理学は「場の量子」という概念を使うことで、その答えを探しあてた。場は空間中どこにでも存在する連続体であり、その粒子的側面では「粒状」の不連続な構造をしている。こうして明らかに相いれないふたつの概念が統合され、同じリアリティの異なった側面でしかないとみなされていく。

（『タオ自然学』吉福伸逸他訳）

ところで、わたしたちがほかの場所（本書「極楽論」）でしめしたように、タントラ仏教においてはこの量子力学的な物質＝意識論は、「場の量子」の考えにみられるような連続体と粒子概念の「矛盾的統一」の発想だけではない、もっとつやのある考え方をしめしている。つまり空性の連続体からとびだしたばかりの光の粒子には「魅力《チャーム》」も「色彩《カラー》」も「風味《フレーバー》」もあって、それがマンダラのハイ・オーダーのなかに配置された「五つの根源的智慧」のしめすつやになっているのだ。この色つやも風味もある魅力的な物質＝意識論が、現代の楽しいクォーク理論と並行性をもっている点については、ここではただほのめかしておく程度でじゅうぶんだろう。

　このようにして、「管」「風」「滴」の三つの側面から「微細な身体」のリアリティを実践的に語ることをつうじて、タントラ仏教は、身体というものを運動性と強度の場としてとらえていく、新しい感覚を養っていこうとしているように見える。身体はもはや物質性のマッスでも、客体化されうる固い実体などでもない。この新しい感覚にとって、身体とは、そこをさまざまな強度がたえまなくつらぬいていく柔らかい卵のようなものとなる。「風」の卵。それはちょうど、ドゥルーズ＝ガタリがドゴン族の宇宙卵神話にインスピレーションを得て生き生きと語りだそうとする、卵としての「器官をもたない身体」のイメージを思わせるものだ。

この卵は純粋な強度の場だ。それは内包的空間であって、外延的な三次元の広がりを意味しない。生産の原理としての強度ゼロだ。そこには科学と神話の、胎生学と神話学の、生物的卵と心的ないし宇宙的卵の根源的な収斂がおこっている。この卵はつねに強度のリアリティをしめしている。

（『千のプラトー』）

じっさい、タントラ仏教が「管」「風」「滴」のテーマをつうじて語り出し、またそれをとおして自らの身体を実践的に「風の卵」につくりかえようとする場においても、生理学と意識論の、胎生学とメタ・フィジックの、生物学と宇宙論の、きわめてラジカルな収斂がおこっている。

ようやく、わたしたちは「風の瞑想」の入り口にたどりついたところである。

病のゼロロジック——暴力批判論

1

病気とそれを治療しようとする人間の行為が、言葉のもつ力や言葉がつくりあげる現実などと深い結びつきをもっていることを明らかにしたのが、精神分析学や人類学における「構造主義者」と呼ばれる人たちであることを、今さら強調する必要もないでしょう。彼らは病気というものをひとつの身体的な隠喩として考えようとしました。つまりある経験的現実があって、それにたいするに言葉の秩序が無力であるとか力不足であるという状態の身体的隠喩として、病気をとらえようとしたのです。この考え方にたてば、健康とはさまざまな秩序(これはDNAから言語にいたるまでの多様な秩序のことをさしています。構造主義的思考はこのうち言語秩序をモデルにして多様なレヴェルの秩序をそれとの相同性においてとらえようとします)において生の「経済」が保たれている状態をいいますから、病気とはそれにたいする一種の過剰であり、また秩序にたいする暴力のごときものをしめすものとなります。構造主義は病気を、言葉の秩序に深くつながれた身体的な隠喩としてとらえているものですから、その思考は病を軸にきわめて広い領域を同時におさめることができるようになります。つまり、病気というものを戦争や祭りや暴力といった隠喩的に類似の他の現象と結びつけて横断的に考えることができるようになったわけです。

病気経験にたいして、人はまず分類や命名という言葉の秩序を、まるで魚取りの網のようにして投げかけ、その経験特有の遊走性や過剰をとりしずめ、それを知の秩序のなかにおさめこもうとします。あらゆる形態の医学は、なによりもまずこの命名と分類を体系《システム》として整えようとします。言葉の秩序に属する知の体系として、病気の経験世界にたちむかおうとするのです。けれどそれだけでは、生きた病者の世界にたいしては、まだ無力です。言葉のもてる力が存分に発揮されるのは、病者の生きた経験世界を相手どる治療の場面にほかなりません。

ジャック・ラカンは、例によっていささかエキセントリックな言いまわしで、治療行為と言葉の力の結びつきをこんなふうに強調しようとしています。彼によれば、患者のおしゃべりに「句読点」を入れるだけでも分析治療が開始しうるのだ、というのです。「私が聞こうとするのは……ひとつの間投詞である。なぜなら、間投詞はすでに言語の秩序に属しており、もはや感情的な叫びなどではないからだ」（『エクリ』）と語るラカンは、手におえないように見える病者の欲動や情動を言葉によって秩序だてることによって、はじめて本格的な治療行為が開始されうると考えているようです。

もちろん、ラカンのこの考え方は、シャーマニズム的治療行為をめぐってレヴィ＝ストロースの発表したふたつの論文と時代的・思想的なつながりをもっています。なかでも彼の「象徴的効果」という有名な論文には、病とその治療という格好の題材をとりあげて、実に見事な構造主義的思考が展開されています。よく知られている論文ですが、ここではその思考法の特徴をうまくつかみだせるような読み方をしてみましょう。

難産に苦しんでいるキュナ・インディアンの女性のもとに呪医が呼ばれます。呪医はその女性にまず、彼女の苦しみは子宮内でくりひろげられている守護霊と怪物との凄絶な闘いに原因しているのだという、おたがいが共有しているはずの共同幻想を想いおこさせます。彼女の子宮と産道は想像力の舞台となっていきます。その上で、呪医は彼女の守護霊と怪物との闘いを、リズミックな節回しをつけて語り出します。闘いの過程は微細に描写されます（レヴィ＝ストロースはそれをまるでスローモーション映画のようだと語っていますが、この考えは『神話学』第四巻のなかで重要な展開をとげることになります）。この長い困難な闘いをへて怪物は打ち倒され、呪医の語りのなかで、胎児が子宮から膣口への旅を無事終えるころには、守護霊に守られた幸運な妊婦はその苦しい出産をのりこえることができるはずなのです。

守護霊の発揮する神秘的な力が、この場合は「言葉の力」にほかならないことを、レヴィ

＝ストロースはこう語っています。

シャーマンは、その患者に言い表わされず、またほかに言い表わしようのない諸状態が、それによって直ちに表わされることができるような言葉をあたえるのである。そして、生理過程の解放、すなわち患者がその進行に苦しんでいた一連の過程の好ましい方向への再組織をひき起すのは、この言語表現への移行である（それは、同時にまた、現在の経験を秩序ある知的な形式で生きることを可能にするが、さもなければこの経験は無秩序で言語で表現しようのないものなのである）。

（『構造人類学』）

ここには、構造主義的思考法の根っこのところにあるふたつの重要なモメントが、はっきりと浮かび上がっているように思えます。ひとつは言うまでもなく言葉の秩序の優位性ということです。患者が心理的にも生理的にも苦しんでいるのは、彼女が経験している心身の世界に、秩序ある言葉の形式が欠如しているからです。経験を組織する形式化の力が解体した状態が病と呼ばれているわけですから、治療行為はその経験をさまざまなタイプの言葉の秩序（それは呪医の駆使する神話であったり、フロイディアンの用いる個人史の再構成という場合もありますが、いずれにせよ言語の「神話的レヴェル」にあるものです）をとおして、再組織しようとするものである、という考えにたどりついていくわけです。

ところでもうひとつのモメントは、気づかれないまま見すごされてしまうことが多いのですが、はじめのモメント以上に重要なものです。それは経験を言葉の秩序に組織化するさいに生ずる「供犠＝サクリファイズ」の問題です。あるいはこれを形式化の根源にある暴力の問題と言いかえてもよいかと思います。さきほども申しましたように、病というのが経験的現実にたいする言語秩序の欠如、あるいは生の経済をおびやかす過剰のごときものの身体的な隠喩であるという構造主義的な思考にしたがいますと、治療行為そのものが、そうした情動の過剰や欲動のカオス的遊走性を、言葉の秩序の導入によってとりしずめ、おしとどめる社会的な暴力（言葉はなによりも社会的なものであり、ラカンの言う「象徴界」に属するものです）の隠喩としてとらえられるようになります。言いかえれば欲動的な暴力にたいして、それとは別種の社会性の暴力による一撃を加え、そこに決定的な変化をもたらそうとする溝、飛躍、切断のようなものが、そこには存在していることになるわけです。

こうした見方にたてば、シャーマニックな治療というものが徹頭徹尾、隠喩の操作によってなりたっているということがよくわかります。妊婦の子宮を主戦場とする守護霊と怪物の闘いは、経験的現実が言葉の秩序に組織されようとする瞬間瞬間に生起する「殺害」のプロセスの隠喩化にほかならず、説話の弁証法的からくりをとおして語られる怪物にたいする守護霊の最終的な勝利には、治療行為の根底にある「異和的な力をサクリファイズ」するという主題がはっきりしめされているように思えるのです。

構造主義的思考とはほんらい、すでにできあがった記号のシステムを分析的な言葉に移しかえてみることだけをめざしているのではないはずです。構造主義的思考の可能性と限界は、それが記号生成の深部でたえまなくくりかえされている「殺害」をまさにその瞬間にとらえうるような感受性をあたえうるところにあるのだ、とわたしなどは考えています。それはたとえば、ソレルスのような作家がつぎのように書いている記号生成の深部にたいする感覚のことをさしています。

このこみ入った片隅で、下のほうで、拷問が依然として続けられていることを示していた……その場景にふれて僕は理解した、ただひとつの殺人がつねに行なわれ続けていることと、僕たちはそこから来て、いつもこの迂回路を通ってそこに戻っていくのだということを……

（『数』）

「象徴的効果」という論文がすぐれているのは、そこに記号生成の深部をとらえうる構造主義的思考の可能性が見事にしめされているからなのです。あらゆる記号のシステムは、それに先立って「つねに行なわれつづけているただひとつの殺人」というものを前提にし、その事後に形づくられてくるものにほかなりません。レヴィ＝ストロースが言葉の秩序による経験の組織化としてとらえている精神分析学とシャーマニズムの治療行為が、インディアンの神話のなかで守護霊と怪物の闘いとそれにつづく怪物の象徴的殺害として語り出されていることは、この点でとても興味深いものだと言えます。治療行為が「サクリファイズ」の仕組みを内蔵していることを、はからずも明らかにしているためです。

供犠のメカニズムをめぐるルネ・ジラールなどの仕事のもつ重要性は、まさにこの点にかかっています。そのメカニズムは具体的な動物の殺害とか、スケープゴートの追放などというものを越えたところにあるのです。それは言葉をもつ動物としてのわたしたち人間の本質に関わっているのです。病とその治療という問題が人類学にとってきわめて重要な主題であるのも、それが言葉の秩序の介入がもたらす記号生成の深部の光景をむき出しにしてしめすからであり、その研究は儀礼や祝祭や供犠、政治経済のメカニズムなどについて考えるための大切な鍵をあたえてくれるはずです。

2

構造主義的な思考法は静態的であるとか、それをのりこえるために弁証法的で動的な記号理論をつくりあげなければならないといった批判が、しばしば構造主義にたいしてなされてきたことはご承知のとおりです。けれどそのような批判の多くは、とるにたらないものです。なぜならそれらの批判には、記号生成の深部にたえまなく生起している「殺害」の光景にたいする感受性が欠如しているからです。批判者の多くは、構造と反構造、秩序とカオスの弁証法といったずさんな二元論の操作で、構造主義的思考に内在する静態性をのりこえられるなどと考えているようですが、これはシャーマニックな治療行為の場に登場してくる守護霊と怪物の関係を見てもわかりますように、二元論的な構図そのものがすでにひとつの「殺害」を前提にし、その事後に形成されるものであることを考えれば、安易な希望を語るものにすぎないことが、よくわかります。そのような批判は、けっきょくのところ構造主義に内属しているのです。心的な宇宙を言葉の秩序によって組織しようとする人間につきまとう静態化にむかおうとする傾向を、そんなに容易くのりこえることなど不可能な相談ではないでしょうか。

構造主義的思考にたいする真にラジカルな批判とは、たとえば、デリダによって次のように表現された「経験主義」のようなものをさすのです。

「他なるもの」にむかおうとする思考のこの傾きにあたえられる真の名まえ、哲学的ディスクールの「論理」よりももっと奥深い真実につきうごかされて一貫性を欠いた不統一を断固としてうけいれるこの態度の真の名まえ、概念とアプリオリと言語の超越論的地平にたいする拒絶の真の名まえは、経験主義という。……それはその源泉において純粋に差異論的《ヘテロロジカル》思考のいだく夢である。つまり純粋な差異の純粋な思考であろうとする夢だ。

……これが夢にほかならないのは「日の出とともに」つまりは言語が目ざめるやいなや消えさってしまうものだからである。
(『エクリチュールと差異』)

デリダの言葉づかいをかりれば、これからわたしたちがこの講演の話題にとりあげていこうとしている仏教思想などは、言語の目覚めとともに消え去っていく運命にある純粋な差異の思考のいだく夢にかけようとするものだと言えるかも知れません。仏教思想は東アジアを横断していく長い旅をとおして、さまざまなスタイルをとり、異なった表現や形態をとりながら発展してきました。仏陀が言うように、仏性には始まりもなければ終わりもないのですから、これが仏教のオリジナルだというようなものは存在しないのかも知れません。しかしそのなかでも龍樹（ナーガールジュナ）の名とともにある「中観」の思想には、仏教思想のもっとも特徴的な点が哲学的な言説として体系的に表現されているように思えます。「空の言説」とでも言うべきその思想の特徴をつかまえて、ソヴィエトの記号学者ニュルが「ゼロロジック」という気のきいた言いまわしで呼んだのは、それが、純粋な差異論的思考をめざしつつ、いっさいの意味的・論理的構築物を、つまりは言葉のつくりあげるいっさいの現実を脱構築しようとしたからなのです。

中観的ゼロロジックは、わたしたちがふつう「かくかくしかじか、こうこうこういうものとして実在している」と考えている世界とか現実とかいうものが、じっさいには言語構造をなかだちにして想像的に構成された世界なり現実なりにすぎない、と主張しました。真の経験的現実はどこにも中心のない、どこにも根拠のない、始まりも終りもない無限の相互関係によって結ばれた純粋な差異の体系にほかならないのです。龍樹はこの差異論的思考を「縁起」という言葉を軸にして展開しました。ところが「主辞‐述辞」「静態‐動態」「中心‐周縁」の深層構造をもつ言葉の秩序によって、わたしたちは経験的な現実を組織化してしまおうとするものですから、そうしてつくりあげられた実在の世界は、微細な差異体系のうえにかぶせられた粗大な網のようなものとして、真の経験的現実を覆い隠してしまうのです。言葉の秩序が想像的に（中観やヴェーダーンタのテクストなら「夢や幻のように」と表現するところでしょう）構成する現実がけっして真の経験的現実にたどりつくことができないのは、言葉というものがもともと、巨大で無限な差異の体系のどこかに中心や根をあたえてそれを組織しようとするために、けっきょくは不完全でこわばった意識を生み出すことしかできないからなのです。中観のゼロロジックは、真の経験的現実の本性が無実体であり、空であるといいます。この表現によって、無限の複数性や相互関係を生みだしながらたえざる運動状態にある純粋な差異性のことを、さししめそうとしているのです。

ゼロロジックは、「純粋な差異の純粋な思考であろうとする夢」にかけています。しかもそれは言語が目覚めるやいなや消えさってしまう夢ではなく、徹底的な否定的言語表現をつうじて、まるでコーヒーを飲みすぎた言語が鋭い覚醒の極限で自壊していくような強靱な夢であることをめざしている、と言えるかも知れません。それにもっと大切なことは、ゼロロジックが根源的な暴力批判論でもあるという点です。それは、あらゆる人間的暴力の根源にある暴力、経験的現実が言葉の秩序に組織化される記号生成の深部でたえまなくくりかえされているひとつの「殺害」を無化しようとしているのです。いっさいの人間的暴力は、この根源的暴力の隠喩のようなものにすぎません。この「殺害」を起源として、いっさいの「他なるもの」「異和的なるもの」が生みだされてくるのです。そして言葉の秩序にささえられた社会は、この「他なるもの」「異和的なるもの」をスケープゴートとして殺害する演劇的行為をつうじて、もういちど自らの起源にある暴力性を確認し、それを再演してみせるのです。

仏教における暴力批判の思想は、このような記号生成の深部でたえまなく作動している「サクリファイズ」のメカニズムの無化というところにまで届こうとしています。わたしたちがこれからとりあげていこうとする「チュウ」という仏教的エクソシズムが興味深いのは、それが病や災いをとり除こうとするシャーマニズム的悪魔祓いの装いをとりながら、実はその裏でスケープゴートやサクリファイズの論理を背景にしている悪魔祓いそのものの関節をはずし、気がつかないうちにその論理を解体してしまおうとしている点にあります。シャーマニックな儀礼を仏教思想によってつくり変え、その暴力批判の思想をきわめて具体的に、記号生成の深部にまで到達させようとしている、とでもひとまず言っておきましょうか。

3

「チュウ（gcod）」はチベット仏教が伝えている密教の体系です。もともとは人里離れた森のなかや山中で修行する行者のためのものですが、こうした行者たちが村や町におりてきたとき、一般の庶民の願いにこたえておこなう瞑想的なエクソシズムの儀礼でもあります。複雑な構成や哲学的背景をもつこのエクソシズムの内部に立ち入っていく前に、それがチベットの庶民の生活のどんな場面に登場してくるのか、すこしわたし自身の体験にそくして説明しておいたほうがよいでしょう。

わたしがラマ僧の弟子になってネパールに暮し始めてまもないころのことでした。わたしが部屋を借りて住んでいた家の階下の、美しいタマン系ネパール人の女性が重い病に苦しみだしたのです。左半身がすっかりマヒして動くこともできないのです。彼女の両親にはかなりの資産もあり、また彼女じしん高等教育を受け、ハンサムなチベット青年と結婚して、カトマンズの町にみやげ物屋なども経営していたため、彼女は同性のジェラシーを買ってもおかしくない立場にありましたし、また彼女たちの結婚にさいして何かのトラブルがあったことも聞いていました。彼女の病気が長びくにつれて、人々は噂しあうようになりました。彼女の病はうらみをもつ誰かが仕掛けた呪いによるものだ、と。その呪法のかけかたは、多分食べ物のなかに混入された小さな虫の卵によるものだろう、と誰かが言いだし、皆その説明に納得するようになりました。じっさいそういう呪法はときどきネパール人の間でもみられるもので、この虫が身体のなかで増殖すると神経系がおかされ、死んでしまうことさえあるのです。じじつ毎朝彼女の尿のなかを見ると、小さな多足の黒虫が混っています。

そこでさっそく、ボンポと呼ばれるタマン族のシャーマンが呼ばれ、エクソシズムの儀礼をおこなうことになりました。すき間からのぞいていると、シャーマンはたくさんの酒を飲み、しだいに身体をけいれんさせては狼のようなほえ声をあげ、突然四ツ足で走り出したかと思うとそのまま火のついた薪をつかんで家の周りを走り回り、最後には鶏を殺してその血をあたりにまきちらし、そのままぐったりして倒れ込んでしまったのです。これが三夜続きました。けれど彼女の病気はいっこうに治りません。

四日目の晩、とうとう病人の夫がラマ僧のもとにやってきて、仏教による悪魔祓いを頼むことになりました。今度はわたしも助手を務めることになったので、その様子をよく観察することができます。ラマはツァンバ（麦こがし）をバターでこねて、百八個の人形を作り、これに酒ときざんだたくさんの肉を用意して自分の前に並べました。そして右手にはダマルという大きなでんでん太鼓を持ち、左手には人の大腿骨からつくったカンリン（人骨笛）と金剛鈴を交互にたくみに操って、『ダキニの哄笑』という題の密教テクストをもとにした長大な詞章に民謡とも仏教声明ともつかない妙に哀愁のこもった節をつけて朗々と歌いながら、チュウと呼ばれるこの仏教的エクソシズムの儀礼を二時間ほどにわたってくりひろげるのでした。助手としてのわたしの仕事はといえば、ラマ僧が唱える「パット、パット」という気迫のこもった掛け声に合わせて、麦こがしの人形と肉と酒をこねあわせ、別の器に盛りうつしていくという単純な作業であったにすぎませんが。チュウを始めて十日ほどたった朝、不思議なことに今まで動かなかった彼女の左手が少しずつ動くようになってきたのには、わたしもびっくりしました。もっとも後で聞いた話によると、ラマは悪魔祓いを始めると同時に、チベットの生薬の投与も始めていたらしく、薬物の効果との相乗作用がなければ、チュウの儀礼がこれほどの効果をあげることができたかどうかは、そののちじっさいにチュウの瞑想技法の訓練をはじめたわたしとしては、いまだにおおいに疑問の余地があるところです。

エリアーデはすでに大著『シャーマニズム』のなかでチュウについての長いコメントを書きつけています。それによりますと、チュウの密教体系は、中央アジアに移植された仏教思想がシャーマニズム文化に飲み込まれ著しい変容をこうむったものである、ということになっています。だいいち人骨笛に大きなでんでん太鼓という行者のいでたちからして、高原のシャーマンを連想させるではありませんか。その行者が悪霊やら魔のものを呼びよせて、供犠の宴をはり、彼らの怒りを宥めようというのですから、これはもうシャーマニズムの論理にすっぽりと適合してしまいます。そこでエリアーデは、シャーマニズムの脱魂技術が密教の瞑想技法にしのびこみ、たがいに結び合うことによって、このエクソシズムの密教が生み出されたのだ、と結論するのです。

しかし、じっさいにこの密教的エクソシズムを実践しながらその内部に深く入り込んで、儀礼の構成やそれをささえている哲学などに親しむようになりますと、そのような理解が一面的なものにすぎないのではないかという思いが、むらむらとわき上がってきます。つまり、チュウの密教体系はシャーマニズムにおける供犠や悪魔祓いの論理と仏教思想との差異を見きわめながら、シャーマニックな外装をまとったままで、内側からそうした論理を解体してしまおうとしていたように思えるのです。仏教のシャーマニズム化ではなく、仏教によるシャーマニズムの革命の企てを見ることすらできる気がします。

チュウの密教体系は、十二世紀頃に南インドの仏教行者パダンパ・サンゲェによってチベットに伝えられ、彼の女性の弟子マチク・ラプドゥンマによってさらに巧みな「国風化」がほどこされて、チベット全土に広がるようになったと言われています。密教はタントラと呼ばれるテクストを必ず備えているものです。タントラは哲学や儀礼の仕組み、瞑想技法についての解説などをひとまとめにした特殊なテクストのことをさしています。チュウの密教体系はこの点まったく風変りとしか言いようがありません。なぜならチュウには背景となる特別なタントラがないのですから。そのかわりにチュウは『大般若経』という大乗仏典が自分の依拠するタントラであると言うのです。『般若経』は、のちの中観思想の母体となる

「空の思想」を体系づけた書物です。言いかえると、チュウは中観的なゼロロジックを直接に密教化・タントリズム化したものだと考えられるのです。そして、ゼロロジックが密教の形をとったとき、ほかならぬエクソシズムの瞑想的儀礼が生まれてきたという点が重要なのです。この点は、あとで追々はっきりしてくることでしょう。

さて、チュウは一種の内面的な神秘劇のようなものを構成しています。この劇の登場人物は、観想（visualization）によってみずから変身した人間の役者ひとりと、その観想のパワーに応えて立ち現われたおびただしい数の仏陀・菩薩・神霊それにもろもろの魔ものや悪霊の共演者たちです。舞台には、荒れはてた岩山や龍神の棲み家である泉のほとり、あるいは鳥葬の死体がきざまれてハゲタカのえさになるよう放置される小高い丘などが好んで選ばれました。うっそうたる森林や墓地などにも、好んでこの神秘劇の舞台がしつらえられます。そして日没後まもなく、月や星々がまだ現われてこない夕暮時に、幕があがるのです。

この神秘劇の上演にさいしては、いきいきした想像力がきめてになります。あざやかでスピーディで軽々としたイメージの運動をつくりだす観想の技術に熟達していなければならないのです。

さみしい荒野の高台にやってきたチュウの行者は、牧童が羊を追うのに用いるウルドゥという投石器をとりだし、手ごろな石をみつけてその投石器に着装し、勢いよく頭上で振り回します。どこに当てようかという意志が浮かんでこないように、無心で振り回さなければなりません。そして一瞬、眼下に広がる大地にむかって、石を放ちます。投石器を離れた石は鋭い放物線を描いて落下していきます。石の落下していく地点をはっきり見きわめた行者は、おもむろに荷物をまとめて、丘をおりていきます。石の落ちたその地点こそ偶然という神意が選びだしてくれた、チュウの修行場にもっともふさわしい場所なのです。

その場所に簡単な祭場と座具をしつらえたあと、そこにどっかりと座り込んだ行者はまず気息《プラーナ》を整えながら、深い三昧の状態にはいっていきます。しばらくして、突然チュウ行者は「パット（phat）」という鋭い掛け声をかけますが、このとき行者は意識のなかで、自分の胸のチャクラの位置に九鈷の金剛を観想しているのです。青い光でできたこの金剛はバリバリというすさまじい音といっしょに、切り裂くような激しい電光を放ちます。行者の背後には巨大なクレバスが恐ろしい口を開け、嵐が吹きすさんで、雷の光は大地を裂いていくのです。観想の力で、こんなすさまじい幻影の光景をつくりだすわけです。ときどき自分の幻影がつくりだした光景が恐ろしくなって、逃げだしたいような気持に襲われることがありますが、そんなときには、あたりに満ちている邪霊や魔ものたちが行者の心に忍び込み、かえって幻影の恐怖からぬけ出せなくなってしまう、と言われています。

その幻影のなかから、行者は観想によって自分の姿を赤い忿怒のダキニ女神に、一気に変身させるのです。ダキニ女神はあざやかな赤色の光の身体をしています。右手には湾曲したナイフをもち、左手には骸骨でできた器をもって、右耳のすぐ上のあたりに豚の首をつけています。十六歳ほどの美少女の裸身をしたダキニの女神の姿は、神々しいエロティシズムの美をたたえています。

チュウの行者が人骨笛を吹きならします。荒ぶれた風が突きぬけていくようなその笛の音に魅せられて、あたりには病や災いをもたらし自然と社会のハーモニーを破壊していくおびただしい魔のものたちがより集まってきます。けれど、この笛にはそういう邪霊や魔を金縛りに縛りあげてしまう力もこめられているため、いまや行者の周囲にはまるで朝日に無数のほこりが照らし出されるように、数えきれないほどの魔たちがひしめきとりかこんでいるのです。人骨笛は金剛鈴にもちかえられ、右手にもった大きなでんでん太鼓が打ち鳴らされます。いよいよ供犠の神秘劇の開幕です。

いまや赤い忿怒のダキニ女神に変身したチュウ行者の足許には、自我《エゴ》にたいする執着を象徴する巨大な青黒い魔ものの体が横たわっています。ダキニ女神はこの魔ものの体を踏みつけているのです。行者は、この劇の共演者たる神々に、こう呼びかけます。

パット
恐れを知らぬ捨身の行者　わたしは
現象と空が同一であることを知る　この思念の行にうちこもう
我執の魔神の上で踊り

二元論による概念思考をこなごなにうちくだこう
ラマたちよ この神秘の踊りに集まりきたれ
守護神たちよ 神秘の踊りに集まりきたれ
捨身行をなしとげるわたしに神秘の力をあたえたまえ

観想の舞台にくりひろげられるイメージはつぎつぎとダイナミックにその姿を変えていきます。我執を象徴する青黒い魔ものの身体の上には、東-西-南-北-中央の五大陸からなる清浄なマンダラが産出され、そのマンダラの上には守護神やダキニ女神たちが集合しています。マンダラを構成する五大陸はそれぞれ特有の形と色をもっていますが、その下には無明をつかさどる魔の王たちがひそんでいるのです。太鼓に合わせて、マンダラの上の守護神とダキニたちが足を踏みならして踊りまくりますと、下にいる魔の王たちの頭はさんざんに踏みしだかれます。五色の身体をした五人の美しいダキニ女神も現われます。彼女たちはそれぞれの大陸にでかけ、魔の王たちの頭にプルパ（独鈷）を打ちこんでいくので、彼らはすっかり身動きできなくなってしまいます（次頁の図を参照して下さい）。

マンダラはここでは清浄な宇宙組織をあらわしています。それができあがると、人骨笛が鋭く三度吹きならされます。すると大地にはさらにたくさんの邪霊や魔のものたちが、まるで羊飼いをとりかこむ羊の大群のようにしてわき出し、群れ集うのです。それと同時にチュ

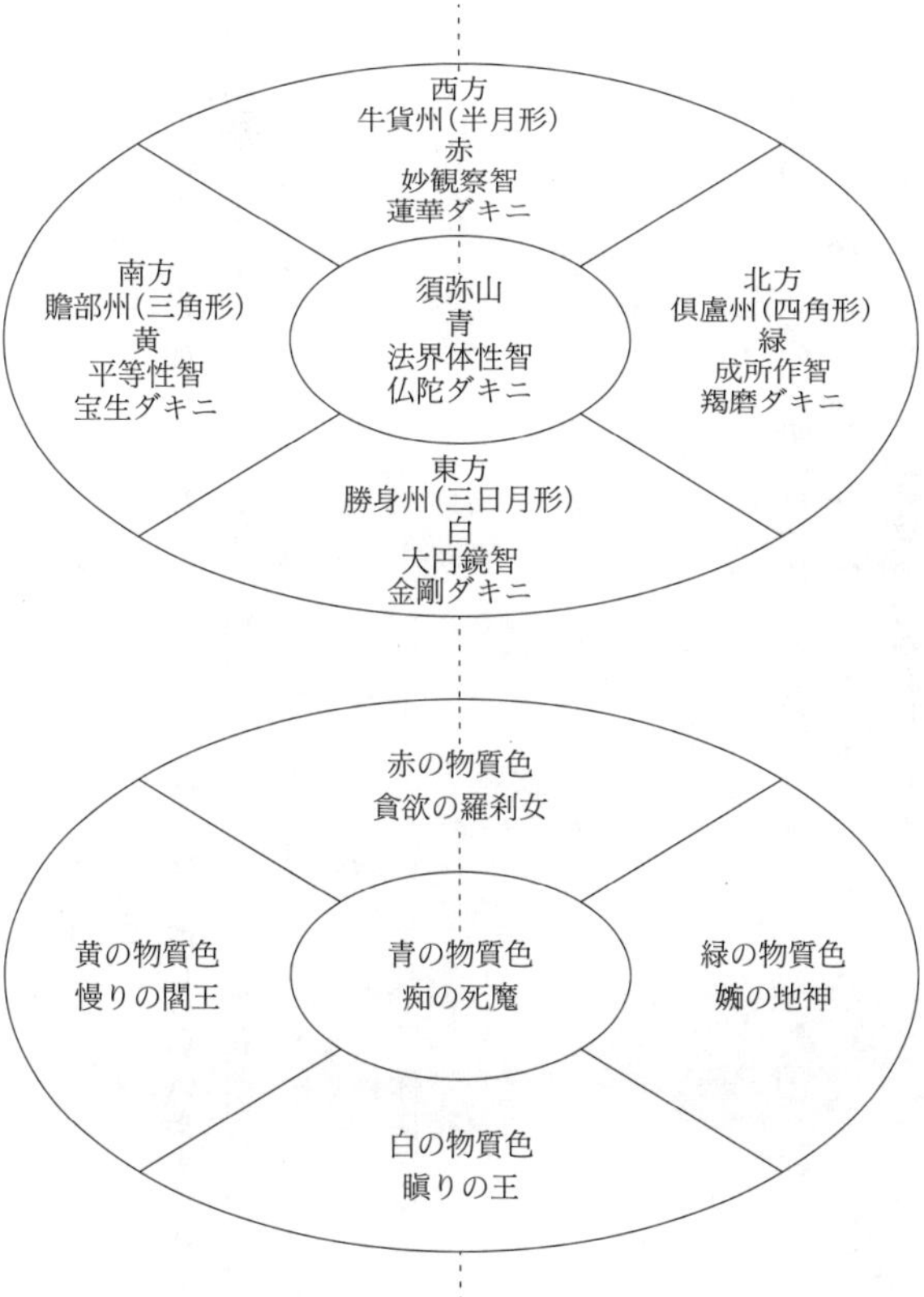

ピュアーな神的な光と形でできた「明智」のマンダラはそれに対応する物質色でできた「無明」の五大陸と同じ空間に同時に存在している。色即是空、空即是色…

ウ行者の眼前には虹の光ともオーロラともつかない光がとびかい、そのなかに仏陀や菩薩や守護神にダキニ、それにもろもろの護法善神が巨大な宇宙樹となって立ち現われてきます。そのように観想していくのです。

この宇宙樹に集う神々にむかって、行者は帰依と発菩提心を誓います。さらには自分の身体を宝飾でできたマンダラに変え（両目は太陽と月に、耳は花、頭は須弥山、四肢は四つの大陸に変貌していきます）、それを宇宙樹にささげますと、一応準備がすんだことになります。

そこで、眼の前の宇宙樹に集まった神々の力を受け、それと一体になる「グル・ヨーガ」が始まります。

外には思考が異和なるものとして生みだす神魔の姿
内には希望と恐れを生む二元論の概念
間には執着を生みいっさいの障りとなる現象界
いまここで　それらすべてを
深甚の技術「魔の切断の行」によってたち切り
法身の王城都市にたどりつくため
聖なるラマよ　わたしに神秘の力をあたえたまえ

パット　パット　パット

「パット」という掛け声は、意識状態を急激に転換させるもので、ここでも三度鋭く「パット」と唱えるやいなや、いままで眼の前の宇宙樹に観想されていた神々が光の玉となって、一気に行者の胸のチャクラに飛びこんでくるのです。ここで行者は自分をダキニ女神の姿に観想するのをやめて、もとの人の姿にもどります。

胸に宿った光の滴は、たちまち小さな赤いダキニ女神に姿を変えます。とたんに、行者の身体はぶよぶよに膨張を始め、油をつめこんだ醜いかたまりに変貌するのです。行者は自分の意識を胸のダキニ女神に集中し、それと一体になっていなければなりません。そこで一瞬をとらえて、このダキニ女神を中央スシュムナー管という神経生理管をとおして、頭頂にあるブラーフマ孔という穴から、頭上の空間たかだかと飛びださせていくのです。行者の意識はダキニ女神とともに、頭上の空間にあります。するといままでの人間の身体はぶよぶよにふくらんだ冷たい死体となって、大地にどおっと倒れ込みます。その光景を頭上から見おろしているわけです。

ダキニ女神は右手に握ったナイフで、死体の頭骨のちょうどまゆ毛の上あたりをすばやく切り裂きます。切り裂かれた頭蓋骨は巨大に成長し、宇宙全体にも等しい大きさになっていくのです。頭骨が切り裂かれると、その前に山のように大きな三つの頭蓋骨が忽然とあらわれ、ちょうど炉のような三角形の位置に並ぶのです。この炉の上に死体から切りとった頭蓋骨をあおむけにのせ、鍋のでき上がりです。ダキニ女神は右手のナイフのつかで、巨大にふくらんだ残りの死体をひっかけ、こうしてできた鍋のなかに放り込む。すると、炉の上には大きな雲がわきたち、炉の下からはまっ赤な「ア」字から炎がふきあげ、頭蓋の鍋を熱しはじめます。死体はとろとろと溶け出して、しだいにぐつぐつ煮えたち、死体にこびりついていた汚れやカスは煮えたつ泡となって鍋のふちからあふれでて、なかには清浄な甘露の液体が残されることになるのです。

鍋の上には白く冷たい「ハム」という字が逆さまにぶらさがっています。鍋からたちのぼる甘露の湯気がこれに触れると、「ハム」字からは雪が溶けだすように甘露が溶けだして、鍋のなかにしたたり落ちます。だからどんどん甘露の量は増えていくわけですけれど、そのために行者はこの間「オム・アー・フーム・ハ・ホ・フリ」というマントラを唱えつづけていなくてはなりません。

そのころ、チュウ行者の眼の前の空間には、ふたたび仏陀や菩薩、守護神、ダキニ女神たちをあつめた宇宙樹があざやかに出現しています。鍋の上の空間にも護法神や善神、それに土地の地神などが雲のように群れをなしています。そして、これらの神々の下方の大地には、もろもろの魔のもの、邪霊、障り神などが、無数の埃のように群れているのです。仏陀にはじまって魔にいたるまで、ここにつどっているものすべてが、これから始まる供犠の宴席にはべる客人なのです。

　こうしていよいよ宴が始まります。甘露はまず上客である仏陀や菩薩やラマたちにふるまうのがよいでしょう。彼らは平らな金剛の形をした舌から鍋にむかって光を放ちます。この光がストローとなって、甘露が吸いあげられていくのですけれど、これはとても面白い発想だと思います。つぎにひかえている中等の客人はタントラの守護神たちです。彼らもそれぞれを象徴する金剛、法輪、十字金剛などの形をした舌から光を放ち、甘露の振舞いを受けるのです。その次には炉の上に雲のように蝟集しているダキニや護法善神が供物を受ける番です。光のストローをとおして、甘露がどんどん吸い上げられていきます。いつになっても甘露が減らないのは、この間もマントラを唱えつづけ、「ハム」字から新しい甘露がしたたり落ちてくるからです。

　さて、いよいよ最後に、ダキニ女神に変身した行者のまわりに集まっている、病と災いをもたらし復讐の思いたぎる魔のものたちが、供物を受ける番がやってきました。赤いダキニ女神の胸から、白、黄、赤、緑、青の数えきれないほどの小さなダキニが飛びだしてきます。ダキニたちは手に手に骨カップを持ち、巨大な鍋から甘露をすくいとって、大地に霧のように群れる魔、邪神、餓鬼、動物霊などに、その甘露を配っていくのです。甘露は彼らの望みどおりのものに姿を変え、彼らの歪みすさんだ心をたっぷりと満たしてやることができましょう。

宴の末席に連なっているものたちへの捧げ物が一段落したところで、ふたたび鍋のなかの甘露がゴボゴボと煮たってきます。この湯気のなかから、あざやかなオーロラ光がたちのぼり、その光の先端には美しい天蓋、のぼり、ほら貝などの吉祥の品々をのせた供物の白雲が現われてきます。この供物は、仏陀、菩薩、守護神たちにささげられ、彼らはそれに心動かされて、大地に群れ集まっている魔のものたちに、まばゆい光を送ってくるのです。この光は、魔のものや邪霊たちの心をおおっている瞋りや欲望やもろもろの煩悩のヴェールを溶解し、浄化していく力をそなえていますので、魔のものたちは自分の心を縛っている苦しみから解放されて、観世音菩薩とターラ女神に姿を変えていきます。仏陀や菩薩、守護神たちもダキニ女神のなかに溶け込んできます。そこにはピュアーなマンダラが残されます。そのマンダラも青空のような空無に溶け入りますと、行者は深い三昧の状態に入っていきます。そしてこの何も生まれてこない、何も消滅していかない「法身」の意識状態には、仏陀や菩薩、守護神の純粋な意識も、さっきまで他のものをうらんで病気や不幸を仕掛けてやろうと身構えていた魔の精霊たちの浄化された意識も、そしてもちろん三昧状態にあるチュウ行者じしんの意識も、ともに溶け入っているのです。一時間あまりかかったこの神秘劇が静かに幕をおろしていきます。

ところで、今しがた、詳しく紹介したのは「白のチュウ」と呼ばれるもので、チュウにはこのほかにも「まだらのチュウ」「赤のチュウ」「黒のチュウ」とあって、全部で四種類のものがあります。ダキニ女神が頭頂から脱け出し、死体が大地に倒れ込むところからのシナリオが違うのです。

「まだらのチュウ」では、巨大にふくらんだ死体から、マントラの力でおびただしい宝飾、薬、食べ物などが生みだされ、それが宴の供物になっていきますから、「白のチュウ」より少しおだやかな内容です。ところが「赤のチュウ」では曲刀を握ったダキニ女神が死体を切りきざみ、なまあたたかい血肉の食宴をはっていきますし、「黒のチュウ」になりますと、マントラを唱えると魔のもの、邪霊、餓鬼などの口から黒雲（これは意識を汚染する二元論的思考の雲であり、病気やもろもろの負の価値づけをされた異和的なるものの暗雲です）が吐きだされ、これを死体がすいこんで醜くふくれあがるという、ちょっとおだやかならぬシーンがくりひろげられます。どのチュウをおこなうかは、魔のものたちの性格や災いの激しさなどを判断してから決めるものです。

4

チュウの密教体系はきわめて庶民的で、病気や災害にはじまりわたしたちを突き動かしている欲望のうねりにいたるまで、日常生活の場面にあらわれてくるさまざまな異和的な現象をまともにとりあげようとしました。そこでもっとも重要な働きをしているのが「魔」というメタファーですが、このメタファーを使いながら、異和的なものをめぐる（構造主義的な、とでも言いましょうか）思考に決定的な変化をもたらそうとしたのです。異和的なものをめぐる通常の思考は、秩序をささえる超越的なものをいつも無意識のうちに前提しています。秩序とそれにおさまりきれない異和的なものとは、ともに同一の超越論の枠組みのなかにいるのだということになり、そればかりか、異和的な分子をスケープゴートとしてつまみ出す社会システムは、この超越論の枠組みを演劇化し補強しようとしているのだと考えられるわけです。チュウのやろうとしたのは、病気や災害のような現象を人々が象徴論的に処理している庶民的な場面に立ち会いながら、そこに超越論の枠組みを解体しようとする仏教思想をしのびこませ、「超越者のいない神秘主義思想」によって悪魔祓いの論理をとことんまで改造してしまおうとしたことなのだと思います。

けれど、そのことをもっとはっきりさせるためには、ここでチュウの体系の背景になっている密教的な意識論について簡単にふれておく必要があるでしょう。左の図を見て下さい。ここにはその密教の意識論のエッセンスのようなものを、ごく大雑把にしめしてあります。

この図を見てもわかるように、密教的意識論のいちばん大きな特徴は、ふつうわたしたちが意識とか心的現象などと呼んでいるものを出発点にしないというところにあります（無意識や深層意識すら出発点ではありません。ラカンが主張するように、無意識にはすでに言語構造に展開していく構造潜勢力が内蔵されているわけですから、無意識だってすでに現象的

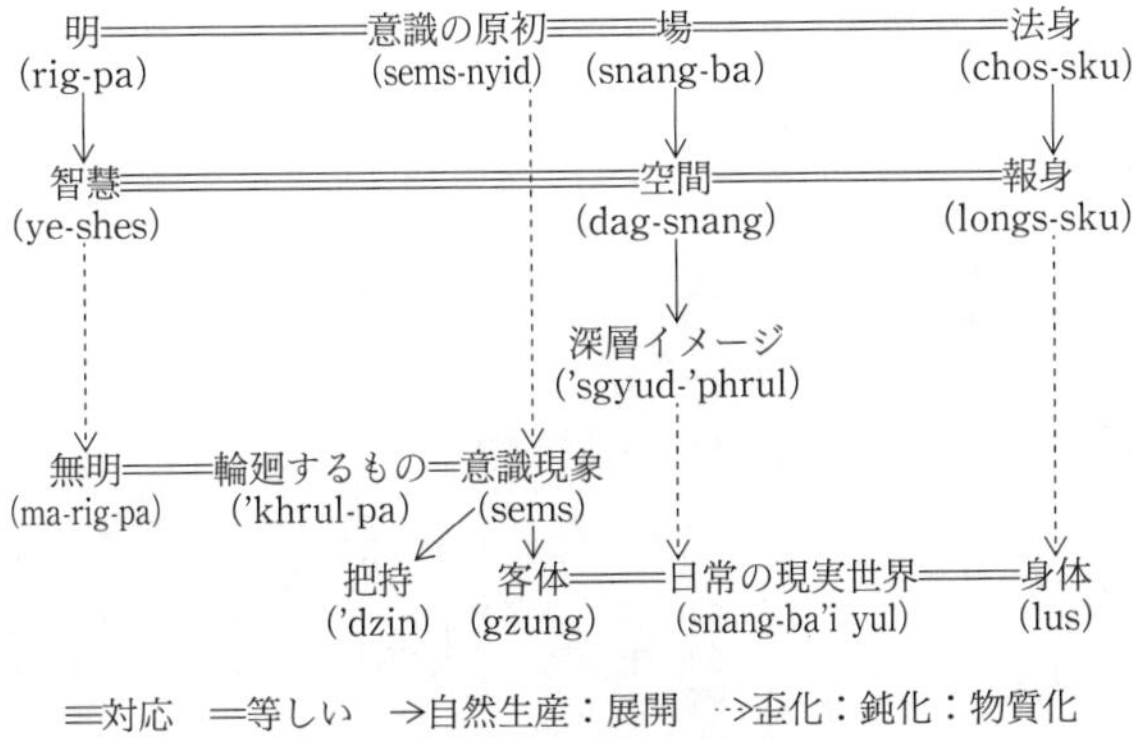

意識にほかならないからです。意識／無意識、表層／深層のダイコトミーは、ここではさほど重要ではないのです）。もっとも重要なのは「意識の原初」とか「法身」と呼ばれているものについての考え方です。

「意識の原初」や「法身」について言葉で説明するのは困難をきわめます。たしかに密教テクストのなかにはそれについて、「微動だにせず、しかも生き生きと活動する空無」であるとか「中心も限界もなく、根源もない無限」「何ものも生まれず、何ものも滅することのない空性の光」などという記述がみられますが、そういうテクスト自体が最後には「言語表現を絶している」と言ってさじを投げているくらいですから、もともと言葉でとらえきることのできないものなのです。でもだからと言って「直感」という言葉に逃げてしまうのも、ものたりないと思います。トポロジカルな表現を使えば、もう少しうまく説明できるかも知れません。

「法身」を言葉でとらえがたいのは、それが言語的な構造潜勢力をすりぬけた運動性に関わりをもち、また空間的様式が展開される「以前」の（この言葉を以前／以後のダイコトミーでとらえないで下さい。あるいはこれを「外部」と言いかえても同じと思いますが、ようするにしようがなく使っているにすぎません）「場」のありようをさしているためです。言語的な構造潜勢力と空間様式の産出とが深く結びあっていることは、フッサールが見事にしめしたとおりです。「法身」は空間と時間（言語の形式がなければ時間の形式もありません）の様式に展開される「以前」の「場」をさししめしているのです。そこを出発点にする密教意識論が難解な印象をあたえるのは、そのためだと思います。

ところでこの「法身」は一見すると、どこか静的な印象をあたえるかも知れませんが、じっさいにはそこにはいっさいの時間性‐空間性の様式（あらゆる宇宙の存在様式と言ってもよいでしょう）が展開されてくる運動力が、未発のままに内蔵されているのです。そしてこの未発の運動力が、ほかからの何の働きかけもない状態で、まさに自然発生的にあらわれでようとする瞬間、そこをとらえて密教意識論は「報身」の状態ととらえようとします。「報身」は「法身」からたちのぼる光の戯れだと表現されることがありますが、密教テクストによるその理論表現は、「場」と「重力」の関係を説明する現代の理論物理学の表現ととてもよく似ています。深い瞑想体験のなかで、自然発生的にたちあらわれてくる深層イメージが「報身」のレヴェルにあると考えられるのは、そのイメージの発生過程に、概念構成のような言語的潜勢力がいささかも関与していないとみなされているからです。

ところが、わたしたちがそのなかで生きている意識現象の世界では、「意識の原初」ないし「法身」の内蔵する運動性が、光となってあらわれでるやいなや、そこに自由な運動性を束縛し歪めるような力が加わってしまうのです。二元論的思考を形づくる構造的な潜勢力(それは「主辞‐述辞」「静態‐動態」のような言語シンタックスの深層構造に対応しています)やそこから生まれる歪んだ意識(たとえば貪り、瞋り、愚かさのような三毒)の力が加わることによって、現象意識のつくりだす世界にはすでに「報身」のもっている自由な運動性は失なわれてしまっているのです。こうして現象意識の世界のなかに閉じこめられたわたしたち輪廻の生きものは、この世界を稠密な物質的マッスの集積としてとらえるようになります。「法身」や「報身」のレヴェルにある意識はそれじたいが微細な運動性なのですから、その意識はこの世界そのものを絶えまなく微細な差異(ズレ)を産出しつつきらきらと光の戯れをつづける運動体としてとらえることができます。つまり、世界は至福にみちた「無常」そのものなのだと言えるでしょう。ところが、二元論的な潜勢力のつくりだす現象意識はその微細な運動性を、粗大な幻影《マーヤー》のヴェールでおおってしまうのです。物質性こそそのような幻影のヴェールのなかでも、もっともしぶとい力を発揮するものだ、と密教の意識論は考えるのです。

「魔」のメタファーでとらえられたいっさいの異和的なるものは、この二元論的な潜勢力からつくりだされるものだと言ってよいでしょう。そこから意識現象の世界が「夢や幻のように」つくりだされてくるおおもとの構造潜勢力には、のちに言語シンタックスにおける「主辞-述辞」「静態-動態」「中心-周縁」のような構造として発現してくるような、二元論へむかう傾向性がもともとそなわっているのです。つまり、その構造潜勢力はいっぽうで客体としての外の世界（チュウのテクストではそれを「外部の絵」と呼んでいます）をつくりだし、それと同時に客体的外界から分離された一定の持続性をもつ自我の幻影をうみだしていきます。言語シンタックスが、そのような二元論を補強します。それ以後、たえまなく動いてやむことのない経験的現実は、二元論的潜勢力の生みだす幻影のヴェールでおおわれ、差異化の運動性の上に持続性がおおいかぶさってくるのです。幻影のヴェールという言い方は、少しおとなしすぎるかも知れません。たえざる微細な運動状態にある経験的現実に「サクリファイズ」の一撃が加えられ、運動性を束縛されたうえで、言語シンタックスの秩序のなかに組織される、と言った方が印象的かも知れません。

秩序にたいする異和的な現実のメタファーである「魔」は、したがって、意識現象の世界をつくりあげる二元論的な構造潜勢力そのものが生みおとすものだと考えられるわけですが、なかでもいちばんしぶとい根拠は自我にたいする執着です。いいかえれば、自我には実体や持続性があるという幻想をいだき、その自我に執着をいだくことから、いっさいの

「魔」が生まれてくるのだ、ということにもなります。

チュウの密教の興味深い点は、その自我への執着の根拠が身体への愛着にあると考えたことです。もっと正確に言いますと、粗大な物質性のマッスとしての身体と、その物質的身体の鏡像的イメージに自己同一性の根拠をもとめていこうとする意識過程こそが、自我への執着を生み、いっさいの禍事を生む「魔」を生み出しつづけている堅固なとりでになっていると考えたわけです。

わたしたちの身体は粗大な物質のマッスでできているように見えますが、じっさいには身体のあらゆる部分は微細な運動性からなりたっています。その運動性は器官によって統一されているように見えますが、顕微鏡的な視覚は器官的運動性の統一されたうごめきの下に、そのような統一力から自由なもっと微細な運動性を見出すはずです。身体は微分＝差異化された意識にとっては、つねに器官なき運動性のフィールドにほかならないのです。身体の鏡像的イメージも、自我の幻影的な構成にとって重要な働きをします。ジャック・ラカンが有名な「鏡像段階理論」でしめしたように、神経系統の成長が遅れ器官的身体の統一もままならぬ人間の幼児に、身体の鏡像イメージは想像的に統一された自我像をあたえ、ここから「想像界」の自我がかたちづくられてきます。

チュウは自分の身体を観想のなかで（アンリ・コルバンにならって創造的想像力をとおして、と言いかえてもよいでしょう）切断し、破壊しつくすことによって、きわめてラジカルに自我への執着の根を断とうとするのです。言うまでもなくそれによって、「魔」なるものを生みだす二元論的な構造潜勢力にまで影響をおよぼし、ついにはそれを無化していくためです。赤い光のかたまりでできたダキニ女神の裸身に自分の意識を移しかえ、粗大な物質的マッスの束縛をまぬかれたチュウ行者は、さらに物質的マッスとしての身体と身体のイメージを切りきざみ、うちくだき、骨の鍋に投げ入れて、甘露の光に溶かしこんでしまおうとしています。

このように考えてみると、チュウの密教における身体破壊のテーマが、シャーマニズムのイニシエーション儀礼にみられる同じようなテーマと、まったく対照的な展開をみせることに気がつきます。シャーマニズム的イニシエーションでは、冥界に下降した未来のシャーマンは、そこで神霊によって身体をばらばらに解体され、ついでその身体の破片をつなぎあわせる神秘的な「外科手術」をほどこされて新しい自我を得てよみがえるという宗教的ヴィジョンの体験を重要視します。ところが、この大乗仏教の悪魔祓いでは、解体された身体はつなぎあわされることなく、光の液体となってことごとく大地に撒布されていくのです。新しい身体イメージにもとづいて新しい自我を再生させるのではなく、自我の幻影が生まれてくるその根を切断してしまおうというわけです。シャーマニズムの身体破壊のテーマがパラノイア型結末をめざしているのだとすると、チュウのそれは徹底的なスキゾ状態にむかおうとしている、と言えるかも知れません。

こういうスキゾ的密教のテクストが『ダキニの哄笑』などという題をいただいていること自体、とても意味深だとは思いませんか。空性大楽にみちた美しい裸身をもち、天使のように天空を飛翔するといわれるこのダキニ女神は、墓地を好んで棲み家としています。密教では、死というものを、意識が身体の物質性から解き放たれる祝祭的な出来事としてとらえています。そこで、身体が物質界のエレメントに溶解して、意識がその母胎にたちかえっていく墓地こそ、ダキニ女神の棲み家にふさわしいと考えられたのです。ダキニ女神は、自我の幻影のヴェールがひき裂かれるのを見ては、心の底から喜んで哄笑するのです。だったら、その幻影的自我の根拠である身体を破壊し切断していこうとするこんなラジカルな修行を見ては、彼女が笑い出さないはずがないでしょう。

さて、意識現象の世界における秩序にたいする異和的なもののメタファーである「魔」が、二元論的な構造潜勢力そのものから生みおとされるものであって、その「魔」を象徴的なスケープゴートとして外部に吐き出したり殺害したりする演劇的行為（ふつうのエクソシズムはこの論理にもとづいています）は、けっきょくこの構造潜勢力を強化し、顕在化させているのだと言う点については、すでにお話ししたとおりです。エクソシズムは「魔」を摘発し、スケープゴートとして外部に吐き出します。けれどそれはけっきょく新しい「魔」を次々と産み出してくる構造に活力をあたえることにしかならないのです。チュウの密教行者たちは、このことをはっきりと意識していたようです。たとえばマチク・ラプドゥンマは、弟子たちにむかってたえず次のように説いていたといわれています。

無始の時より悪行の因果を受け
悪縁の風に追われて
幻影と苦しみにたえず圧しつぶされ
死してなお三悪趣の淵におちこむほかない
あだなす神と魔のものたちを
わたしは慈悲の釣鉤で救いあげ
まだなまあたたかいこの血と肉を食べものとしてあたえ
愛と慈悲と菩提心によって
彼ら神魔の状態をつくりかえてきた
わたしのまわりにつどうものたち
未来の偉大なチュウ行者たち　こころしなさい
わたしが慈悲の釣鉤で救いあげたこの宝ものたち
あだなす神と魔のものたちを
殺し、追いやり、打ちすえる行者たちは
チュウ派の顔をしたにせもの　邪説を奉ずるものと

深くころしなさい

自我への執着のもっともしぶとい根である身体への愛着を、その身体のヴィジョナリーな破壊によって切断し、もろもろの「魔」を生みだす二元論的な構造潜勢力を解体しようとしているチュウの密教は、たしかにひとつのラジカルな暴力批判論を実践しているのだと言えます。それが純粋な差異の体系である経験的現実を言葉の秩序に組織していくさいに、記号生成の深部でたえまなくくりかえされている「サクリファイズ」の殺害を無化しようとしているからです（もろもろの異和的なものはこの殺害を前提にし、その事後に形成されるものです）。しかし、それと同時に、チュウはエクソシズムの一形態であることによって、そのような記号生成の深部におこる殺害の演劇的表現であるスケープゴートの論理まで、秘かに解体してしまおうとしているように思えるのです。「あだなす神や魔のものたち」を殺したり、追いやったり、打ちすえるのではなく、「慈悲の釣鉤で救いあげる」こと、つまり交換とコミュニケーションの体系をつくりあげるために根源的な構造的暴力をふるうのではなく、あらゆる方向におしみなく注がれる慈悲の無限定的なコミュニケーションによって、構造的暴力をその根のところで溶解してしまうこと、これがチュウの密教のおこなおうとした「シャーマニズムの革命」の本質なのだ、とわたしは考えています。

それにしても、チュウの仏教的エクソシズムは、病とその治療について考えることから出発したわたしたちを、大きな疑問の前に連れだそうとしています。それはこう問いかけるのです。わたしたちは病を治すことができるのか。病を治す必要などがあるのだろうか。いやそもそも、わたしたちの存在そのものが治しようのない病なのではないか、と。

マンダラあるいはスピノザ的都市

1　自然成長性

スピノザの思想が現代知のなかでしめる重要性と異質性は、こんにちますます輝きを増しつつある。イタリアの哲学者アントニオ・ネグリは、スピノザ哲学はぼくたちの未来に属する哲学だと書いてその重要性を強調し、またそれを「野生的な異例者」であると呼んで、ほかのどんな西欧哲学の体系にも還元することのできないその異質性に注目している。

スピノザは力の自然成長性を基本にする哲学を構想した。力そのものに踏みこむことをさけて、力を媒介し関係づける構造や形式にもとづいて世界というものを構築しようとつとめてきた西欧知の伝統のなかにあって、スピノザは力の自然成長性をさまたげるすべての媒介をとりさった状態にある力そのもののなかに、大きく踏みこんでいった。そのため、その思想はニーチェの思想とならんで、資本主義（もともと資本主義は力の直接的社会化の形式として、根本的に構造批判のシステムである）のキメラ的変容と、人工知能の飛躍的な能力拡大（それはぼくたちの知覚や思考をいやおうなく微分＝差異化していく）のもたらした新しい環境のなかで、記号の媒介を前提にするいままでどおりの思考システムにたいする無力を痛感している人たちにとって、みずみずしいインスピレーションの源泉のひとつとなりはじめているのだ。

たとえば、ジル・ドゥルーズはそのようなスピノザの思想の特徴を、次の三つの点にまとめている。

㈠唯物論者としてのスピノザ。スピノザは形式性によって限界づけられ、幻影によってしばられた意識ではなく、無限の多様体として意識が知りつくすことのできない身体を、哲学のモデルにすえた。㈡不道徳なスピノザ。また彼は、不完全な意識がつくりだす善悪の価値体系である「道徳（モラル）」をしりぞけて、質的に異なる存在どうしが互いに織りなすエソロジーとも言うべき「倫理（エティック）」の実践哲学にむかっていった。善悪という価値の対立を、存在様式の質的な違いを決めている「好ましい‐不都合」という差異におきかえたのである。㈢無神論者スピノザ。彼は人を「生」から切り離すいっさいのものを否定した。そのために超越的な価値を否定したことは言うまでもないけれど、それといっしょに「生」の力を萎縮させる悲しみの感情、ルサンチマンの感情をもとり去ろうとした。つきぬけるように透明な歓びのパッションこそ、スピノザの思想の基調にあるものだ（『スピノザ――実践の哲学』）。

こうした特徴がスピノザの思想を西欧知の伝統のなかで「野生的な異例者」にし、ぼくたちにとっては「未来の哲学」にした。だがもしそうであるならば、ここにあげられているような三つの特徴が、仏教や道教のような東洋思想を特徴づけているものでもあるとしても少しも不思議なことではない。なぜなら東洋思想のおおくは根本的に構造批判（記号の媒介にもとづく形而上学的ニヒリズムの批判）の思想であり、また肯定的な「生」の哲学でもあるからだ。密教（タントラ仏教）には、その特徴がいちばんよく表われている。それをドゥルーズにならって、次の三点にまとめてみることもできる。

㈠唯物論の極限としての密教。密教は意識を純粋な力としてとらえている。ところがぼくたちがふつう意識とか心的現象と呼んでいるものは、この純粋な力としての意識そのものではなく、さまざまな感情や思考の形式によって限界づけられ歪められた力にほかならない。不完全な意識には、中心もなく限界もない巨大な縁起の体系（自由な差異体系）という多様体として存在している世界のリアリティをつかみとることができないのである。そこで密教は、身体という無限の多様体をとおして、純粋な力としての意識そのものに踏みこみ、それをとおして意識と物質とを分ける観念自体を解体してしまおうとしている。

㈡不道徳な密教。密教も不完全な意識のおこなう善悪の価値判断にもとづく「道徳」からかぎりなく自由であろうとする。そればかりか、社会的コードをかえて侵犯する「反道徳」が、けっきょくはルサンチマンとしてそのようなコードに内属してしまうことも知っている。密教はすべての媒介から解き放たれた状態にある「意識の自然」につらぬかれた宇宙的な「倫理」のままに生きることをすすめている。

㈢無神論としての密教。おびただしい密教の神々は、純粋な力としての意識に内蔵された生産力をあらわしている。したがってそれはぼくたちの「生」そのものであり、「生」を超越し、そこから切り離された存在ではない。密教は仏教思想として超越を否定するのだ。それと同時に密教は「意識の自然成長性」を阻み、歪めるいっさいの怒り、悲しみ、ルサンチマンの感情をとり除こうとしている。いっさいの媒介から解き放たれた「意識の自然」状態がたたえる「大楽（大いなる快楽）」こそ、その実践哲学がめざしているものだ。

マンダラと呼ばれている図像はこのような「意識の自然成長性」を基本にする密教の思想に裏づけられたものであり、「意識の自然」状態のもたらす体験と深く結びついている。

2　二度生まれる鳥のように

もちろん「意識の自然」というのは、純粋な力としての意識が何ものにもさまたげられることなく自由に流れ、何ものにもしばられることなく自然成長をとげていく状態のことをさしている。この自然状態がそうたやすく実現できるものではないということは、無意識とふつう呼ばれているものがどんなふうにでき上がっているのか考えてみれば、すぐにわかる。

欲望や怒りや不安のようなすべてのネガティブな感情は、意識の自由な流れに圧力や障害をあたえ、その自然成長を歪めてしまう。それにこのような感情がわきあがってくる源泉は無意識の構造にあって、そこはまるで言語のように構造化されていて、意識の自然で自由な流れをはばんでいるのだ（と唯識仏教も言っている）。この無意識の構造は、静止と運動、同一性と異和性のような二元的な対立をもとにしていて、そこから主語―述語、名詞―動詞の構造対立にもとづく言語の体系が生まれてくるし、自分というものとそれ以外の世界を分け、まるで自分が固い実体をもった存在であるかのような「自我」の幻想がつくられてくるのである。したがって人間は無意識の奥底にすでに「意識の自然成長性」を歪めてしまう複雑な禁止や変形のメカニズムをもってしまっていることになる（けれどそう考えると、それを「無意識」と呼ぶのは奇妙なことに思えてくる。もし無意識というものが存在するのだとすれば、それは無限の多様体たる純粋な力としての意識体そのものをさすべきであって、「無意識」と呼ばれているものはじっさいには禁止がつくりあげるひとつの転倒をしめすものでしかない）。

そこで密教の実践哲学は、このような意識の自由な流れをはばみ、その自然な成長性を歪めている深層のメカニズムを破壊し、解体し、燃やしつくすことによって、純粋な力としての「意識の自然状態」というものを実現しようとしているのである。そのために密教は大きく分けて三つの技法を駆使している。すなわち、㈠生起のプロセス、㈡円満のプロセス、㈢

そのどちらにもよらない自然性のプロセス、の三つがそれだ。

このうち「生起のプロセス」というのは、映像的な想像力を駆使して眼前や頭上の空間に神々のイメージを産出し、それを中心にしてあたりの空間全体を神々の宮殿や浄土につくりかえ、さらには自分の身体そのものを神の姿に変容させていく、きわめてイメージ性豊かな技法である。「円満のプロセス」では「風（プラーナ）」という生体エネルギーをコントロールしながら、身体の内部から信じられないような熱、光、快楽をひきだし、身体という多様体そのもののなかに純粋な力としての「意識の自然」状態を体験しようとしている。これらふたつの技法にたいして、「自然性のプロセス」では技法というもの自体をすててしまう。直接無媒介のまま「意識の自然」のなかに踏みこんでいくという密教の理想をもっとも完璧に実現しようとしているのが、この「自然性のプロセス」である。

マンダラの図像を理論づけ、それと直接に結びついているのは、このうちの「生起のプロセス」である。「生起のプロセス」は、この宇宙にありとあらゆる生成をモデル化して再現しようとするものだ。いっさいの形あるもの、いっさいの生命あるものは、空または無のなかから生まれでる。だが密教がいう空ないし無は、自然状態にある純粋な力としての「意識」そのものをさしている。だからその無は無限の生産力を内蔵した力そのものであるわけだ。ところでもし、自然状態にある「意識」に内蔵される生産力が自然成長していくとき、つまりその力の成長を歪めはばもうとするほかからの働きかけがいっさいない状態で成長をとげていくとき、そこにあらわれるものは空ないし無と同質の純粋な実在をしめしていることになるだろう。

だが、その生産力がわきおこるその瞬間に、その力の成長を歪め、萎縮させ、貧弱なものに変えていく働きが加わった場合、「意識の自然成長性」はそこなわれてしまう。仏教が輪廻と呼んでいるものは、じつは「自然成長性」を歪める心的構造によってつくりだされた意識現象のことをさしている。この心的構造はあらゆる生きものの内部に遺伝的に深々とビルト・インされている。そのために生きものは、生まれながらにして歪んだ世界をつくりあげ、巨大な多様体たる「意識の自然状態」にたどりつくことができないままに、輪廻をくりかえすことになる、と仏教は語っている。したがって自然成長性の状態にある「意識」と現象的な意識とは同じ力を源泉にしながら、その発現において貨幣の表裏のような違いをもってしまうわけだ。「生起のプロセス」がたどろうとするのは、もちろんこのうちの「意識の自然成長性」の状態である。

そのため「生起のプロセス」を修行するものは、卵から生まれる鳥のように二度生まれなければならないとされている。つまり、まず母親の体から卵として生まれ、ついでその卵を破ってヒナとして生まれでてくる鳥のように、一度は卵にもどり、ついでその卵から生まれるプロセスをへなければならないのだ。ここで言う卵とは、「意識の自然状態」である空無のことをさしている。だからまず一度めは、空無に溶けこむために生まれるのだ。そこで修行者は、粗大な物質でできていると思いこまれている自分の身体を、観想のテクニックをつかって神々のイメージに変えていく。ついでそうしてできた光の身体イメージをしだいに溶解させ、深いサマディ（三昧）のなかで空無の状態に溶かしこんでいくのである。

この空無のなかから二度めの誕生がはじまる。純粋な力としての「意識」が内蔵している生産力がはなつ自然な光のかたまりとして軽々と生まれでるのだ。空無の状態に虹のような光がたちのぼり、そのなかから神々をしめす真言（マントラ）の文字がまるで種子のように浮かびあがる。この光の種子はしばらくするとみるみる変容をおこしはじめ、神のイメージをつくりなしていく。そして光のかたまりはしだいに明瞭となって、姿かたちや手にもった密教的象徴物をくっきり浮きだたせるようになる。このあいだも、修行者は神々のヴァイブレーションを模倣した真言を音として唱えつづけているために、音と内的な光の両方が彼をやわらかく打ちつづけていることになる。こうして密教の修行者は神々のイメージに生成変化をとげていくことによって、「意識の自然状態」のしめす生産力を、光のイメージ産出のプロセスのなかで直接的に体験していこうとしているのである。

もちろん「生起のプロセス」のもたらすあざやかでヴィヴィッドな神秘的体験を、物質色と稠密な素材でつくられた図像や模型のなかにそっくり再現することなどは、もともと不可能なことだ。せいぜいそれらは体験の似姿にすぎない。けれど「生起のプロセス」が体験させるものに、もっともフィットする図像表現をあたえるとすれば、それはおそらくはマンダラなのである。マンダラは純粋な状態にある「意識」の自然成長性に可能なかぎり接近した図像表現の形なのだ。

3　王城モデルと戦争機械

マンダラにはおびただしい種類があり、またそれに使われる儀礼の種類も多様である。けれどマンダラに集合する神々を配置し描くための基壇には、円形と方形の二つの基本構造しかない。このうち円形基壇は「いっさいの功徳を集積したもの」としてのストゥパを表わし、方形の基壇は王城をモデルにしている。マンダラにつながりをもつ多くの宗教建造物がこの二つの基本構造の組み合わせからなっている。たとえばインドネシアにあるボルブドールの巨大なストゥパは、円形ストゥパの基本構造の上に、王城モデルにもとづく方形の構造がつくられ、そこにおびただしい数の神々が配置されることになっている。

しかし、ここでぼくたちにとって興味深いのは王城モデルにもとづいたマンダラのほうだ。それはチベット仏教の伝統が磨きあげてきたマンダラ図像のなかで中心になっているこの王城モデルが、「意識の自然成長性」をめぐる密教思想の隠喩ともなっているためである。しかもそれ以上に興味深いのは、同じマンダラ図像のなかでこの「自然状態」の隠喩（純粋な力としての「意識」の生産力が自然成長していく側面）である王城都市を、さまざまな

王城都市をとり囲む「戦争機械」

「戦争状態」の隠喩（破壊し、解体する側面）がとり囲み、密教思想のもつ二つの側面を同時に表現していることである。

チベット仏教が描くマンダラのいちばん外側をとり囲んでいるのは「火炎の山（メ・リ）」である（図のAの部分）。この「火炎の山」はマンダラの内部に不浄な霊力や未熟で歪んだ意識のはなつヴァイブレーションが入ってこないよう防御する役目をもっているが、それとともにマンダラを生みだす「生起のプロセス」を妨害するすべての媒介的意識作用を解体し、二元論的な思考をグノーシス的直感知に変容させなければならないことをもしめしている。「火炎の山」の内側には、ダイアモンドの象徴である「ヴァジュラ（金剛）」の輪が、防御柵として設置されている（図のBの部分）。不壊のダイアモンドによって、内部の「自然状態」を歪め、変質させようとする思考の働きから守っているのである。

さらに忿怒の神を主宰者とするマンダラの場合には、それらの内側に「八つの墓地（ドゥトゥ・ゲン）」が配置されている（図のCの部分）。それぞれの「墓地」には、鳥や猛獣によってずたずたにされむさぼり喰われている死体と、そこで修行している密教行者の姿と、仏教の教えの象徴であるストゥパが描きこまれる。ここには、じっさい複雑な意味がこめられている。「八」という数は、人間を構成する八つの意識形態のことをさしている。つまり、五つの知覚にもとづく意識、思考する意識、自我意識、そしてそれらすべての基底にある無意識の構造であるアーラヤ識の「八識」をあらわしている。これら八つの意識形態がよりあつまって、心的現象の世界をつくりあげるわけだ。自分というものが固い実体をもっているという幻想も、自分から切り離された外の世界という実体があるという幻想も、またもろもろの感情も、すべてはこの八つの意識形態の組み合わせから生まれて、純粋な力としての「意識の自然」が自由に流れ、成長していこうとするのを阻んでいる。それらすべての媒介物を「八つの墓地」で破壊し、解体しようというのである。それが死体を喰い荒し、腐敗させ、風化させていくイメージで表現されるのは、ぼくたちの意識の働きがほんらい無限の多様体であるはずの身体そのものを身体イメージというもののなかに隠蔽してしまい、一定の限界づけと持続をそなえたこの身体イメージが自我意識のもっとも強固なとりでになっているという深層プロセスに関係がある。人は「身体」という観念をもっているだけで、身体という無限の多様体にたいしてはその意識を閉じているのである。「墓地」は身体イメージを解体し、身体を無限の多様体として解放しようとしているのだ。ここでは死は解放のシンボルとして、「意識の自然状態」への突破口をあらわしている。

このような破壊、切断、解体、撃退といった「隠喩としての戦争」をしめすデザインの内部に、はじめて、「意識の自然成長性」の状態がしめされる。しかもそれは王城として、つまり古代的な都市のイメージで表現されるのだ。

四方に四門と
荘厳せられたる四つの鳥居門と
交絡せられたる四線と
飾られたる八柱とをあらわし
瓔珞と半瓔珞によりて飾られたるものと
宝珠と金剛と半月と
また金剛宝によりて鈿飾せられたるものとを
門と門房との合処においてあらわすべし

（『パンチャ・クラマ』）

方形の城壁に囲まれ、王旗や天蓋をなびかせた四方門をもち、さまざまな宝石と裁飾におおわれたこの王城都市のなかに、「意識の自然状態」の生産力そのものをしめす神々が配置され、荘厳を楽しんでいるわけだ。このマンダラ的王城都市は、人間の造ったじっさいの王城をモデルとしていることはたしかだけれど、いくつかの重要な点で違いももっている。

まず第一に、このマンダラの王城都市にはじっさいの王城都市を構成する大切な要素である階層構造が厳密な意味では存在していない。たしかにこの王城の中心には、マンダラを主催している「アディ・ブッダ（原初仏）」のような神がいて全体を統轄しているようにみえる。けれど、じっさいにはそこに臣下と王、市民と奴隷といった関係性をロジカル・タイプ化する中心化構造は存在していないのである。つまり、中心の神をとり囲みマンダラを構成しているおびただしい数の神々は、中心の神じしんから生まれたものとして、すべてが互いに連結しあい反響しあって、全体としてどこにも中心化する構造のないブーツストラップ状の有機世界をつくりなしている。ここには超越者というものが存在しない。どの小部分をとっても他と等しいものはなく、自己差異化のたえまない過程をくりかえしながら、全体としては『華厳経』の言う「インドラの網」のような有機的な多様体をつくりなし、しかもどの小部分にも全体が反映され照らしだされているわけだ。それればかりではない。この王城は「火炎の山」「金剛の輪」「八つの墓地」にとり囲まれた内部にありながら、同時に無限をもあらわしている。それはまず内部にむかって無限である。

マンダラの内部は「意識の自然」に内蔵された五つの原初的な智慧をもとに五つに分割され、それぞれが違う色彩のモードをもっている。だが、じっさいにはその分割で静止してしまうわけではなく、どの部分も五つに分割され、この分割過程はどこまでもくりかえされていく。だからマンダラの内部はふつうの意識が数えあげられるような構造をもつのではなく、無限小の小部分から構成されていることになる。

（ジグメ・リンバ『知の宝庫』）

したがってマンダラとは「意識の微分＝差異化」の運動プロセスをも表示していることになるから（その運動プロセスは密教の身体技法が意識にもたらそうとするものにほかならない）、それを有限の数の神と自然数「五」によって構造化し、形式化してしまうことは、じっさいにはこの「微分＝差異化」の運動プロセスを隠蔽してしまいかねないのである。またそれは外部にむかっても無限である。「意識の自然状態」には、それを限界づけるいかなる制約も加えられていない。そこには中心もないかわりに辺際もない。「意識の自然状態」は純粋な力の生産性がしめす無限多様体をあらわしてもいることになるわけだ。

そう考えてみれば、内部の王城都市と、それをとり囲む「戦争機械」とは、同じ空間のなかに描かれてはいても、じっさいには異なるトポロジー空間に属しているのだということがわかるだろう。「火炎の山」や「墓地」といった「隠喩としての戦争」は、「意識の自然成長性」をはばもうとする構造的諸力を破壊し解体して、そこに「意識の自然状態」を現出させようとする。けれどその内部に立ち現われるのは「戦争機械」が属するものとは位相の異なる無限多様体なのである。マンダラはこのように三次元的な空間表象としてはとらえがたいトポロジー性をあえて空間表象化しようとしている。けれど「生起のプロセス」の技法が一気に直観的に体験させるこのトポロジー性に、マンダラは可能なかぎりもっともふさわしい空間表象をあたえようとしているのである。

4　自然としての都市

しかし、なぜ、「意識の自然状態」の隠喩が、樹木でもなく、山でもなく、また洞穴でもなく、野生の原野でもなく、都市なのだろうか。それは都市の「倫理（エティック、ほかの存在様式と異なる質的な特性のこと）」と、密教のような神秘思想のめざす「意識の自然状態」がしめす「倫理」とが、たがいにきわめて近い関係にあるからだ。

仏教思想がおこった時代は、それまでの農村共同体とは異なる存在様式の質をもった集合体である都市が、各地へ形成されはじめた時代にあたっている。都市は共同体社会に暮していた人々をそこから引き離し、いわば脱属領化された都市の抽象空間のなかでその人たちを、以前よりもはるかに自由な人間関係のなかにおこうとしたのである。そこでは原初的な資本主義とでも言うべき「力の直接的社会化」という様式をつうじて、さまざまな力が流れこみ、分流し、結びあって、思いもかけなかったような美しい産物を生みだすことを可能にした。力の流れをコード化し、構造化したうえで社会体の上に配分する共同体社会の「倫理」にくらべると、都市のそれは力の流動性そのものを分流したり合流させたりしながら社会体の上に水路をはりめぐらせていく流体力学をめざしていたのだといえる。もちろんじっさいにできあがった都市は、脱属領化された力を抽象空間の上でたちまちにコード化しそこにしばりつけてしまう政治や経済の働きかけによって、その「倫理」の理想を実現することはできなかった。だがそれにしても、古代都市群の形成は人間に新しい交通と関係のあり方の可能性を、じゅうぶん予見させるものであったはずである。

都市という存在様式の「倫理」が、神秘主義的な思想にとって重要な隠喩となったのはそのためである。密教の実践哲学は、純粋な力としての意識の自由な流れをコード化するいっさいの意味構築物をつきぬけて、身体技法をたよりに直接的な「力の自然成長性」の領域に分け入り、その体験をもとにして、記号の媒介にもとづくすべての形而上学的ニヒリズムをのりこえながら、巨大な多様体のおおいなる肯定にむかおうとしている。これにたいして都市の「倫理」は、共同体社会を脱コード化し、より自由で拡大された交通の様式、時をさだめないゴージャスな快楽の解放へむかおうとした。「意識の自然状態」の隠喩として、そのような都市の「倫理」の理想状態がえらばれたのは、そのように考えれば少しも不思議なことではないだろう。

そのため、たとえば「円満のプロセス」という密教身体技法の修行をして、身体のなかにスシュムナー管、イダー管、ピンガラ管という微細な神経生理管と五つの光のチャクラが現われるようになったことを、チベットの密教理論書は「身体のなかに都市が出現した」と表現している。これは、粗大な物質としての身体にとらわれて自由で自然な運動をはばまれていた微細な生体エネルギー「風（プラーナ）」が、身体のなかに微細な神経生理組織がとりもどされることによって、自然な成長をとげられるようになったのだ、ということをしめしている。こうして「円満のプロセス」の身体技法のあたえる体験では、この身体のなかの「都市」をまばゆい光がおおい、そこを軽やかな力が横断していくのである。

そこで、密教が「意識の自然成長性」の隠喩にえらびだす都市、つまりかつて実際にはどこにも存在したことはないが、どの都市もおおかれ少なかれその実現にむかおうとして形成をはじめたユートピアとしての都市というものの特性を、スピノザ哲学にならって、次の三つの点にまとめてみることができる。

㈠唯物論者としての都市。都市は、力をコード化し、構造化して社会体の上に配分する共同体のやり方をとらない。共同体がそれ自身をささえる超越的な価値にむかおうとするのにたいして、都市は無限の多様体である身体性のほうに、力の直接性のほうにむかっていく。都市は人びとを共同体から引き離し脱属領化して、抽象空間の上に解き放ち、そこを流れる力が自然成長していくにまかせようとしている。したがって都市の「倫理」は、構造の媒介によらない力の直接的社会化の形式である資本主義の「倫理」とおおくの共通点をもっている。

㈡不道徳な都市。都市は、共同体をささえていたような価値体系としての「道徳」をないがしろにして、人間関係を価値体系によってではなくエソロジーとしてつくりあげようとしている。都市の「倫理」は、すこしも「道徳」的である必要はない。

㈢無神論者としての都市。都市は「生」の力を萎縮させ、その自然成長性を歪めようとするいっさいの超越的なものを否定しようとする。都市を「ツリー」状にイメージすることは、ほんらい無限の多様体にむかおうとする都市の「倫理」を隠蔽してしまうことでしかない。「都市はツリーではない」と、この「倫理」も言うだろう。ルサンチマンの感情も都市の抽象空間にはふさわしくないものだ。都市は歓びのパッションにみちあふれた遊戯的な「生」を切り開こうとしている。

だが、当然のことながら、この地上に存在したいかなる現実の都市も完璧な唯物論者であったためしはなく、心ゆくまで不道徳であった例もなく、また無神論をつらぬきとおしたこともなかった。都市の抽象空間に力が集められてきたとたん、都市はふたたびそれをコード化し、自由な交通をはばもうとしてきたからだ。都市は中心をもち、ある超越的な価値を軸にして「ツリー」状に組織しなおされてきた。おまけに都市の人間関係には、貨幣の形而上学がつらぬかれ、力は多方面にむかう自由な流れをとりもどすかわりに、一定の方向づけをもつ水路のなかを押し流されていくようになってしまっているからである。つまり、このスピノザ的都市は、いちども実現されたことのない都市の夢をしめしている。

おそらく、都市の出現とほぼ同じ頃に生まれた仏教思想は、この都市の「倫理」に潜在する理想を、資本主義的な社会化の形式によらず、個人の意識の内部でもっともラジカルな地点にまで押し進めようとしたのである。資本主義と都市はその「倫理」の理想の実現をめざしながらも、力の社会化の形式性ゆえに必然的にその実現の道を閉ざされてしまう。だが、神秘的な実践哲学は、無限の多様体たる身体をとおして、力の自然成長性そのもののなかに踏みこんでいくことを可能にしたのである。

マンダラは王城都市のイメージで描かれる。たしかにそれは都市の「倫理」を表現しているが、マンダラは現実の都市をこえて、都市のかなたにあるものをめざそうとしている。

夢見の技法

1

一九三五年、マライ半島の中央部にひろがる熱帯雨林地帯に派遣された英国の総合学術調査隊に加わっていた人類学者キルトン・スチュアートは、ロングハウスに暮らし焼畑をおこなうセノイ族の間に、心理療法と教育にかかわるじつに驚くべき体系が生き生きと伝承されている事実を知り、深い衝撃を受けた。文字をもたないこの人々が、ユニークな「夢の心理学」を発達させ、それにもとづき村をあげて夢見をコントロールする技法の実践にうちこんでいる光景をまのあたりにしたからである。十数年かけた探求ののち、彼が書き上げたスリリングな論文「マラヤの夢理論」(邦訳『現代思想』一九八二年九月号)は、その奔放な語り口や内容のあまりの先駆性のために、まともにとりあげられることもないまま眠りつづけてきた。しかしそれから三十年あまりたった今日、チャールズ・タート編集の『意識の変容した状態』におさめられることによって、一般の目にふれるようになったこの論文は、ようやく一部の心理学者や人類学者の関心をあつめるようになった。またこの論文が、ミュージシャンのジョン・ハッセルにイマジネーションをあたえ、そこから彼のアルバム『マラヤの夢語り』（ポリドール28MM0089）が生まれたことを知る人もおおいだろう。

ぼくはこの論文を、ヒマラヤの山麓都市ダージリンにあるチベット寺の図書室で、アメリカ人が置きざりにしていったペーパーバックの山のなかに見つけだしはじめて読んだ。夢をめぐる人類学的モノグラフといえば、夢占いや夢予兆などをめぐる退屈な記述に終始するか、さもなければフロイトやユングのような精神分析学の創始者の見解を、たいした芸もなく「未開人の見る夢」にまであてはめ解釈してみせる、といったところが相場である。この論文がそういうものとはまったく異なり、深い思慮と体験の積み重ねのなかからねりあげられてきた「心身技法としての夢見」というものを主題にしていることにも強い関心をもったけれど、ぼくにとってそれ以上に新鮮な驚きであったのは、そこに描かれているセノイ族の夢見の技法の基本的な考え方が、当時ぼくがチベット人密教僧から教えこまれていた、タントラ仏教の夢理論や夢見の身体技法と、深い共通性をもっていたことである。

「マラヤの夢理論」によれば、セノイ族が発達させてきたシンプルで力強いその心理学は、おおきく分けると「夢表現」と「夢解釈」のふたつでなりたっている。このうち「夢表現」は、大人の男たちが集まって共同でおこなう夢見のセッションに関係している。大勢の大人たちがひと所に集まり、いちどきに夢ともトランスともつかない状態に落ちこんでいくこのセッションに参加できるということが、この社会では子供が大人になるための重要な節目だと考えられている。この夢見セッションの現場からとりわけトランスに入るのが巧みな若者が選ばれて、深層意識の専門家であるシャーマニックな呪医に育てあげられていく。

だがもっと興味深いのは、サイコセラピーや子供の教育に深いつながりをもっている「夢解釈」のほうだ。セノイ族の大人は、誰でもこの「夢解釈」についての知識をもち、自分の家族の夢を解釈し心理療法に役立てたり、子供の教育や日常の人間関係のなかにじょうずに織りこんでいるのである。そこで「セノイ族の家の朝食時間はまるでドリーム・クリニックのような様相を呈することになる。父親と年長の兄たちは幼い子供たちの見た夢をいちいち聞き出してはそれに分析を加えていく。家族の診療がひととおり終わると、今度は大人たちの番だ。彼らは集まって年長の子供や共同体のすべての男たちの見た夢を持ち寄ってたがいに報告しあい、検討し、分析を加えていく」。

セノイ族の「夢解釈」は正確にいえばふつう「解釈」といわれているものとは違う。夢の内容になにかの意味を読みとることよりも、彼らの関心は夢の世界にさまざまなかたちをとって現われてくる、あらゆる力を支配しコントロールすることによって、夢の内容を「鋳直し」、心的な力に有用な方向づけをあたえていくことにある。だから彼らの「夢解釈」は夢を理解することではなく利用することを、つまりは夢見のプラグマティズムをめざしているのである。

そのため例えば朝食の時間に自分の子供から、「ゆうべはとても恐い夢を見たよ。どんどん下の方に落ちていくんだ」という報告を受けたセノイ族の父親は、こんなふうに答えることになる。

「そいつはとてもすばらしい夢を見たもんだ。たぶん最高の夢といっていい。ところでそのときお前はどこへむかって落ちていった？　途中でどんな景色を見た？　いってごらん」

「あんな夢、すばらしいどころか気持ちが悪くなってしまったよ。あんまりビックリしたから、どこへ落ちていくかと見とどけるまえに目が醒めてしまったよ」と子供が答える。

するとと父親。「もったいないことしたもんだ。夢のなかで起こることにはみんな目的ってものがある。けれどそれがお前の理解力を越えているからわからないというだけなのだ。お前に必要なのはリラックスして、夢のなかで落下していくのを楽しめるようになるってことだ。落下こそ神霊の世界に触れるためのいちばんの近道だし、夢のなかでこそ力の領域が開かれてくる。だから夢のなかで落ちはじめたなということがわかったら、すぐに父さんが今いってることを思い出すんだ。そうすればお前は、お前に落下の夢を見させている力の源泉にむかって旅をしていくことができるようになるだろう。ようするに落下の霊はお前のことが好きなのさ。だからお前の気をひいて、そっちの世界に連れていこうとしているわけだ。リラックスして眠りつづけ、彼らの誘いについていけ。彼らはお前をたまげさせるほどの力の持ち主だ。そりゃあ、ものすごい力だ。だけど、それでも、彼らの後についていかにゃならん」

セノイ族の子供たちはどんな夢を見ても（それがエロティックなものであればあるだけ）、それに罪悪感をいだいたり、ひた隠しにして抑圧したりしてはいけないと教えられる。そのうえで父や兄のアドバイスを受けながら、しだいしだいに自分の見る夢の内容にコントロールを加えることができるようになる。こうして多くの場合、恐ろしい落下夢はいつしか喜びあふれる飛行の夢に変容し、子供は嬉々として夢の世界に分け入り、楽しい冒険を続けられるようになると、この人類学者は報告している。

2

ところでぼくもダージリンのこの寺にやってくる少し前に、ネパールに住んでいるラマ（密教の師匠）からチベット密教の夢理論と夢見の技法を学んでいた。もちろんその夢理論は、リアリティというものの多層性をめぐる仏教思想が骨格になっているから、マラヤの夢理論よりもずっと複雑で体系的で高度なものになっている。けれど、ふたつの夢理論と夢見の技法はそのプラグマティズムにおいて深い共通性をもっている。つまりどちらも、夢の内容を理解したり解釈したりそこに何かの意味を読みとったりすること、いいかえると夢内容を別の解釈システムにコード変換する夢の記号学にはあまり関心がないのである。それよりもむしろ夢を心的な力の領域だと考えて、その力をコントロールしたり変形や塑型を加えたりしながら、夢のかたちのなかに束縛されているその力を、解き放たれた自由な流れとしてとりもどすことのほうに、ふたつの夢理論の関心はむかっている。

チベットの密教が伝承している夢見の技法は、おおきくふたつの種類に分けることができる。ひとつめの種類に属する夢見の技法の訓練には、自分のほかにもうひとりの修行者の協力が必要になる。ふたりの修行者は、同じ部屋のなかに籠ってあぐらを組んで座りこみ、静かに体を揺すりながら、しだいにトランス的な夢見の状態にはいっていくのである。ふたりの修行者が共同でひとつの同じ夢を見ていく、というよりひとつの夢のリアリティをつくりだしていく。おたがいの心的な力が相手の見る夢に影響をおよぼしあって、あざやかな別の種類のリアリティを生みだしていくわけである。ところでカスタネダの読者ならば、このチベットの密教の夢見のやり方が、ヤキ・インディオの呪術師たちの伝えている夢見の方法と基本的にはほとんど同じだということに気がつくだろう。いまでは密教の伝統のなかに組み込まれ、洗練された修行法のかたちをとるようになっているとはいえ、チベットでもおそらくはこの種類に属する夢見の技法は、もともと仏教とはあまり関係のない、シャーマニズム的な精神土壌のなかで発達してきたものなのだろう。

これにたいして、チベットの密教が伝えているもうひとつの種類の夢見の技法（ぼくがラマから学んだのは主としてこちらのほうのやり方である）は、タントラ仏教に独自なものであり、しかもその身体技法は複雑で高度な密教の意識論によってしっかりと裏打ちされている。その意識論の考えによれば、ぼくたちが眠っている間に見る夢も、目覚めている間に体験する現実も基本的に同じでき上がり方をし、それぞれが多層的な心的リアリティの一部分をなしている。ただ睡眠は外側にむけられた知覚や思考の働きをしだいに弱めていくので、純粋な意識体（セム・ニー、心そのものという意味）のごく近くまで降りていくことができる。しかしそのときでも、無意識を構造化している原初的な歪み、ないし潜勢力（現象学ならばこの潜勢力のことを対象世界への志向性などと呼ぶだろう）は消えさることがないために、純粋な意識体の放つあざやかな内的な光は、歪められ輝きを失いながら、夢となってあらわれるのだ。

そこで、密教の夢見の技法は夢の内容をコントロールしながら、ついにはそれをあざやかな光のなかに溶かしこみ、無意識のなかに蓄えられている潜勢力すら消えさった「セム・ニー」の状態にたどりつくことをめざすのである。瞑想の体験がもたらす究極的な状態を、夢をつうじて夢のなかまで持続させようというわけである。

生起次第とか究竟次第とかいった密教的な身体テクニックに習熟していれば、この夢見の技法をマスターするのにさほどの日数はかからない。もっともはじめのうちは、意識的に夢を見る時間を長くしていったり、夢うつつの状態でそのとき見ている夢の光景をコントロールしたりしなければならないから、いつも不眠状態でいるみたいな不快さをがまんしなければならない。それに睡眠中の姿勢もくずすことができないので、いっそのことふだんの夢見の状態におちこんでしまいたいという誘惑とたたかいつづけなければならない。けれどその状態を脱けだしてしまえば、あとは比較的容易に、この夢見の技法がもたらすあざやかな光の状態にたどりつくことができる。こうしてチベットの密教が伝えている夢見の技法は、夢のコントロールをつうじて、無意識の奥底に潜んでいる言語的な潜勢力を溶解してしまおうとしているのだ。

夢見の技法は、精神分析学的であれカバラー的であれ、およそ夢の解釈学というものからは、はるかにはなれたところを歩もうとしている。夢を分析したり解読したり解釈ばかりしているうちは、いつまでたっても無意識の奥底に潜む言語的な構造潜勢力からは脱け出すことができないからである。無意識の言語的構造が、目覚めているときの現実ばかりか、眠っている間にみる夢までも生みだしているのだとしたら、夢の解釈学はたとえどんなものであっても、けっきょくはひとつの循環論におちいってしまう。

ところで同じことが人類学という学問の全体についても言えないだろうか。遠い異国へでかけた人類学者がジャングルを踏み分け、砂漠を横切って見知らぬ土地にたどりつき、写真や映画をとったりノートに記録したりして、持ち帰った風変わりなデータに解釈や分析を加え、おもしろい知的な図式をそこからひきだしてくればけっこうという時代は、じっさいにはもう終わろうとしているように思われるからである。この地球上にいまだに消え去ることなく伝承されている人間の知恵（その多くは夢見の技法のように身体をなかだちにした知恵である）をつうじて、それを学んでいるぼくたち自身のほうが変わらなければならない。そうでなければ、人類学はいつまでたっても西欧知の一変種にすぎないだろうし、それがかたちづくる循環論から脱け出すことは不可能だろう。人類学というものが、夢見の技法のようにぼくたちの知のあり方をほんとうに変えてしまうことができたならば、そのときはじめてぼくたちは人類学をつうじて、二十一世紀の知にめぐり合えるかもしれない。

III

丸石の教え

石のこころがめざめ、石の魂が動きだす

（『西遊記』）

1　石の民俗誌へ

もう何年も前、まだ調査などというあやしげな行為を平気で、ときにはうっとりしながらできた時期、わたしは九州の離島の小さな村にすんで、村の人、といってもたいがいは老人たちからいろいろな話を聞いては、それを手帳にせっせと書きこんでいた。型どおりの質問が進んで、話は、この村にある「伝承をもった石」のことになった。

この村、薩摩郡下甑村瀬々野浦は、東シナ海に浮かぶ甑島列島の南端にある。長い島の中心を山脈が走って、山塊は急傾斜のまま海におちこみ、村はかろうじてできた入江に点在している。背を山でふさがれ、他村との交通も思うにまかせない、たいして生産力があるわけでもないこの村に、以前はびっくりする位たくさんの人が住んでいた。そのため村人は、遠い山の中にまで畑や水田を開かなくてはならなかった。「手掛け石」は村の北東のそんな山畑の中にある。この村では、人は自分の死の直前魂をとばし、その魂は山を登り、途中この手掛け石に安らい、さらにもっと北の方にある環状列石「立石」にむけて飛んでいくと言われている。山中の泊小屋で夜あかししている村人は、ときどき今夜はどこぞの家で死人が出そうな予感をおぼえることがある。そんな晩はたいてい、手掛け石の横をふだんよく見知っている老人老婆が「よか気持で歌ばうとうて通ったり、笑うて通ったり、泣いて通ったり」する姿を見る。あけて村にもどってみると、はたしてその老人がゆうべ息をひきとってい た、というような体験をした人は何人もいるそうだ。手掛け石をなでてゆく時、歌をうたっていく人は極楽に、泣いて通る人は地獄へいくとも言っている（村の老人はほとんど熱心な真宗の信者さんである）。

村をはさんで、手掛け石のちょうど向い側の山中には、「冠石《カブイ》」という文字通り巨大なドルメン様の石が草におおわれてある。ここには、昔、年をへた白い狐がすんでいた。山下禅一ジイサンは、ある時山仕事をほったらかして、あたりを徘徊している小ウサギを追い回ししているうちに、ふと気づいてまわりを見ると、一面まるで雪のような白ウサギの群れにとりかこまれてしまった。びっくりして見上げると、冠石の上には白狐がすわってこちらをじっと見おろしている。恐くなった禅一ジイは白狐に平身低頭、ふたたび頭をあげると、もう誰もいない。冠石の白狐は子狐をつかって、よく人をだましたものだ。

タダラメの大石は、それよりもっと村に近い山中にある。今度の戦争が終わってまもないころ、一人の女の気がふれた。彼女は銀狐の出るという真夜中、タダラメの山にわけいって、そのまま行方がわからなくなってしまった。しばらくして努ジイは、山中の小川にはまって死んでいるこの女をみつけたが、山をさすらったのだろう、衣服はぼろぼろで、こんなことから、女は狐のなぐさみものにされていたと噂する者もいたという。

村の中にも印象的な話のまつわりついた、たくさんの石がある。たとえば、浜辺の大多羅神社の脇には大きな「エビス神」の祠がある。昔、宮野トジジイが朝早く海岸に出てみると、ゴロゴロと大きな音をたてて大石が打ち寄せられていた。トジジイは大石を押し上げて屋敷の内にすえたのだけれど、すぐ上に道があって人が神様の頭をふんでいくようで申し訳ないと、もっと上の段のあき地に移した。ところが、大石はいつの間にか、もとの場所にころがり落ちている。そこで、その場所に祠をつくっておまつりし、漁協のエビス神になったのである。

瀬々野浦大明神の御神石をめぐる話はもっとおもしろい。かつてこの村のある男、山仕事を一切禁じられている山の講の晩、山中に入って仕事をし、その夜は泊小屋で明かすことになってしまった。夜中、一人きりで炉にあたっていると、見たこともないような大男がヌウッと小屋に入りこんできた。なんと、一ツ目の「目一つ五郎」という怪物ではないか。この一ツ目の大男は炉にあたりながら、無言のまま、一本また一本と燃えさしを灰につきたてては消していく。このままでは殺されると思い、男は必死で家に祀っている屋敷神に念じた。すると、もはや燃えさしが最後の一本になった時、フウッと白い影が現われ、大男とにらみ合いはじめたのである。大男は「しまった、ゆっくりしすぎた」と叫び、大きな音をたてて小屋の屋根ごとさらって、峰一つ越えたウンヌ浦に逃げ去った。この時の音があまりにものすごかったため、何人もの村人が空中を飛んでいく小屋を目撃していた。屋敷のすみにあった自然石を神体として神社を造ったのはそれからのこと、この神社は今でも、この村出身者の多い大阪などで、多くの信者をあつめている……。

こんな話を際限もなく聞いているうちに、わたしはふと、あることに気がついた。石にまつわる伝承というのは、いずれも村人の体験した事件というか信じられないような出来事にかかわりをもつ、幻想的な物語を構成している。ところがよくみると、冠石の場合のように村から遠く離れ、しかも生活の場とあまりつながりをもたない石にあっては、その物語は幻想が戯れるままに放置してある。つまり超自然的な光景を描写する逸話で終っている。それにたいして、エビス石や瀬々野浦大明神の神石のように、村の中にあって生活や意識に深いかかわりをもつ石では、この幻想に変形が加えられて、村の精神世界をかたちづくる意味の世界の方に吸収、回収されているように思えるのである。いいかえれば、事件のショックがつくりだす幻想の戯れが、善と悪とか、生と死とか、豊穣と病とかの価値づけをともなう意味世界に組み入れられ、海という異界からもたらされたがゆえに村に豊穣をあたえるエビス石や、死や不毛をもたらす一ツ目妖怪を撃退する神石などをめぐる、弁証法的構造をそなえた物語がつむぎだされてくる、と思われるのだ。

村という共同体は、ある意味で幻想を食べて生きているが、いつでもその幻想を意味の世界へ回収しようと身構えている。そこでなにかの拍子でこの回収作業が働かなかった場合、伝承はいつまでたっても逸話のレヴェルにとどまってしまうことになるだろう。じっさい、この村にもそういう石伝承が存在する。村なかの畑に巨石が露出し、まるで村におおいかぶさっている風にしてあれば、当然そんな石にはいろいろと伝承がうまれてもよさそうなはずなのに、宮野良秀さんの裏畑にある権現石の場合、事情はちょっと複雑だ。たしかに権現石をめぐる言い伝えというのはある。ある時、宮野さんの祖母が夜なべ仕事に木綿織を織っていると、なんとなく外がにぎやかな気配なので、ふと、破れ障子から外の様子をうかがってみた。すると、権現石の前で白い衣を着た小さな二人づれが、月明りに陽気に踊っている。不審に思った祖母は祖父をゆり起こして、外をのぞいてみろと促したけれど、はじめ祖父は「それは神様だ。神には縁のある人とない人とあるから、誰が見てもよいというものではない」と言って見なかった。しかし、それでもしいてすすめるので見てみると、もう誰もいない。そんなことがあってから、間もなくのことだ。祖母が村道を歩いていると、鉄をするようなザランという音とともにいきなり何かがぶつかってきたはずみに転んで、気を失ってしまった。家に帰り祖父に話すと、それは子供の好きな権現石の神が、下で騒ぐ子供の様子見たさに降りてくるのに出会ったのだろうということになり、先夜の体験が思いあわされたのであった、というのがその話である。

ところが、この話を伝えるのは村では宮野さん一家だけで、たいがいの人は知らないし、この話自体、幻想的な逸話以上のものに成長するきっかけを失っているようにみえる。こんな場合考えられるのは、幻想の母体となる事件の体験がある程度村の人々に共有されないかぎり、共同体はそれを意味の世界に回収しようという積極的な働きかけをおこなわないので、幻想は奔放に戯れつづけうるのではないか、ということである。

とにかく、一口で「共同幻想」といってもそれは重層的なできあがりをしているわけであるから石の伝承だけをとりあげて考えつめていっても、この村の精神世界の構造だとか秩序とともに、そこからのズレ、逸脱などを見通すことができるのではないか――その時わたしはそんなふうに考えた。いまだにそういう試みはじゅうぶんにおこなわれたことはないが、もし一つの村について刻明な「石の民俗誌」というようなものが編まれることになれば、その村の精神世界を読みといていくうえでの、大切な手掛かりを得ることになるだろう。

石の伝承が、この村の人々がいだく世界観や歴史意識にどんなに大きな影響をおよぼしているか、この村の背後の山腹に欝然とそそり立っている「トシドン石」という巨石くらい、そのことをよく示しているものはないだろう。トシドン石を想像上の中心にしながらこの村にとって大切な行事がいとなまれ、またこの石に潜む磁場のようなものにひきよせられながら、この村の人々の歴史意識をつちかってきた重要な伝説がうみだされたからである。トシドン石という名称は、この周辺の村々で年の暮におこなわれるトシドンという仮面来訪神の行事に由来している。下甑や中甑の村々で大晦日の晩あらわれるトシドン神は、東北地方の生剝や南西諸島のさまざまな仮面神たち、また遠くはヨーロッパ農村のサンタ・クロースやペール・ノエルにも共通点をもつ来訪神である。シュロ皮をかぶり、目つっぱりをして変装した老人たちが、旧十二月二十九日の晩、カンカンと鉦を打ち鳴らして子供のいる家を訪れ、子供を威嚇したり教化をあたえたりしてから、年魂のモチをくれて去っていく。

ところで周辺の他の村々では、トシドン神は空の上にある天道から訪れると説明しているが、この瀬々野浦ではこれを海上他界や「トシドン石」に結びつけることによって、宇宙論的な次元とも言うべき深みをそなえるようになっている。親たちは子供らに次のような話を語ってきかせるので、大晦日の晩には子供たちにとって村全体の空間が、恐るべき仮面の神の登場する幻想の舞台と化してしまうのである。

年の晩、異形のトシドンが闇夜の荒海をわたり、貝殻舟にのってくる。トシドンはあのトシドン石のところで子供たちにやる年魂のモチをつく。だから、そうら、トシドン石の下の涯からわいてくるわき水は、年の暮になると米のトギ汁を流したように白く濁っているだろう。トシドンはトシドン石のところから首ちぎれ馬をお伴に、鉦を打ち鳴らしながら村におりてくる……トシドンはあの巨石の真下にあるサエが松のところから、いつも子供たちのおこないを見張っている。

恐ろしいトシドンの行事は、トシドン石のイメージと重なりあって、子供らの心にさぞや深い刻印をのこしたことと思う。女の子などは巨石のそばに近づいてはいけないとさとされ、老人たちでさえ、この石には特別な感情が心の奥からわいてくるようだという。瀬々野浦の出身者に神経質な人が多いのは、ここのトシドンがやたらと恐いからだ、と説く学校の先生までいる。

ところで、山中にある石はもとより、村なかにある石でさえ、伝承のある石は多かれ少なかれ他界的なイメージにつながりをもっているものだが、それがこのトシドン伝承になると、山中の神秘的な巨石をなかだちとして、仮面来訪神を海上と山中の二つの異界にむすびつけることで、どの石伝承にもまして深々とした印象を与えている。それに同時に、このトシドン石は強力な意味の磁場のように働いて、この村の歴史意識にとって重要な伝説の形成にたずさわったことがある。その伝説とは、トシドン石の真下の山腹にあった「サヘエ屋敷」をめぐるもので、昔そこにあった松の大木にちなんで、村ではサヘエが松の話と呼ばれている。伝説はサヘエとその子サデエの時代に起こった異常な事件を語り出す。

もう明治以前のこと、毎年毎年、年の暮になるとどこからともなく大きな男がサヘエとサデエの家にやってきては、御馳走を出せ何を出せといって要求する。そんなことがもう何年も続くので何か危害を加えられるのではと恐ろしくなったサデエは、事の次第を小庄屋の宮野角三に届け出た。小庄屋はこれを士族部落であった手打の役人に届けると、それは放置できないと、いよいよ今年の年の晩に処分することになった。さて当夜、役人が瀬々野浦の仮屋で待機していると、サデエのもとへ例のドテラを着た大男が現われ、いつものように強要をはじめた。ところがサデエの妻はしっかり者だったから、この時大釜にカラカラと湯を沸し、大男が炉に大股はって御馳走を食べているところをみはからって、湯を炉の中にひっくり返した。大男は目に灰をあびて「しまった、ゆっくりしすぎた」と叫んだが、その時すでに遅く、役人の刀はふりおろされていた。そのたたりでサヘエとサデエとその娘オセンと、この家の者はつぎつぎと盲目になり、不幸がたえず、とうとう家も絶えてしまった。

この伝説が全国に流布している異人殺害伝説の一つであることはまちがいないが、さりとてそのような一般性に解消してしまうのも抽象にすぎない。この伝説はこの村の人々にとって過去に起こったじっさいの出来事を語るものであり、村の歴史そのものにほかならないからだ。事実、この伝説がかつてこの村社会を揺るがせた事件をもとに、しだいに形成されていったものと考えるほうが無理がない。では、この伝説の場合、事件のショックが社会全体に共有され、持ち伝えられていくさい、いったいどんな仕組みが働いていたのだろうか。それをみるには、事件そのものに比較的近い所にいた人々の語るもう一つのサヘエが松伝承に照らしてみるのがいい。サデエの娘で盲目のオセンのもとに養子にはいった人の弟で、現在サヘエが松跡の土地を管理して、そこに祠をたてている宮野正信さんの語るものである。

「サデエの時代に山伏みたいな男が毎晩あらわれては、何やかやと要求するので困りはて、手打の役人を呼んで首を切ってもらった。さて、わたしの時代になって、男の子が三人生まれたのに皆早死してしまった。そこで二十年ほど前、鹿児島から評判の祈禱師を呼んで占ってもらったところ、祈禱師はたぶん村に流布しているサヘエが松伝説を聞き知ったのだろう、『首を切られたのは天神なる偉い修行者で、事件は年の晩に起こったものである。人を殺せば七代たたるの諺、天神の祠をたてて霊を鎮めるように』との卦をだした。そこでわたしは屋敷跡に天神祠をたてたのです」。

村の人々が広く伝えているものと、孤立した家筋で伝承されてきた話とをくらべてみると、村の社会全体に深刻なショックを与えた事件を「語るもの」につくりあげていく過程に働きかけていた政治操作のようなものが、見えてきそうな気がする。つまり村の人々が伝えるサヘエが松伝説では、たびたび訪れて宿や食べ物を求めた民間宗教者が、年の晩に時をさだめて訪れ特別な料理を要求する得体の知れない大男として描かれ、その殺害は異界から訪れる者に対する畏敬と怖れのいりまじったアンビヴァレントな感情にうらうちされるようになることで、事件そのものが村という秩序をもつ社会的身体に加えられる非社会的暴力とその除去の物語につくり変えられている。しかも暴力の排除につきまとう殺害の罪についてだけは、そのおよぶ範囲をある家筋にふうじこめ、それでその家の没落を説明している。その家の者がつぎつぎと盲目になってしまったのは、きっと殺された男が灰で目をつぶされたかなにかしたからに違いない、村全体のために得体の知れない異人は殺す必要があるけれど、殺人の罪は村全体におよんではこまる、というわけである。

　さて、この物語ができあがってくる過程に、事件のあったサヘエ屋敷のすぐ背後の山腹にそそりたっているトシドン石の存在が、大きな影をおとしていることは、すぐにみてとれる。年の晩に毎年きまって訪れ、特別な食べ物を求める謎の大男とは、海のむこうからトシドン石をめざして来訪するトシドン神そのものにほかならないからである。村は、その祭りのなかでは、異界からの来訪者をみずからに豊饒をあたえる者として、おごそかにむかえ入れるのに、自分の同一性《アイデンティティ》を確認する歴史意識を投影している物語のなかでは、カムフラージュされた神殺しを語り出しているわけだ。

　この村にはいった調査者に、村の人がまっさきに語りだすのはたいていこのサヘエが松伝説である。それは、村の人自身この伝説のなかには自分の生きている社会の（神話的な）起源が語られていると、無意識のうちに感じとっているからに違いない。だから、瀬々野浦という村の精神世界の深層にはトシドン石伝承が一つの核としてあって、それがこの村の伝統的な世界観だとか歴史意識などを培ってきたのだといっても、あながち言いすぎではないような気がする。トシドン石の巨石は、この村にとって、いわば「生命の石」なのである。

2 石の記号論から

村を歩いていて、それは石に特別な興味をいだいているわたしだからそう思うのかも知れないが、日本民俗学という学問がその出発にあたって、山でもなければ木でもない、石をえらんだことには、たしかに何か偶然以上のものがある。それは、この国に生きた人々が、みずからの幻想や歴史意識を定着させ、刻みつけるメディアとして、とりわけ石を好み、そのため石の伝承、石の信仰にはその社会のもっとも奥深い層に触れる質のようなものが保存されているからではないだろうか。

では、どうして石にはそんなことのできる力が潜んでいるのだろうか。一言で言えば、石が越境する存在だからである。石は、地上と地下との、日常的な人の世界と異界との、生きているものと生きていないものとの、もっと神話的なレヴェルでは、現世と冥界との、生者と死者との、現在と過去との、そして心のなかで意識と無意識との閾《しきい》＝境を越え出ていく力をもっている。石は大地から生まれでたものには違いないが、ある懐しい材質感をそなえているため、その不動のイメージが生命を欠いた世界に埋もれてしまうこともない。かといって人の世界になじみきってしまうわけでもなく、人の能力を越えた力の領域に触れながらも、その力が人の世界に奔流してきてしまうのをふせぐフタのイメージも併せ備えている——いずれにせよ、石が日本文化のなかで、象徴的エネルギーを解放する重要なメディアの一つとなってきたことは確かだ。

しかし、いざ石がよびさます感動を正確な言葉でとらえようとすると、わたしたちは打ち克ちがたい困難に出会うというのも、また事実である。その感動といおうかその感覚は身体を通りぬけていくヴァイブレーションのようなものとして、もともと言葉の構造とはあいいれない異質な体験の層にぞくしているので、わたしたちにせいぜいできることといったら適切な修飾語、適切な隠喩《メタファー》をみつけることぐらいなのかも知れない。そのため、石との交感の場は、同時に言葉＝意味的なものとのせめぎあいの場となってきた。

ここでは形状石と呼ばれる不思議な石の場合について考えてみることにしよう。石に生物の姿を認め、石と生物との間の隠れた関係がみいだされた時、亀石、蛇石、牛石、ビク石などの名前をもつ形状石がうまれる。この場合、類比（アナロジー）の働きのために、生物／非生物の境が越えられてしまい、ほとんど神聖感に近い不思議な感情がよびさまされるものだが、この感情のよってきたるところが、掛け言葉という言葉あそびの場合によく似ているといったら、多少唐突にすぎるだろうか。じっさい、掛け言葉は、ある言葉が表の意味のほかにもう一つ別の、あるいは複数の裏の意味をもつように仕組まれている。そこで、ふだんはかけ離れた場所に置かれて、とうてい両立しがたいと思われた意味の場が不意に結合されてしまい、その結果、表の意味はズッコケてとたんに言葉の世界は遊びにみちた多義的空間に変貌してしまうのである。掛け言葉の場合、離れていたものを無媒介的に結びつける「隠れた関係」は、音の共通性によっている。これとよく似たプロセスで、形のなかに潜む隠れた関係をみいだそうという誘惑が石にふりむけられる時、不意に生き物というカテゴリーに接触したことで、石は動物みたいに身をよじり、うねりはじめたような奇妙な感動をあたえるようになる。

しかし、この遊びめいた精神の仕組みは、宗教的感性へのとば口でもある。それはこんな話によく示されている。津軽を旅していた民俗学者の早川孝太郎は、龍飛岬で二つの小石を拾うが、それはこの地で聞いたイタコの話がそう促したからであった。「あの地方に今ある巫女《いたこ》達が、その信仰に入る過程として、浜の波打際などを歩いて居て或石に邂逅する。数ある中には特に犬とか猫又は猿などの貌を現わして居た物がある――主観的にであろうが――それを獲た次の瞬間から精神状態も異常を加えてくる。一方から云うと石が喚びかけて居たのである」(1)。巫女は霊界の声を生きている者たちに伝えることのできる特別な能力にめぐまれている。その入巫（イニシエーション）の決定的瞬間が、小石との邂逅によってもたらされるというのである。ある小石のなかに、犬や猫や猿など生命あるものの姿が見えた、と思うその瞬間から、イタコにはこの世界が常の人に見えるのとは違った相貌でたちあらわれ、物と物、現象と現象、物と現象を結びあわせている見えない糸のようなものが感知できるようになって、物や現象を分け隔てた上で統合するという常のありようとは異なる、生命の交感にみちた別の世界が開けてくるのであろう。

知覚や思考の習いがぐらつく意識の薄明の領域は、また説話への欲望がめざめる地点でもある。たとえば、牛石と呼ばれる形状石は次のような具合に、二重、三重と言葉的な想像力の膜におおわれるようになる。野本寛一が『石の民俗』で紹介している清水市牛ケ谷桃林寺の裏手にある牛石には、次のような五つの異なる伝承が語られているそうだ。(2) その一つは、桃林寺の伝える縁起譚である。四百有余年以前、駿州道日山に修行中の道日禅師のもとに一匹の黒い牡牛が現われ、禅師もこの牛を愛した。この牛は奇特な行ないが多く、人の言葉も理解する。この牛が後年死んだ時、村人はこの牛を山を越えた葬地にはこぼうとするが、途中で余りに重くなったためどうすることもできず、その地に葬った。これが現在の桃林寺のある土地である、というもの。この話などは、眼の前の石に実現されている生命あるものとないものの共存（共時的共存とでも言おうか）を、生きていた牛が死んで石に化すという時間にそった論理に組みかえなおして、すこしでも理解できる方へ近づけようとしている。もう一つの伝承は『古蹟首白山の栞』に載ったもので、ほぼ前の話と重なり、後半部に輪廻譚や法力譚などをつけて、いっそう合理的な話にしたてている。三つめの話では「昔、石屋がこの石に鑿を入れたら血がほとばしり出たので、祟りを恐れてお宮を作り、牛石として祀った」(『静岡県伝説集』)という、牛石を見た感動をさらに具体的なイメージにおしひろげたものになっている。四つめの伝承によると、「この牛石は、梶原景時の墓石を運ぶ時死んだ牛がなったものである」(『史話覚え書き』)といい、五つめのものは「里老伝、此石は雌石なり、梅ケ谷牛欄寺の牛石は雄牛なりと、されど何なる縁故ありて、此雌雄の牛石あり」(『駿河志料』)という雌雄対石譚である。このうち、一つめ、二つめ、四つめの伝承はある種の論理性のうちに知覚を回収しようとしているようにみうけられるが、それに対して三つめ、五つめの話では知覚は人間化されたイメージや意味のなかに組み入れられている。説話への衝動は、いずれの場合も知覚の遊走性を意味世界に固定しようという方向に働いている。

ここからさらに、石が呼びおこすイメージの運動が、社会的にも重要な意味世界の体系に回収される、つまり善と悪、生と死、豊饒と不毛、内と外、自然と文化など二元論的思考のあやなす文化機構のうちに捕獲されるようになる過程を考えることができるようになる。ここでは話を、それが典型的にあらわれている道祖神祭りにかぎることにしよう。道祖神に祀られた石神がある種の二元論的思考を前提とする両義的なイメージでとらえられていたことは、道祖神の火祭りに石の神を焼く習俗をみるとよくわかる。信州あたりでは、長い枝の先に三叉にさした三つの団子をドンドの火にかざして、「鬼の目団子」とよんでいるところがある。これを戸口に挿んでおくと鬼が覗きにきて、その眼が三つあるのを見て驚いて退散するというのである。(3)こんなふうに火祭りの道祖神は、だいたい邪悪をはらう役目をになっているのだけれど、一方では道祖神そのものが邪悪なのだと考えられているふしもある。大護八郎が報告している神奈川県山北町の道祖神祭りがそのよい例だ。この村の各字にはそれぞれ自然石の道祖神があって、正月十四日の晩にはそれがみな火にくべられて焼かれるので、焼けだされたセイノカミたちはみな逃れて、大セイノカミと呼ばれる神尾田の石祠におさまった双体道祖神のもとに集まってくる。そこで村人は十五日の朝、大セイノカミの前でドンドの火を焚き、逃れて集まったセイノカミたちを一網打尽に焼きつくすというのである。(4)この祭りで、セイノカミはどうみても悪霊そのものとみなされているようである。

境の神としての道祖神の性格は複雑で、多くの研究がなされてきたにもかかわらず、今もってよく分らない部分がたくさんあるので、ここでは道祖神そのものの問題に深入りはできない。それでも、いろいろな習俗をみてみると、道祖神の石神は邪悪をはらい、「塞《さえ》ぎる」と同時に〈悪〉をも内在させるという両義性をそなえ、その〈悪〉の部分を象徴的に焼き滅ぼすために大きな火をたいたり、場合によってはそのなかで石を焼くという思考が、潜在的にあることはたしかなようである。これは道祖神の石神が境に立って、村の秩序や安寧をそこねる悪霊の侵入を「塞ぎる」霊力をもつという、その原初的な役目の一つと深く関係している。なぜなら、悪霊を塞ぎるということは、異質な力のみなぎる世界に触れ、それとつながりを持つことにほかならないのだから、そういう存在はみずからのうちに相反する二つの性格をあわせもっている必要があるからである。道祖神の石神は、「石の越境性」をあざやかに象徴化して示している。それは、村をその外または奥底に潜む異質な力の領域につなぐ仲介者としての両義性をそなえている。あの異質な力の領域は、ふだんの生活をおびやかしかねない過剰にみなぎり、そのため日常意識にとっては危険な悪霊的な領域のようにみえる。ところがそこはまた、作物の生命と村の生活を根底でささえる活力の源でもあるから、これをしっかりと定まった儀式の回路をつうじて確実に導きいれれば、豊饒をもたらし女や生き物たちを孕ませる神秘な生命力を授けてくれるだろう。こうして悪神である道祖神の石神は悪神を塞ぎり生命の力をもたらす、善神、性神、農神ともなるのである。

一般的にいって、道祖神祭りは、新しい年のためのタマ（霊力）を増殖させ、象徴的なかたちで村に豊饒を導き入れる回路であり、子供がその主役となる。山梨県の冬の村々に多彩にくりひろげられる道祖神祭りも、そういう特徴をよく示している。二つほどの実例をあげてみよう。

国鉄中央線梁川駅の裏手の山裾にある彦田の村の道祖神は、馬頭観音寺へ向かう急な石段の中ほどにある。大小の丸石を二つ積み重ね、それを小さな杉の社がおおっている。正月十四日、大勢の子供たちが松の木でつくったたくさんの男根（オンマラサマ）を道祖神場から引き出し、新婚の者がでた家をかわきりに、村中の家々を「オンマラコイコイ」の掛け声とともに引き回す。オンマラサマには特に養蚕の大当り、新嫁の孕みをもちきたらす力があるという。これがすむとドンド焼の火がたかれ、この火中に丸石の道祖神の一つが投げこまれて焼かれるのである。人々は持ちよったマユダンゴを火にかざし、病を除く呪力をもつこのダンゴを食べ、焼かれた石神がもとの場所にもどされて祭りは終る。

また、南都留郡河口湖町大石では、村内二ヵ所の道祖神を日月明神の社前に集めて祀っている。小正月の何日も前から、今年厄年の男たちがこの道祖神場に巨大な御神木を立てて準備を整えている。十四日の晩、ドンドの火が盛んに燃えさかるうち、酔いにまかせた青年たちと、巨大な御幣を手に持つ子供らによる村内祝いがはじまる。この一団は歓声と「ゴイワイモウソウ」の唱え言をかけつつ、猛烈な勢いで家々に押し入る。この一団はまた勧進銭を集める祝儀箱をも引き歩き、日頃評判の悪い家だとか、勧進を出ししぶる家には若者たちがなだれこんで荒し回ったものだ。祭りは夜遅くまで続く。

こういった道祖神祭りで特に印象的なのは、なんといっても子供らの生き生きとした姿である。子供たちはこの祭りで、まず大人の社会と対立するような自分たちだけの自律的な集団をつくりあげる。そして、大声で唱え言を叫び騒音楽器を携えて、暴力的な大人の社会に侵入し、大人たちはこの子供らに食べ物や供物をあたえ、かわりに象徴的な豊饒予祝をうけとるのである。これをみると、どうやらこの祭りは一面において、大人の社会と子供の集団をくっきり分離し、家に籠る大人が社会性を表象するならば、すこぶる侵犯的な子供組の行動というのは、社会性とは異質な力、つまり非社会的なるものを表象する仕組みらしいことがわかる。もっと象徴的にいえば、子供は死者を、大人は生者を表象し、祭りの期間中、村中はおびただしい死者の群れの来訪をうけいれ、生者は死者に食べ物を与え、死者はその交換に豊饒予祝をさずける。したがって、子供組（子供＝死者たちの規律正しい集団）はこの象徴的交換の儀礼のメディアであり、さらにいえば二元論的思考にとって仲介者の働きをしていることになる。こうしてみれば、道祖神祭りに演じられる子供と大人の象徴的交換は、道祖神の石神そのものに内在している両義的構造とみごとな対応をしめしていることがわかる。子供組の振舞いは、いってみれば道祖神の〈正《プラス》〉の側面が押えつけていた〈負《マイナス》〉のもう一つの側面（悪霊＝死者的側面）を解き放って、これをかえって豊饒をもたらす〈正〉に転化させるわけである。子供たちにこんなことができるのも、実は子供が石神によく似た「越境性」をそなえているからで、子供と石との結びつきを示す民俗は、赤子石や夜泣き石の伝承をはじめとして、たくさんみつけることができる。

ともあれ、このようにして石にひそむ「越境性」は象徴的に昇華されて、ついには二元論的論理にとっての仲介者の地位にまでのぼりついていくことになる。

3　非文化のかたち

ところが丸石の場合、説話をうみ神に祀られる他の多くの石とは、どこかが違っているのである。その違いはごくわずかだけれど、神の感覚と文化の構造とのかかわりを考えていくうちに、その違いはしだいに大きなものにひろがっていくように思われる。

まず丸石神のかたちだが、それは人を類比（アナロジー）への誘惑にさそうにはあまりに抽象的であって、生き物のなかにはこれと似たものをめったにみつけることはできない。それに、かりに球形や卵形の石が知覚の習いをぐらつかせるような異化効果をもっているとしても、それらの石は知覚の秩序につっかかっていくどころか、逆に知覚を純化し優しくつつみこんでしまうような包容力さえあって、「石の越境性」という点からみてもその異化効果はせいぜいアイマイなものでしかない。おまけに、丸石はある種の空虚をつくりだすが、その空虚は充実し、しかもどんより重たい稠密性のイメージなど離脱して、いっそ軽やかな充実を感じさせるのである。また、たしかに丸石は〈産出〉のイメージにつながっている。しかしこの産出は、豊饒や生殖といった言葉がふきかけてくる動物らしい臭いとは、あまり縁がない。むしろそれは、海が絶え間なく無数のアワを産出する場合のように、イメージの有機質みたいなものをつきぬけて、イメージという媒介もなしに素っ裸のままわたしたちの身体をつきぬけていく感性の運動性そのものを体験させる。

つまり丸石は、なにかの意味の隠喩であったり、観念を模倣するものではなく、宇宙的なリズム、呼吸とでも呼ぶべきものの感覚的抽象化にほかならないのである（これに較べれば、男根を模倣した石などたかが知れたものではないか)。このため丸石は生命/非生命という二律背反までのがれて、物質に生命がふきこまれるという観念につきまとう魂すら、追いはらっているように、わたしには思われる。結局のところ物質に対する精神の優位性を示すことになる、死んだ木偶に生命を吹きこむ魂などよりも、丸石がみずからを開いているのは、もっと無分別なにものかである。

丸石は深層を産出しない、と言いかえることもできるだろう。丸石は、隠された、抑圧された闇の部分などを、みずからつくりだそうとはしない。そこには、現実そのものの力が観念ぬきで無媒介的に戯れあい、うねり、伸長し、収斂しつつ自己生成する世界が、裸形のまま輝きわたる表情で、わたしたちの意味的世界に顔をのぞかせている。丸石があたえる感動というのは、表層と深層との境界が演出するそれとは異なる、いわば徹底的な表層体験なのである。

石子順造ならこんな場合、丸石とは形・造型として表面にさらされている「非文化」の姿にほかならない、などと書いたかも知れない。こんなことを言いだすのも、晩年の数年というもの夢中になって丸石を追いつづけていた石子が、彼自身キッチュや漫画やガラクタなどを相手になんとかして概念化しようと格闘していた「非文化」の考えが、丸石のなかにずばり表明されているのではなかろうかという直感に、死ぬまでつきうごかされていたように思えてならないからだ。石子のいう非文化は、「反文化」という概念を意識し、それを批判す

丸石神——宇宙のリズムに律動し自己生成する非=中心化システム
山梨県塩山市宮組（撮影＝遠山孝之）

る意図をこめて使われた言葉である。じっさい、非文化は反文化よりわかりにくい。反文化ならば、それはさまざまなスタイルで制度に挑みかかって、世界をいきいきさせたり、それまで中心化や統一をはかってきた制度に対立して新しい意匠の別種の制度（パラダイム）をうちかためようとすることとして、納得もされるだろう。ところがこまったことに、反文化は自分を文化の周縁であるとか底辺であるとかみなすことによって、中心と周縁、文化と自然といった観念の境界線をつくりだすわけだけれど、文化にはこの反文化を吸いこみ奪っていくところの虚空間がしつらえてあるので、反文化は中心と周縁とからなる世界の全体像を提示するという文化のもくろみを補強することになってしまう。つまり、反文化の身振りは、たえず自分のなかに自分の周縁を産出することで、不断の生命力を更新してきた制度的文化の身振りと、いやになるほど似てしまうのである。

ところが非文化のほうはといえば、文化の装置の気をひくこともないし、また好んでそこに場を得ようなど思いもかけないそぶりで、いっこうに勇ましいところはない。非文化は、文化＝反文化の二元論がこしらえた言説の場が回収しがいのない、一種ののっぺらぼう、空虚、無でしかないのである。観念の言葉のずさんさに回収されたり、なにかの価値などをつなぎとめておくよりも、現実なるものの力と無媒介的に素手で戯れあうことを好み、それによって捏造や水増しされない状態にある真の人間的能力の誕生の場に立ちあい、徹底的な象徴性、徹底的にのっぺらぼうな畸型ぶり、徹底的なユートピアに輝きわたっている——そのようなものとして非文化を考えることができるだろう。この非文化は、文化の装置の表面にさらされる時には、たいがいその周縁部や境界部につつましい場所をあたえられて、文化となにがしかの関係をとりむすぶことになるけれど、文化を拒んだり逆らったりはしないので、たいていの場合、文化をいらだたせることもない。そのかわり、それは根っこやら出入口をたくさん持っていて、根絶やしになんかできやしない。

　ところでこの研究をはじめた頃は、陽石などは神社のような村の中心に置かれることが多いのに、丸石は道祖神場という村の世界観における境界、死と再生を底在させる成人戒《イニシエーション》と遊戯性の場におかれるという事実から、すでになにがしかの構造が見通せたような気になっていたものである。ところが丸石神との出会いをかさねていくうちに、道祖神場に丸石が祀ってあるということには、それを境界性の神としてとらえる文化の構造論からぬけおちてしまう大切なことが潜んでいるように思えてきた。つまり、丸石を「非文化のかたち」としてとらえるとき、見えてくるなにものかである。

　丸石はいうまでもなく丸い形をした石であるが、それを神のかたちとして選び祀るとき、人々は丸石のなかに見えないかたちというものを、確実に感じとっていたはずなのである。わたしはさきに、丸石は宇宙のリズム・息の感覚的抽象化であると書いたけれど、知覚のゲシュタルトが見える形としての丸石をとらえるとき、意識《こころ》はそれを越えて宇宙のリズム・息という見えないかたちをとらえていたはずなのだ。それゆえ、丸石は自然言語に基礎をおく文化の言説にとってはある空虚をつくりだす。なぜなら、丸石に具現されている宇宙のリズムは、分節し階層構造化し、中心のまわりに固定し全体化しようとする文化の原理とは、異質な原理にしたがっているから、文化にとっては何も語らない空虚としか見えないためである。

さて、たいがいの文化は、手におえない空虚というものを前にして、その扱いに苦心している。ひとつのやりかたとしてこの空虚をタブーの領域として深層の闇の部分に抑圧し（悪や穢れの形象）、祭りのようなしかるべき回路をつくって時おり文化の表層構造に噴出させる方法がある。もうひとつは空虚に具体的な形象を与えず文化の言説の場から排除したうえで、宗教機構をつうじて、その空虚を自分の中心に据えておく、つまり中心としての神という形で空虚そのものを文化に回収するのである。こう考えてみると、わたしはこの土地の人々が、道祖神に丸いかたちの石を選びだし、何気なく祀っている様子に、彼らが得意とするあの深沢七郎風ののっぺりしたユーモアみたいなものを感じとってしまうのだ。丸石は空虚、無をつくりだしているが、威圧的なところはさらさらなく、人々もそれをしごく何気なくあつかうので、空虚を中心に回収しようという誘惑はたくみに回避されている。また、道祖神は、ふつう、村の内と外、社会的なものと非社会的なもの、生と死、中心と周縁などの二元的論理の仲介者として境界にたつ両義性の神だと言われている。その境界の神として、こともあろうに、そんな二元論的思考の構造を逸脱し、脱出していく運動線の造型たる丸石が、表層も深層もない、抑圧された闇もないのっぺらぼうの丸石が、すまして座りこんでいるのである。こいつは相当にしたたかな冗談ではないか。

残念ながら、今のわたしには、たとえばなぜ山梨県のこの地域にだけこんなにも集中的に丸石道祖神が祀られているのかといった問題を、社会学的・歴史学的に説得力をもって説明できるようなうまい知恵はない。いや丸石を説明するなどと偉そうなことを言うどころか、わたしにはかえって丸石から教えられることのほうが多かったのである。この数年間あきもせず丸石神とつきあったおかげで、今では自信をもって言えるが、民衆的文化の可能性というものは、ある中心的権威に収斂していく樹木＝根状のありかた、いいかえれば大地に深く根をおろし天空にのびていく宇宙樹を中心に世界を組織だてる思考法につきるものではないのである。こういう中心化または多中心化（日本に唯一のではなく複数の天皇、複数の系譜をみいだしていこうとする考え）システムに対立して（というか、もともと対立など好まないのだが）、丸石神は中心ぬきの多様体としての文化の豊かさ、たくみさというものを提示している。樹木にはいつも系譜、系統的なところがあるものだけれど、この非中心化システムでは系譜や限定関係につきまとう祖先の亡霊は消え去り、そのかわり各瞬間に各人の間の強い相互作用が働きあって、その結果の総体が自分自身をうみだしていくような自己生成性が原理となっている。それはさまざまな場所にたくさんの根を生やしている多様体だから、絶えず伸長し、折れてもまた生えることをやめない。一つの秩序を固定しようとしないから、ここといあそこ、内と外という存在論的二元論はなく、深層を産出しようとしないから、善と悪という価値論的二元論もない。

だから、丸石神がユニークなのは、それが他の仲間の神々のあり方を批判する神であるからだとも言えるだろう。他の多くの神々は、樹木＝根の中心化機構の原理に結びつき、権力の構造に易々と組織化されてきた。丸石神は、非文化のスタイルを守りぬくことによって、そのような神々の処世術に警鐘を鳴らしているのである。

注

（1）早川孝太郎「石を拾う民俗を対象として」『石』（岡書院、一九三二年）、八四頁。
（2）野本寛一『石の民俗』（雄山閣、一九七五年）、二〇七～二〇九頁。
（3）大護八郎『石神信仰』（木耳社、一九七七年）、五四二頁。
（4）同、五四三頁。

視覚のカタストロフ——見世物芸のために

1

見世物が好きだと言いたいために、人類学者の集まるこのようなシンポジウムで話をするのには少しばかり勇気がいる。もっともここには祝祭やカーニヴァル的なものに好意を寄せている方々がたくさん集っているので、見世物を話題にしたからといってさほど奇異にうつることはないだろうが、一般の知的世界ではまだまだ、そんな対象について語ることにどれほどの価値があろうかと疑いをもって見られることのほうが多いのである。

しかしわたしは見世物について語ることがいささかも奇をてらった風狂であるとは思わない。むしろこの機会を利用してわたしが述べたいのは、見世物の研究が人類学や近年発展をとげてきた記号論の文化理論にとってひとつの試金石になる重要な領野をなすだろうということである。

見世物は文化構造の限界点のようなところにふれているきわめてラジカルな娯楽である。

それは文化なるものがくずれ落ちようとする瞬間に人々が立ち合う機会をあたえ、それによって人々に快楽や歓びや驚きを、またごくまれには不安や不快感をよびおこそうとするのである。このような特異な対象をとらえつくすために、人類学はまだじゅうぶん洗練された記述の方法をもっていない。

また同時に見世物は、今日の人類学にとってもっとも重要な課題のひとつになりつつある都市を語るにふさわしい柔軟な理論の言葉をねりあげていくために、欠かすことのできない素材でもある、というのがわたしの考えである。これから始める話がうまくいって、見世物には近代文化の核心にふれるような本性がそなわっていることを印象づけることができれば、それでわたしの話は目的をはたしたことになる。

2

わたしたちがここで「見世物」とよんでとりくもうとしているのは、寺社の祭礼や開帳、縁日などにその境域で小屋掛けをしたり、都市の盛り場に常設の場所をつくって、入場料をとってさまざまなアクロバットや手品に軽業、風変りなオブジェ、幻惑的なパノラマなどを見せる伝統的な日本の大衆娯楽である。これにはまた木戸などを設けず空地や大道にできた人垣のなかで芸を演じ、見物人から投げ銭を乞う大道芸などもふくめることができる。

「見世物」という言葉を文字どおりに理解すれば、それは視覚オブジェを特別な仕掛けをとおして観客にみせる娯楽装置としてとらえることができる。だが「あれはまるで見世物だ」という言いまわしからもわかるように、この言葉にはつねに独特の含意がこめられている。つまりそこには、ケレン味たっぷりでまるで真実らしさにとぼしい、エキセントリックで悪趣味きわまりない、などといった否定的な意味あいがこめられがちなのである。見世物がほかの視覚芸術からとかく異端視されることが多いのは、ほかでもないこの娯楽装置のなかで観客の前にさらされる視覚オブジェそのものが特殊なためである。

日本の見世物芸術にかんする百科全書といえる大著『見世物研究』(1)のなかで、朝倉無声があげているおびただしい見世物の演目リストをみて気がつくのは、見世物には観客の胸ぐらをつかむようにしてほとんど一撃のもとに驚きをあたえる効果をもった出し物があふれていることだ。たとえば朝倉によっておよそ三つのジャンルに分類された見世物の演目にはつぎのようなものが含まれている。

㈠、技芸見世物——手品、アクロバット、曲独楽、力曲芸、舞踊、武術などの身体技術や芸能をみせるもの。

㈡、奇型見世物——奇人、珍獣、異虫魚、奇草木石などのようなアノマリーな自然物をみせるもの。

㈢、細工見世物――ねりものや張り抜きの人形、からくり装置、ガラス細工、貝細工、菊細工などのようなファンキーな細工物をみせるもの。

これら出し物のいずれにも共通していることは、視覚芸術の重要な要素である物語の構造が後退し、かわって観客を「視覚のカタストロフ」とでもよぶべきものに遭遇させようとする傾向が増大している点である。見世物は芝居のように、一定の構造の時間軸にそった展開に観客をまきこんでいくことよりも、時間の連続性を中断させてその裂け目から見なれぬオブジェを浮上させるようなやり方を好んでいる。観客はそこで物語の解読よりも、なにか了解不能なカタストロフに直面したような驚きにみたされる。そのためにたとえば芝居が目を奪うアクロバット芸を組みこんであでやかな舞台をつくろうとすると、アクロバット的な場面では全体の物語構造が中断されてしまうので、「ケレン」で人目をひこうとするとしばしば批判されることになるけれど、物語性と見世物的な「視覚のカタストロフ」性とはもともと異なる演劇的秩序に属しているのである。

ではこのような視覚芸術としての見世物の特殊性を内在的に記述していくためには、どんな方法をみがきあげていけばよいのだろうか。人文科学のなかで、見世物芸術のようなどちらかと言えば周縁的な対象をとりあげて、それを組織的に記述してみようとする試みがあらわれはじめたのはごく最近のことであり、そこではまず記号論の方法がためされた。カナダのポール・ブーイサックがおこなった西欧のサーカスをめぐる一連の記号論的研究は、この領域でもっとも周到に考えぬかれた先駆的な仕事である[2]。またわたし自身、彼の仕事に触発されて日本の伝統的な見世物にたいする記号論的分析を素描してみせたことがある[3]。

記号論の方法ではまずサーカスや見世物の芸をさまざまなメディアを重層的に組みあわせたテクストとみなし、それにたいして言語テクストの構造分析に適用されたのと同じ視点から分析をくわえようとする。そのような視点が可能なのは、見世物芸がじっさい次のような形式的特性をそなえているからである。

㈠、見世物の演芸は小屋のなかでおこなわれることによって、また屋外で演じられる大道芸は芸人の周囲に人垣ができることによって、その内部で特別なイベントがおこなわれていることがしめされている。このため演芸の場は空間的・時間的に外部の世界からはっきり境界づけられ、芸のメッセージはそのなかで自律性をもつようになる。

㈡、見世物芸の内部では、身振り、身体技法、オブジェの操作や配置などの構成要素を組みあわせたものが、ひとかたまりのセットをなしている。芸人はこのセットを記憶して繰り返し演ずることができるので、それは書かれたテクストのような永続性をそなえている。

㈢、見世物芸の構成要素は、民衆的世界観をかたちづくる基本的カテゴリー——人々はそれをとおして世界を有意味の体系として了解する——を具体化して見せている。つまり芸の外部にあるコンテクストの社会文化的な構造をさまざまなやり方で反復表現しているのである。

見世物芸が記号論的テクストとしてのこのような形式的特性をそなえているおかげで、芸人は自分の芸にある程度の変化や新しさを加えながらそれを身体的記憶として持ち運び反復上演することができる。また観客の側もこのテクストの展開される場にまきこまれれば、見世物イベントにふさわしいテクスト解読の位相に関心を移行し、それを楽しむことができる。さらに見世物芸は民衆的世界観や社会文化的構造をたえずにらみながらつくられているので、どんなに新奇な出し物が登場しても観客はそれをたちどころに理解して、その新しさを喜ぶこともできるのである。

これらの形式的特性がいわば見世物という記号論的テクストの容器にかかわることであるとするならば、観客に楽しさと驚きをあたえる視覚的オブジェそのものは、どんな特徴をもっているのだろうか。

ポール・ブーイサックはサーカスを「記号論的な坩堝《るつぼ》」のようなものであると表現している。つまり「パフォーマンスのおこなわれている間、文化的現実が組織的で重要な変形をほどこされる場[4]」としてサーカスをとらえることができるのだ。同じことは見世物についても言える。見世物芸は具体的な事物をとりあげてその背後にある物の体系や民俗分類学や世界観など、つまり芸のコンテクストをなす社会文化的体系に関与しているけれど、それらをたんに再現するのではなく、重要な変形操作を加えているのである。芸のなかでは文化的現実をつくりあげている関係規則が手玉にとられ、変形され、歪曲され、ときには逆転されている。このことは見世物の世界の演目をちょっとのぞいてみるだけでもすぐにわかる。

サーカスや見世物の世界でいちばんポピュラーなそのような変形として、動物の人間化という技法をあげることができる。たとえば猿廻しの芸では、民俗的な動物分類学できわめて両義的な存在である猿が演ずる人間の仕草が、人と動物を隔てる農村や都市の住民の世界観のユニットを転倒してみせる。さらにこの猿が犬と仲良く人間的な演技をしてみせれば転倒は二重になる。もちろんそこでは「犬猿の仲」という民間の諺を前提にした修辞的転倒がおこなわれているわけである。

放　下

じっさい見世物芸では、コンテクストとなる文化の構造規則を暗黙の前提としたうえで、それを修辞的に変形・転倒する技法がふんだんに使われている。たとえば「手品」と「品玉軽業」という互いに深い相関性をもつ対照的な二つの芸をとりあげてみよう。手品はとてもはずれそうにない二つの鉄輪をいとも簡単にはずしたり、小さな袋や帽子のなかからおびただしい品物をつぎつぎにとりだしてみせるような芸でなりたっている。これにたいして日本の見世物で品玉とか放下とよばれる軽業は、小石、鞠、徳利、刀剣、石など観客になじみの深い日用品を空中に投げあげては自在に手玉にとってみせる小手先の芸である。どちらの芸も同じ程度の大きさの品物をたくみな手さばきで操作する点ではよく似かよっているが、二つの芸は同一の文化的主題をめぐる対照的な修辞的転倒をしめしている。

手品と品玉軽業は、手と物とのかかわり方を問題にしている。手仕事が重要性をもっている時代には、手に集中される肉体労働を前提にして物の生産や変形操作がおこなわれ、しかも手の活動性には重要な経済性や倫理性があたえられていたものである。手仕事のうちどこからどこまでが遊戯で、どこからが労働かという境界はあいまいなものだけれど、手品と品玉軽業は職人的に精緻な手わざをつうじ、手仕事の無用性や無媒介的生産というものを強調することによって、逆に手仕事の倫理性にまつわる真面目さを浮きたたせ、そこから離脱しようとする。ブーイサックはその技法を、物の生産と労働をめぐる通念《ドクサ》の修辞的変形として次のようにたくみに表現している。「(手仕事と物の生産・変形・操作の関係に) ふたつの形式的変形を加えることができる。この関係をかたちづくる項のうちのひとつが否定されるのである。すなわち㈠品物の生産または変形がいかなる労働も含まないという変形と、㈡労働が品物の生産ないし変形をもたらさないという変形である(5)」。いうまでもなく㈠の変形は手品に、㈡の変形は品玉軽業に対応している。

じっさい手品や奇術では「鼻の油でチョイとこする」程度の手仕事が、品物をまたたくまに出現させたり変形、消滅させるトリックが軽々と演じられる。それに出現や消滅をおこなう品物もおよそ実用的でないしろ物ばかり（旗、造花、小動物など）、いっそうファンキーな効果がもりたてられている。

これにたいして品玉軽業では好んで、徳利や刀剣などのような生活になじみ深い品物が選ばれて手玉にとられている。日用品をつかって軽業師はたいへんなエネルギーの消耗をおこなっているのに、いっこうに品物は変形もされず生産もなされず、ただ軽々と宙を舞いつづけるだけなのである。

曲持ちの足芸になるとこの修辞的転倒はさらに手がこんだものになる。足芸では芸人が地面や舞台にごろんと仰向けに寝て、両足を高く空に差し上げ、その足底で開いた傘を水車のように回したり、石、俵、樽、タライ、人間などを足底で差し上げクルクルと回し、あるいは高くけりあげては受けとめてみせる。この芸が品玉軽業のひとつであることは見やすいけれど、手の活動をめぐる諸関係に別の変形が加えられていることも見逃せない。

物をたくみに手で操作する手工業的生産の現場では、分節的な労働はほとんど手に集中している。そこでは足は一般に未分化で非分節的な大地性につながるプリミティブな身体部位としての扱いをうける。足は移動や荷物の運搬などの作業では重要な働きをしているが、労働の種類としてはこの種の作業には一段低い価値づけがあたえられることのほうが多いのである。

足芸がとりあげるのは分節的‐非分節的活動という軸でとらえられた身体図式である。まず演者は大地にごろんと横になり、直立歩行と有用労働を結びつける通念の裏をかく。身体は未分化な大地性とでも言うべきものと密着し、身体図式は構造からマッスのほうに近づいていく。そして、ふつうは手がおこなう作業を、いやこの場合は鍛えられた芸人のすばやい手業のみがこなしうるような作業を、非分節的活動と結びつけられた足がおこなうのである。この間、手のほうはといえば扇子を振ってみせるといったバカバカしい動作をおこなって、手と足の対照をきわだたせたりしている。足は品玉軽業が手で演じた技をこなしてみせる。ここでも品玉軽業の場合と同じように、物は宙に舞い軽々と操作されるのだけれど激しいエネルギーの消耗は、いかなる物の変形や生産ももたらさないのである。

3

サーカスや見世物に内在する「視覚のカタストロフ」性を、記号論は文化的構造の修辞的変形として記述するが、それは記号論がコミュニケーション過程に基本的な視点を据えているためである。そこではコミュニケーション過程からあふれでる過剰や非表現的活動が両義性として、あるいはレトリックとして記述されることになる。しかしこうしたやり方では過剰や非表現的活動そのものの内部にまで立ち入ることはできないし、なによりも修辞的変形がひきおこす驚きや快楽を理解できないように思われるのだ。この点は奇型見世物や細工見世物のような技芸見世物以外のジャンルにとりくもうとする場合にはとりわけ重要になる。

これからわたしたちは奇型見世物の領域に踏みこんでいこうとしているが、そこでその前に記号論の視点を拡大するための試みを素描しておこうと思う。話を簡単にするためにここでは「形象（フィギュール）」という概念を一つ導入するだけで充分だ。「形象」の概念がどのような現実から導き出される考え方であるかをみるために、まず先にあげた足芸の芸人を描いた次のような江戸時代の絵尽を見ていただきたい。この絵の興味深いところは「判じ絵」の意匠をとりこんでいる点だ。芸人の身体のなかに芸名「阿津まの介（東の介）」が埋めこまれ隠されているのが容易に読みとれる、それほど初歩的な判じ絵である。

判じ絵は一般に文字が記号であると同時に図像でもあるという二重性、いいかえれば視覚運動性の痕跡であるエクリチュールであると同時に、抽象的・超越的な記号作用をもおこなうという二重性を利用する。ふつう文字が伝達のために用いられるとき、この文字のエクリチュール性——これを文字の「形象性」とよぶことにしよう——は背後にしりぞいて、記号作用（記号表現／記号内容）が前面にでてくる。判じ絵がめざすのは文字の形象性をマニエリスム的に肥大させ、かえって文字の記号性をそのなかに埋めこんでしまうことにある。判じ絵にあっては文字の伝達機能は目をこらして探してみなければみつからない。形象性が記号性に侵入し伝達の機能を阻もうとしているからである。文字はこうして一時的にではあれ

足芸

有用性から解きはなたれ、人々は判じ絵の形象性と遊ぶのである。

ところでこうした判じ絵の働きは、この絵に描かれている足芸の見世物芸とどこか似かよってはいないだろうか。つまり両者ともに視覚オブジェとしてよく似た形象性にあふれているように見えるのである。足芸では分節的思考とより深い結びつきをもった手の活動を、より身体的領域に深くつながる足がおこなうが、これによって手仕事の領域に形象性が侵入する。さらに判じ絵の文字が記号性ないし有用性から解き放たれているように、足芸の芸人が自在に手玉にとる日用品は有用性につながる物の体系から解放されて軽々と宙に舞い戯れることができる。また判じ絵にあっては文字の記号性に形象性が「過剰」として埋めこまれているのにたいして、足芸では表層構造における文化的体系の修辞的転倒によって、身体の形象性や物の体系の文脈を逸脱した物そのものが浮上してくるのである。

ここからわたしたちは見世物の記号論分析を新しい視点にたってとらえかえすことができるが、その前に「形象」概念を深化させる作業をおこなっておこう。「形象」の概念を導入して記号論的記述の地平を拡大する試みは、フランスの脱構造主義的な思潮のなかで、美学者リオタールによってすすめられた。彼はまずフロイトの「洒落」と「夢」をめぐる研究にしめされた無意識の理論に着目した。フロイトは無意識を一種の作業と考えていたが、それは次のような特徴をもつとされた。㈠無意識の体系には否定もなければ疑惑もなく、安定の程度もなければ矛盾もない。あらゆる方向《サンス》にむかおうとする遊走性につらぬかれている。㈡すぐれて流動的なエネルギー強度が支配するこの無意識の過程を「一次過程」と呼ぶことにする。一次過程は言語のようにエネルギーを拘束して分節化・コード化する二次過程とちがって、圧縮や置きかえのような連続的な過程によってことが運んでいる。㈢無意識の過程には時間がない。時間を秩序づけるのは言語の体系である。㈣無意識の事象は現実について顧慮するところが少ない。それは快感原則にしたがって外部の現実に変えてしまうから、無意識の語法がうみだすものは、対象として識別しがたいものである。

　二次過程がエネルギーを拘束し構造化・コード化したうえで伝達や表現をおこなうとするならば、これらの条件を欠いている一次過程は非表現的、非伝達記号的であるといえる。そこで二次過程的なもの――伝達をおこなうための言語の構造性、制御された身振り、美しい正常なプロポーション、物の配置や形体と色価あるいは色彩構図の規則にのっとった造型的表現など――にたいする一次過程的なものの痕跡ないし侵入のことを、リオタールは「形象」という概念でしめそうとしたのである。[6]

たとえば「洒落」はこのような形象性をそなえた言語オブジェである。洒落には圧縮による代償形成や置きかえ、過ち、矛盾表現、反対物や間接物による表現などさまざまな技法があるが、そのいずれもが二次過程の言語構造に一次過程が侵入することによってもたらされる修辞的変形とみることができるからだ。そこでたとえば「圧縮による代償形成」は掛け言葉をつくりだすが、掛け言葉では通常の思考がかけ離れたところに分離しておくカテゴリーが圧縮による合成語によって一気に結合されてしまう。この圧縮が一次過程につながりをもっていることは言うまでもない。

さて、この「形象性」の概念を手がかりにして、見世物芸の特性について考えなおしてみることにしよう。言語の構造性から出発する記号論は洒落などのようなものを構造的変形あるいは修辞法としてとらえるのだろうが、いまやわたしたちはそれを、一次過程の侵入による形象性の形成として記述できる。この後者の視点の長所は「形象」がわたしたちによびおこす衝撃や快感にまで触れることができるからだ。快感は二次過程の脱コード化によってもたらされる。それによって一次過程のより自由なエネルギーの流れにたいする抑圧がとりのぞかれるからである。また一次過程的なものにみたされた形象は思考の了解性を顧慮にいれることがないから、形象を目のあたりにした者はそこになにかの対象を認知するというより一種の「カタストロフ」にまるごとのみこまれることになる。このため形象的なものはしばしば「おぞましさ」すら体験させることになるだろう。

同じことが見世物についても言える。記号論分析が明らかにしたように、見世物芸のおおくは文化的構造の変形ないし修辞的転倒の技法につらぬかれているが、このような二次過程の組織的歪曲をつうじて快感原則にみちた一次過程が流入するための水路が開かれるからである。見世物に特有のファンタジー性、娯楽性、ダダなどの源泉はこの形象性に深いつながりをもっているはずだ。

見世物の形象性はとりわけ奇型見世物の場合にいちじるしい。『変態見世物史』(7)を書いた藤沢衛彦によると、江戸の見世物に登場したフリークたちは、身体の形状奇型五十七項二十三目、皮膚奇型十項八目、毛髪奇型二項六目、珍腫奇型五項と多岐にわたっていた。たとえばこのうち形状奇型では人首獣体、侏儒、ロクロ首、無臍人など、皮膚奇型では長毛人、熊人、珍腫奇型では人面瘡、多瘤人など、そのおおくがイカサマめいたものであったとはいえ、およそフリークならば何でも見世物にかけてしまうほどの徹底ぶりであったという。ここですこしばかり実例をあげて、江戸の都市住民の趣味ぶりをのぞいてみよう。

㈠天保二年（一八三一）の夏、江戸で逆さ首の見世物があった。『見聞雑録』によれば信濃国筑摩郡高入村の猟師十助の子で勇吉といい四十二歳。「身の丈一尺五寸計り。肌色白し、髪厚く黒くして、髷大に結へり。月代濃くして青く、面細く頬こけたり。鼻横に開きて小鼻怒れり。眉毛濃くして長し。右の耳半ば欠けたるは、幼時馬に食切られたるなり。乳の上捩れ曲りて、左の耳乳に付き、右の肩差上りて、左の肩下れり。腮は咽喉に付きて内に曲れ

逆さ首

り。寝る時は物に懸りて伏さざれば、寝る事能はずといふ。音声太くして高からず、錆あり。左の手なえて動かず。右の手動いて自由をなせり。足立つ事能はずして、膝ずり廻るのみ」。

㈡寛永年間に、京都で中将姫の開帳があったとき三つの足の女の見世物が登場した。三つ足お光といい大坂の生まれで十六歳。なかなかの美女で「惜しや三本足に生まれついたが因果」ということで連日満員大入りをつづけ、贋物まで続出した。

㈢鬼姫。安永七年（一七七八）六月、信州善光寺如来の出開帳があったとき、西両国広小路の見世物小屋にかかった。伯耆国大千山の麓、多左江村の百姓太次衛門の娘、お松の子で、小屋前に掲げられた口上によると相当に渋いフリークだ。「東西々々お目通りにひかえましたる娘容色は十人にすぐれましたれど、悋気深きむくいに依りて心の鬼となり薩摩芋のやうな角が生へ水瓜の種のやうな歯をむき出し、舌は梅漬けの大根の如く背中には焼めしの様なうろこ形のこけを生じ、肌は鳥膚立て唐もろこしの様にござります。夜な夜なやけ酒を飲み、かずの子を取りくらひます。大酒にては大丼でお目にかけました。評判々々(8)」。こうした奇型見世物では観客に不快な不安さえかきたてるであろうような「恐るべき美」

をたたえた視覚オブジェが、冗談やイカサマ、エロティシズムにとりかこまれてすこぶる猥雑な空間をつくりなしている。そこは徹頭徹尾形象性にみちあふれた空間である。調和や安心感、親しみ深い美しさの感情をよびおこす形姿のプロポーションや身体図式といった二次過程的なものをつきくずす視覚的カタストロフの体験をあたえることで、奇型見世物は一気に一次過程的な無意識の活動を浮上させるのである。そこでは洒落のような言語構造を媒介にする形象化よりも、楽しい驚きにみちた技芸見世物の修辞的転倒よりも、はるかに激しい、ぞくぞくするようなやり方でことがなされている。だから奇型見世物はいきすぎた、極限的な文化技法だともいえる。修辞的転倒や変形にはおおもとの構図はいささかも変わらないという安心感がつきまとっているものだけれど、奇型見世物にはそうした文化の安全域をつきぬけかねないものが潜んでいるのである。しかしあらかたの文化技法が出つくしたデカダンの時代には、人はそのような極限的な地点まで好んで歩きだそうとするのかも知れない。

4

この「形象性」の概念は視覚オブジェばかりではなく、身体活動のあらゆる領域にまで拡大してみることができる。ここでも見世物芸はかっこうの題材を提供してくれるのである。

奇型見世物、と朝倉無声がよんだもののなかにはいわゆるフリークばかりではなく、いかもの喰いとか歯力、曲屁のような怪奇《ゲテモノ》趣味にみちた「邪道の曲芸」も含まれている。イキんで目玉を飛びださせそこに重箱や徳利などを糸でくくってぶらさげた眼力男長次郎や、四十八貫の釣鐘をガリガリ口にくわえて舞台を一周してみせた歯力男などの芸とともに、この「邪道の曲芸」のきわめつけは、なんといっても曲屁の芸であった。

昔語花咲男

安永三年の四月から江戸両国にあらわれた花咲男は昔から伝えられた梯子屁をはじめとし種々の曲屁を巧みに放るというので前代未聞の評判高く、観場付近は見物人で立錐の余地もない程であった。風来山人平賀源内はその過激な戯文『放屁論』[9]のなかでこの昔語花咲男の芸にふれ、これを刻明に活写している。

昔語花咲男と書いた大幟、絵看板でにぎにぎしくかざりたてた小屋のなかに入ると、舞台中央に中肉中背で色白の撥鬢奴《ばちびんやっこ》に結い、縹色の単衣に緋縮緬のじゅばんを着た男がすわっている。これが花咲男で、演ずる曲屁は、囃子に合せ先づ最初が目出度く三番叟屁、トツパヒヨロ、トツパヒヨロ、ピツピツピツピツと拍子よく、次が鶏東天紅をブブ、ブウーブウとひり分け、そのあとが水車ブウブウブウブウと放ちながら己が体を車返り

といった調子。

この花咲男が演じたような曲屁の芸のほんとうの面白さはスカトロジーにはなく、記号論的転倒とでも言うべきもののなかにある。つまり記号性を内在させた発声と、非現実的で無用な放屁の関係があざやかに転倒されていることの面白さである。曲屁芸人は放屁を分節化してオノマトペの記号表現に近づけて、肛門が唄うというファンキーな光景をくりひろげてみせるのだが、この芸がなぜ観客に異常な喜びをもたらすのか理解するためには、言語活動と放屁との無意識の領域における密接な結びつきを考えてみなければならない。

言語理論に精神分析学の成果を導入し詩的韻律と無意識との関係をさぐる一連の研究のなかで、ハンガリーの言語学者フォナギは発声と肛門活動の隠された結びつきにメスを入れてきた。それによると、たとえばアクセントについて次のような関係がある。

胸部と腹部の筋肉の収縮によってシラブルのアクセントづけがおこなわれるが、これら

の筋肉は幼児が言葉を獲得するはるか以前から、そして言葉をしゃべるようになってからもずっと、間接直接に排便を容易にしたり促進する目的で腸に圧迫を加えつづける。排便中、声門は閉ざされ、これによって声門下部筋肉にたいする圧迫をへらすことになるような空気流出が防がれている。言葉を発する時はこの反対に強い筋肉収縮が声門や喉頭の括約筋の働きによって蓄えられた空気を押し出す働きをする。生理過程としてのアクセントは、したがって排便の逆倒過程なのである。(10)

このアクセントばかりではなく無意識の生理過程として発声と肛門括約筋の働きは密接な相関関係をもっているが、そればかりではなく言語習得による象徴能力の形成のプロセスにおいてもふたつは深くつながっている。フロイトがしめしたように幼児の肛門サディズムが象徴能力形成の原型をなしているからである。

肛門的エロティシズムの快感はさまざまな放出にもとづいており、この放出による自体からの分離がその原型をなす。排便や放屁をとおして身体を離れたものは、完全に身体から分離した客体的なモノではない両義性をたたえている。肛門エロティシズムの活動は両義的オブジェをつくりだす、快感原則につらぬかれた原記号作用というべきものなのである。しかし、それにもかかわらず言語の習得にともなう象徴能力形成の過程で、この肛門的原記号作用は抑圧されていく。放出物は禁止をとおして身体から決定的に分離され、両義的なるものは分離された客体的モノになっていくのだ。同じころ発声についても同じような抑圧がはじまる。肛門性と密接にむすびつく発声器官の快感にみちたリズミックな活動が制限をうけ変形されて、そのうえに伝達のための言語体系がおおいかぶさるのである。こうして肛門エロティシズムや未分離な両義的なもの、リズミックな身体性につながる発声などの抑圧のうえに、二次過程の言語や社会的なるものは形成されているのである。

したがって曲屁見世物では、さきに「形象性」の概念として語っておいたものが形をかえて表われているのである。二次過程にたいする一次過程の侵入ないし痕跡をさす形象は、よりダイナミックなかたちで、肛門エロティシズムの活動（ここには前言語的身体性や音楽性もふくまれる）の再活性化としてもとらえられるのだ。肛門エロティシズムが言語の構造に立ちもどってくるときには、言語のリズム化、音楽化、パラグラム化（判じ絵的なもの）をもたらし、洒落や地口にはじまり、哄笑にみちたカーニヴァル的言説にいたるさまざまな詩的言語をうみだしていく。こう考えてみれば曲屁のおこなう記号論的転倒は、詩的言語の活動をもう一度逆立ちさせたものだとわかってくる。洒落や地口、音楽性をともなうオノマトペや詩的言語が言葉の「形象化」であるとするならば、曲屁の芸人は言葉の門である口を閉じて肛門に音楽化言語を唄わせる。肛門性活動が再活性化されるばかりか、それを言語構造を媒介にしてではなく、肛門によって昇華しているのである。まことにただならぬ屁ではないか。

じじつ曲屁の芸は、屁を生理的にも記号論的にも言葉に近づけることによってはじめて可能になる芸であって、芸人の努力はもっぱらその問題に集中している。たとえば永六輔の採録した曲屁芸人の芸談は次のように語っている。

屁というものは匂いがするようではいけません。素人は肛門のヒダをふるわせて鳴らしますが、ヒダでは音程が出ないのです。高い音、低い音を吹きわけるのは直腸そのものの収縮がものをいうのです。大体、匂いにしてもそうですが、食いものを屁の原料のようにいうのは間違っています。食いもので出る屁は芸ではありません。吸いこんだ空気を肺ではなく胃袋におさめる、この訓練で苦労をするのです。私の場合、どんな注文にも十秒以内に応じられるのは、空気ならいつでもどこでもあるからなのです。そして一度吸いこんだ空気の固まりを六十発から七十発にちぎって出せなければ一人前とはいえませんね。逆にこれを細く長く切らないで出せというなら三十秒は続けて鳴らせなければいけません。そして一瞬にしてぶっ放すことも練習します。こうなるとブーとかピーではありません。バリバリッ！　と近所に雷が落ちたと思えるようにやります。初めの内は、切れ痔になって困りました。そして三十歳どまりですね。三十歳をすぎてこれをやると、どうしてもパンツを汚します。パンツを汚すようでは芸とはいえません。[11]

風来山人平賀源内は曲屁の芸を評して、屁のように「天地の間に無用の物と成果て、何の用にも立たざるものを、こやつめ（花咲男）が思い付にて、種々に案じさまざまに撒《ひり》わけ」ること、まことに殊勝であると書きつけている。じっさい彼の言うとおり、さまざまな形象化の作業も肛門的原記号作用も、コード化・象徴化をまぬかれた欲動エネルギーにつかの間のかたちを与えようとする作業なのだから、社会的伝達と象徴秩序にとってはまさしく「無用の物と成果て」たものを「種々に案じ、さまざまに撒わけ」ることにちがいない。あらゆる娯楽のなかで見世物が一種異様な輝きにみちているのは、それがもっともラジカルに「無用の物」の浮上とその「撒わけ」をやってのけているからではないだろうか。

5

見世物のような大衆娯楽を対象にすえることで、記号論や構造分析はその方法論のへりのようなところにたどりついていく。見世物はコード化・象徴化にもとづく文化構造が変容して別種の活動性のなかに溶けこんでいくパフォーマンスの集合体である。そこでこのようなパフォーマンスを記述しようとするためには、二次過程の言語構造性を基準にする記号論や構造分析のほうもまた、前言語的なもの、過剰なるものをその記述体系に組みこむために自らの変容を強いられることになると思われるからだ。しかしこの変容を自らに強いなければば、記号論はあらゆる詩的な活動やカーニヴァル的言説の核心に参入することはできないし、まして近代の都市文化のとらえ方において成功することはないだろう。なぜなら近代における都市的なるものの本質のひとつは、江戸の見世物芸に端的にあらわれているような「形象性」の概念に深い結びつきをもっているからである。

前近代的な経済体制においては、生産そのもの、生産物、消費はあらかじめ存在する階層構造の「位置」に関係づけられた記号論的性格をもち、そこからあふれでてしまうエネルギーの潜勢力は破壊的なものとして社会的伝達の場から分離された周縁的文化装置のなかでのみ、時間と空間を限定した活動を許されていた。だが近代資本制の展開とともに「位置」や「構造」にささえられることのない価値法則のなかを商品としてのモノが可逆的に流通する経済機構が完備してきたのである。価値法則が構成する水路のなかを均質化されたエネルギーが一定の脱コード的自由を得ながら押し流されていくような機構である。

この近代的な経済体制は伝統的象徴体系を解体し風化させる一方、かつての社会が宗教をつうじて時間と空間の限定のなかに封じこめてきた「形象性」の活動——文化構造を脱コード化してそれをあふれでるエネルギーに水路をあたえる活動——を全面的に解きはなとうとするのである。江戸においてそうした遊戯的活動は「悪所」に密封されて空間的限定こそ受けたものの、「毎日が祭りのような」都市のなかではもはや時間の限定からは解きはなたれていた。

見世物はそのような近代の都市的なるもののまさに先端部に触れていたのである。見世物芸のなかで人間はコード化や象徴化という自らをつくりあげるもっとも根底的な条件がえぐりだされ、くずれ落ちていく限界点に立ちあっている。見世物がデカダンの美をたたえているのはそのためである。

注

(1) 朝倉無声『見世物研究』春陽堂、一九二八年。
(2) ポール・ブーイサック『サーカス』拙訳、せりか書房、一九七七年。
(3) 中沢新一「街路の詩学—見世物芸の記号論分析にむけて」『思想』一九七七年十月号。
(4) ブーイサック、前掲書、邦訳二五四頁。
(5) ブーイサック、前掲書、邦訳一〇八頁。
(6) J・F・リオタール『ディスクール・フィギュール』クリンクジーク社、一九七一年。
(7) 藤沢衛彦『変態見世物史』文芸資料研究会、一九二七年。
(8) 朝倉、前掲書、一五二〜一五三頁。
(9) 『風来山人集』岩波書店、一九六一年、二二七〜二三六頁。
(10) I・フォナギ「発声の欲動的基礎」、『フランス精神分析学報』第四号（一九七一年）所収、五四三〜五九一頁。
(11) 永六輔『芸人その世界』文芸春秋、一九六九年。

着衣の作法　脱衣の技法

1　トポロジカルな衣裳空間

衣裳には、どこか、水平的で平面的なところがつきまとっている。もちろん、さまざまな突起や窪みをもち、皺やら毛穴やらのたくさんある身体の表面を、均質な人工素材がおおっていくという衣裳のもつ物理的条件が、そういう印象をあたえているのだとも言える。しかし、衣裳を身にまとうたびに感じる魅惑とやりきれなさの原因をさぐっていくと、衣裳のもつ平面性の意味は、もっと別の深いところにもとめなければならなくなってくるように思われる。つまり、衣裳のもつ平面性には、鏡にうつった自分の姿や他者のイメージをとおして人間が主体を形成してくる過程をめぐってジャック・ラカンが語っているような、トポロジカルなテーマがひそんでいるように思えるのだ。

衣裳につきまとう水平性や平面性の感じは、衣裳というものが実にエレガントな仕草で、身体というn－次元の多様体を禁止し、抑圧して、かわってそこに座標軸や記号の連なりを書きこめるような平面をつくりだす働きをもっていることに起因している。もちろん衣裳だけがこれをおこなうのではないが、意識の内部で多発的におこるこのトポロジー変形の過程を、衣裳は物質的なかたちで完成するのである。

身体が、ほんらいｎ‐次元の多様体であるというのは、それをなにかの三次元的な実体としてとらえたり、言語の二元論的なコードでとりおさえたりすることはできない、という意味をもっている。身体はもともと内部もなければ外部もなく、あらゆる方向からあらゆる方向にむけてさまざまな強度が絶え間なくつらぬいている柔らかい卵のようなものだと考えればよい。その卵は純粋な強度の場であって、空間性そのものをしめしていて、ここからさまざまな有限な空間様式がつくられてくる。ところが、鏡のイメージや他者というものが登場してくることによって、この卵に異変が生ずる。この欲動的な位相空間は禁止され、卵には裂け目が入れられるのだ。こうして身体というｎ‐次元の卵には、内部と外部、表層と深層、自己と他者、意識と無意識といった区別をつくりだす想像的な「表面」が形成され、そこにはなにか固い実体めいたものが現象してくるようになる。身体とはもともとそこにあるものではなく、意識の中のトポロジー変形をつうじて想像的につくりだされたものなのである。

衣裳がおこなおうとしているのも、これとよく似たトポロジカルな変形である。それは近似的には、メビウスの帯をぺしゃんこにつぶす動作に似ている。衣裳は身体という多様体を禁止し、抑圧して、平面的で水平的な場をつくりだす。身体は衣裳をとおして、いっそうよりよく見られる対象になるが、同時に、衣裳という平面は社会的な記号の書きこまれる対象ともなり、それによって身体は言語や社会や文化の場に強く結びつけられていくようになるのだ。

衣裳と入れ墨の関係を説く構造人類学の主張は、この点において根本的に正しいものである。レヴィ＝ストロースによれば、入れ墨は身体という「自然」に加えられる根源的な禁止であり、この審美的暴行をとおして人間は「自然」から「文化」への移行を徴しづけるのである。したがって、入れ墨のもつ魅惑は、近親相姦の禁止と同じような、文化と記号の発生地点にある禁止と背中合わせになっている（レヴィ＝ストロース『悲しき熱帯』川田訳、中央公論社、一九六七年）。だがそれに劣らず重要なことは、入れ墨が身体という多様体を禁止して、かわってそこに身体の「表面」というものをつくりだす働きをもっている点だ。トランプを思わせるような精緻な幾何学模様を膚に刻み込みながら、おそらく南米のインディオたちはその想像力のなかで、身体という多様体を、ユークリッド的な幾何学模様の描き込めるような均質な平面としてつくりだすトポロジカルな変形をおこなっていたはずなのである。このときインディオたちは、直交座標系にあらゆる空間性を還元していこうとしたデカルトの想像力のすぐそばにいる。入れ墨が身体に加える暴行とは、それゆえ、身体の「表面」を均質な平面として産出する位相幾何学的な暴行でもあるわけだ。

ところで衣裳も、入れ墨と同じように、身体の「表面」を記号の連なりや幾何学模様の書きこめる均質な平面としてつくりだす働きをもってはいるが、入れ墨の場合よりももっと微温的で、ことによるともっと狡猾なやりかたでことを運ぼうとしているようにも見うけられる。たしかに衣裳は、入れ墨のように、身体にあからさまな審美的暴行を加えたりしない。そこではただ、軽い繊維が身体上にまとわれているだけなのだから。けれど、衣裳はそのエレガンスさによって、二重の禁止をおこなっているのではないだろうか。衣裳は入れ墨と同じように、身体というn－次元の多様体を禁止して、そこに平面的な「表面」をつくりだす運動に力をかしている。それと同時に衣裳は、そのような禁止や抑圧がおこなわれているという事実を直視することの禁止をおこなっているのである。こうして衣裳を身にまとうことで、人間はなんの外傷も受けることなしに、やすやすと言語や社会や文化の中に、つまりは制度的なものの中に入っていけるのだ。

もっとも、身体に加えられるこのようなトポロジカルな現実的かつ想像的な操作がおこなわれなければ、身体をもった人間はそう容易く言語や社会の世界に入っていくことはできないだろうとも思われる。なぜなら文化そのものが、身体におこっているのとよく似たなりたちをしているからだ。記号論が楽天的にも語っているように、言語も社会も文化も、排除と選択のプロセスをつうじて均質なレヴェル化をほどこされた要素を組み合わせてできた構造体であるとしたら、制度的なものにははじめから平面的なところが備わっている。だから、鏡像の効果や、他者の介入や、衣裳を身にまとうことなどをつうじて、身体がみずからにきわめてスリリングなトポロジー変換をほどこしているのは、それによって言語や社会や文化の流儀に同調しようとしているためなのである。このようにして、衣裳はどこか水平的で平面的であることによって、身体を主体どうしのネットワークや記号作用の場に開いていくのである。

2 入れ墨と民俗衣裳の差異

二十世紀はじめ頃の東欧の村落で、ピョートル・ボガトゥイリョフが民俗衣裳の記号論的研究をおこなって『衣裳のフォークロア』(松枝・中沢訳、せりか書房、一九八一年)のような本をまとめることができたのは、その頃の民俗社会ではまだ、衣裳という平面に書きこまれる記号をとおして身体を社会コードの中に組み込む制度的な力が生きていたからである。衣裳は、言葉遣いやあいさつの身振りや贈与の行為のように、コード化された社会的状況を表示する働きをあたえられていた。年齢、結婚、誕生、死といった社会的状況に応じて、衣裳の種類の選び方とか冠りものの形や色の組み合わせ方に、社会的な強制力が働いていたのである。そして、ひとつの村の衣裳の体系全体が、こんどは「われわれの衣裳」として他の村との「差異」をきわだたせ、われわれがわれわれであることを確認させるのにたいへん大きな力をもっていたことを、ボガトゥイリョフの研究はしめしている。

民俗衣裳は、このように、制度的な強制力をもったコードの書き込まれる「表面」である。そしてその点において民俗衣裳は、インディオたちが身体にほどこす入れ墨とよく似た立ち場にあると言える。だが、そこにはとうてい無視することのできない重要な「飛躍」が存在している。じっさい民俗衣裳は、いったんほどこされたが最後、一生膚から離れない入れ墨とちがって、脱いだり着たりでき、ちがった衣裳と交換もできるという一定の「自由さ」をもっているからだ。たとえこの「自由さ」が見かけのものにすぎないとしても、そこにある相違の意味は重要である。

南米インディオの村においても、東欧の民俗社会においても、あらゆる伝統社会においては、欲動の流れはコード化されて「社会体」の上に配分されていた。入れ墨の場合には、そのようなコードが文字どおり直接膚の上に刻み込まれ、一生のあいだ固定されつづける。これにたいして衣裳は、膚の上に釘づけにされた欲動をひきはがし、これを超皮膚である繊維の上に解き放つ。民俗衣裳が入れ墨よりもはるかに「自由」であるように思えるのは、このためである。しかし、この「自由」が見かけのものでしかないのは、欲動が膚から脱領域化したとたんに、民俗衣裳はふたたびその欲動を繊維の上でコード化し、固定しようとするからだ。民俗衣裳という平面の上には、さまざまな差異（男／女、老／若、既婚／未婚、夏／冬……）が書きこまれているけれど、それらの差異はけっして遊びほうけることを許されていないのである。それらの差異にはいつもなんらかの中心化がほどこされている。そして、中心化された民俗衣裳コードの差異は、ほかの同じように中心化された差異と不自由な結合を強いられながら、全体としてひとつの安定した差異の体系としての社会的宇宙をつくりなしているのである。

だが、民俗衣裳には時間と空間を限ったうえでの「遊び」も許されている。華やかな祝祭の場にくりだす仮装、神秘的な両性具有者をつくりだす儀礼的トランスヴェスティズム、社会秩序の侵犯者たちが身にまとう異装などが、そうした衣裳の「遊び」を実現してみせる。男が女の衣裳をまとい、若者が醜い老婆に扮し、農民が非人の装束に身をつつむ。そこでは衣裳のコードをつうじて固定化をはかった秩序が、当の衣裳じしんのおこなう侵犯的な「遊び」によって揺さぶりをかけられ、転倒され、相対化されるのである。

生まじめな入れ墨には、こういう「遊び」をおこなうことはまず不可能だろう。入れ墨は自由な身動きもままならず、いつも黙ったままで、かつて主体と文化の発生の現場におこり、そして今もたえずくりかえされている身体へのトポロジカルな禁止の痕跡と、その禁止がつくりだす「表面」の上に書き込まれる記号の体系をしめしてみせるだけである。これにたいして、衣裳が言葉と同じように嘘をついたり、冗談を言ったりできるのは、それが皮膚からひきはがされた超皮膚、数ミリ上の空間に脱領域化された入れ墨であるからだ。

それればかりではない。衣裳は超皮膚であるというまさにそのことによって、自分がもともと身体という多様体の禁止によってつくりだされた、もうひとつの「表面」にほかならないという、自らの起源をおおいかくしてしまうこともできる。祝祭的な仮装や儀礼的トランスヴェスティズム、侵犯的異装などが顕わにしてみせるのは、そのような衣裳の起源である。伝統社会が演じてみせる衣裳の「遊び」は、身体が「表面」としてつくりだされ、そしてその「表面」に描き込まれる記号が、たえず発生し、またたえず消滅していく場に、つまりは道化の立っている場に人々をつきもどしていく。そうした「遊び」の弁証法的手続きをへなければ、いったん脱領域化された衣裳という「表面」には、入れ墨が生まじめな沈黙の中で提示しているような起源の場所に、たちもどっていくことができないからである。

3　ミラレパの語る「自然」

たしかに、祝祭の仮装やトランスヴェスティズムや侵犯的異装は、衣裳記号の書き込まれる身体の「表面」をいっとき華やいだ解放感につつんでくれる。中心化された差異の体系は無限の転倒を可能にする発生の場につきかえされ、そこで固定化のときほぐしとよみがえりを体験する。

だが、無限の転倒と反復を可能にするこの生成は、身体を「平面」として産出するあのトポロジカルな変形のむこう側には、けっして踏み込んでいくことはできない。変形のおこったその地点に限りなく接近しながらも、最後の瞬間にはいつも「平面」のこちら側におくり返されてしまうのである。構造の変形、侵犯、転倒をこととする衣裳の道化たちは、つねに、すでにおこってしまった位相空間の禁止の事後に登場して、産出されてしまった「平面」の上で大騒ぎをくりひろげている。ちょうどそれは、クリストファー・チェルニアクが「世界の謎とその解決」(ダグラス・ホーフスタッター他編著『マインズ・アイ』バンタム社、一九八二年所収)で描いているような「世界の謎」というゲーデル的問題を入力したコンピューターの端末機モニターに映し出されるメビウスの帯を呆然と見つめながら、身動きできないトランスに落ち込んでいるコンピューター技術者のSF的な姿を思いおこさせる。

衣裳は、入れ墨とちがって、いつでも脱ぎすてることができる。けれど衣裳を脱ぐことで、人は「平面」として産出された身体の表面まで脱ぎ去ることはできないだろう。たとえ何枚衣裳を脱ぎすてようと、身体というn‐次元の多様体の禁止によってつくりだされた「表面」まで脱ぎすててしまうことは不可能なのだ。仮装によっても、異装によっても、また脱衣しても、ついに人は衣裳を脱ぎ去ることはできないとさえ思えるのだ。

では、近代社会のモードがとっているような戦略についてはどうだろうか。モードは、欲動をコード化して「社会体」の上に配分する前資本主義的な社会のモデルを解体し、再編成しようとする近代のユートピアをしめしている。モードは、かつて衣裳の上に働いていたコードの制約を解除し、衣裳という「平面」の上でおこなわれる、あらゆる可能な差異の組み合わせに挑戦しているのだ。そこでは、つぎつぎに生み出される新しい差異が差異として、(「いま」「今年」ということによる中心化を別にすれば) いっさいの中心化をうけることもないまま、自由な「遊び」にうち興じている。だが、その「遊び」のやり方は、衣裳における前近代の道化たちのおこなうそれとは根本的に異なっている。それは、発生の場につきもどすのではなく、つぎつぎと差異を累積し推進力にしていくようなやり方である。

けれど、ここでも、衣裳という「平面」は少しも傷ついてはいないのだ。いやそれどころか、その差異の「遊び」はむしろ、均質平面としての身体の「表面」をいっそう固くなめらかなものに踏みかためているように思えるのである。モデルたちは、モードの中で、つぎからつぎへと衣裳を脱ぎ換えていく。しかし、モデルたちの身体には、いつまでも、金属色ににぶく光る一枚の固い衣裳がまとわれたままだ。

結局のところ、私には、たとえばミラレパのような人にしか、本当に衣裳を脱ぎすてるなどというまねはできなかったのではないかと思えるのだ。中世チベットのあまりにも有名な密教行者ミラレパは、いつも薄い麻布だけをまといつけほとんど裸体同然で暮らしていたために、人々から「麻の布を着る人《ミラレパ》」と呼ばれていた。ある時ひとりの弟子が師に裸体の意味を問うた。するとミラレパはそれにたいしてただ「自然なことだからだ」とこともなげに答えている。しかし、このミラレパの「自然」という言葉から、ただちにナチュラリズムの愚鈍な理想を思い浮かべてはいけない。たいがいのナチュラリズムの徒は、分厚く鈍い彼らの身体の「表面」をつくりだしている根元的な禁止の意味に、少しも気づいていないからである。

このときミラレパが「自然（ラン・ジュン――ひとりでに生まれる）」という言葉で伝えようとしているのは、彼じしんがマハームドラーと呼ばれる密教的技法の修行をとおして踏み込んでいった、純粋な強度の場としての身体という宇宙卵にくりひろげられている、まばゆい体験のことにほかならない。その体験の中では、裸形の状態にあるn－次元の多様体に、ほかからの何の働きかけもないままに軽やかな光がたちのぼり、その光の束は多数多様に分裂し、接合し、飛散しつつ、より高次のオーダーの中に差異を分光していった。ひとつの古い精神的技法が、身体や衣裳という「表面」を産出するトポロジカルな禁止のむこう側につきぬけていくことを可能にしたのだ。ミラレパのような風狂の「遊び人」は、身体という多様体の禁止にはじまるあらゆる表象の劇場をそっくりつつみこみ、その多層的な世界を多層性のままに生きていくような生き方をよく知っていた。

衣裳を着るにはマナーがあればことたりる。だが、真に衣裳を脱ぐには、よほど巧みに鍛えぬかれた精神的技法がなければならない。

ヌーベル・ブッディスト

ぼくは今ネパールにいて、チベット仏教の寺院建築について論文を書こうとしている。アジアの一角で、さして強固な「建築への意志」をもつとも思われない人たちの建築論について考えることと、西欧知の根底にあってつねにその推進力になってきた信仰にも似た「建築への意志」の執拗な相対化を試みる柄谷行人の『隠喩としての建築』という本を読むことと、いったいどんなつながりをもつことができるのだろうか。

チベット人の書いた寺院建築の理論書を読むと、寺院という建物がさしたる根拠もなく選ばれた自然数「四」をもとに構築され、そのため自然ないし大地という多様体にたいしてそれが本質的な異和性をもっているということを、彼らがはっきりと意識していたことがわかる。大地には巨大な多様体を表象する「蛇」の女神が住んでいる。人はその上に、自然数「四」を基本にした形式的人工物をたてるわけだ。そこで人は、多様体たる「蛇」の上に建物を築くという人の営みの無根拠性、恣意性をはじめから意識していなければならない。それに「蛇」のはらむパラドックスを禁ずることなど毛頭不可能なことなので、それよりも無限の多様体につつまれた人工物としてその建物を受け入れるようにしなければならない、と彼らの建築理論書は語っている。ここでは「蛇」が表象する巨大な多様体は禁止され抑圧されるどころか、細心の注意と最大の敬意をもってとりあつかわれているのだ。

おなじことは、寺院に住むことを嫌う仏教修行者の実践のなかに、もっとラジカルなかたちで示されている。彼らは立派な建物を捨てると同時に、「隠喩としての建築」ではなく「隠喩としての戦争」の方にむかっていくのである。じっさいその実践は「戦争」の隠喩にみちている。彼らは古代的な武器を象徴化した法具を用いて儀礼をおこなう。そればかりか彼らの使うテクストには、破壊、切断、解体、すみやかな運動、生成、変化といったドゥルーズ＝ガタリの言う「戦争機械」特有の語彙があふれている。それは仏教、とくに密教の修行が、意識の自由な流れをコード化するいっさいの意味構築物をつきぬけて、身体技法をたよりに直接的な力の領域のなかに分けいり、その体験をもとにして、記号の媒介にもとづくすべての形而上学的ニヒリズムをのりこえながら、巨大な多様体のおおいなる肯定にむかおうとしているためである。

だがそれならば、自然数「四」という形式性をもとに築かれた寺院という建物はどうなるのだろうか。寺院はその内部において、ふたつのやり方で無限や多様性のほうにふたたび開かれていくように思われる。そのひとつは直接的で審美的なものだ。自然数「四」を基本にきちんとした幾何学性にもとづいて構築された寺院の内部は、その細部にいたるまで神々のマニエリズム的イコンに埋めつくされていく。それを見ていると、まるできちんとした自然数がその内部において微分化をほどこされ、無限化されて、カントール的超限数のほうに生成変化していってしまうように思われる。寺院はその内部において美的に、ふたたび多様体たる「蛇」の方に自分を開いていくのだ。

もうひとつのやり方はもっと隠喩的で柄谷行人のこの本の主題とも深いかかわりをもっている。つまり寺院のなかでは、「隠喩としての建築」をささえる形式性の内側に踏みとどまり、「形式化の極限のなかでそれを自壊させていく」メタ論理学的技法が学問として説かれているのである。龍樹の中観仏教がその技法を極限まで磨き上げた。中観のメタ論理学は、いっさいの哲学的言説を自己矛盾に追い込んでいく「脱構築的」なやり方をつうじて、あらゆる言説はトートロジックななりたちをもち、その言説体系の内部では体系そのものを根拠づけることができないことを示してみせた。龍樹はその作業をつうじて、ありのままのリアリティが中心化や同一化を受けない状態にある自由な差異体系（彼はそれを「縁起」という用語で示した）にほかならないことを語ろうとした。こうして寺院はふたたびその内部において、宇宙全体をブーツストラップ化するメタ論理学をつうじて、無限の多様体の方に開かれているのである。

ところでぼくがここで仏教について足早に語ってきたことのすべては、柄谷行人の書いたこのすこぶるエロティックな暴力性にみちた書物を構成する言葉のすみずみに反響しあっているはずのものである。ところが彼は、ゲーデルやデリダの方法にあらわれている問題が、中観のメタ論理学や禅の公案システムのあつかっている問題と基本的には同じものであることを認めながらも、仏教はすこしばかり早急に「かたをつけてしまいすぎる」といって批判している。それはおそらく彼が、絶え間ない自己差異化の状態にあるブーツストラップ的宇宙感覚をもつこともなく、巨大な多様体に踏み込んでいけるほど強力な精神を持ちあわせてもいない人々が、仏教思想を自明のものとしさえすれば、言説の無根拠性についていくらでも技術化した言葉を吐くことができ（誰でもできる脱構築）、それによって西欧知をのり越えたなどという安易な発想が横行する事態を苦々しく思っているためである。だから、柄谷行人の思考を仏教的などと言う必要はないにしても、その精神が巨大な多様体を肯定しうるほどの成熟に、つまりはニーチェの言うような「仏教を理解できるほどの成熟」に向おうとしていることだけはたしかなことである。

◆

「トーキング・ヘッズのデヴィド・バーンはこのあいだ日本に来たとき高野山に何日も籠っていたんだって。それにペンギン・カフェのサイモン・ジェフやジョン・ハッセルも日本に行くんだったらもうぜったいに高野山だって言ってるらしいよ」。東京国立博物館で開かれている「弘法大師と密教美術展」を連れだって見にきた友達のロック少年が、平日だというのにおびただしい観客でこみあう館内を歩きまわりながら、さっきから興奮してしゃべり続けている。つられてぼくもしゃべりながら、だんだん不思議な気持になってきた。

たしかにここには、真言密教の第一級の美術品ばかりが集められている。弘法大師像も、不動明王像も、曼荼羅も、どれもこれも質の高い作品ばかりだ。けれど、集められた作品の質の高さと美術展の人出なんて、もともとたいした関係はないはずだ。この密教美術展がこんなにたくさんの人（若い観客のなんと多いことか）をひきつけている理由はもっと別のところにありそうだ。おそらく大切なことは、密教の放つなにやら不思議な波動に、現代の都市生活者の精神のアンテナが同調しはじめているという事実のほうだろう。

それにしても、いくら空海という人物が偉大で並々ならぬ才能と力をもっていたとしても、どうやったら、千年以上も昔の古代都市文化を呼吸し、生涯の多くを緑深い高野の山中ですごした神秘的仏教者の思想なんかに現代のテクノポリスに生きる人々の心をつかまえることなどができるのだろうか。たんにそれは、失われた日本人と自然とのアニミズム的な共生状態へのノスタルジーにすぎないのだろうか。それともその深々とした宇宙哲学をとおして、都市生活のなかで危機におちいった平衡感覚をとりもどし、拡大された溶融感覚にひたりながらふたたびアイデンティティを回復しようとでもいうのだろうか。だが、ぼくには、密教（というよりは密教的なものといったほうがいいだろう）が人々の心をとらえはじめている本当の理由は、「都市性」の本質に関わるもっと深いところにあるように思えるのだ。

密教思想というのは、意外なことに、「都市性」と深いつながりをもっている。つまり、密教には都市と資本主義（都市の本性はほんらい資本主義的だ）を形成する運動性ときわめてよく似た運動性が内蔵されていて、両者はある地点まではほとんど同じ道を歩みながら、決定的な地点でおたがい離れ離れになったものなのであって、もっとおおげさなことをいえば、密教的運動性には実現された都市と資本主義のスピードを追いぬいていこうとする「都市性」のエッセンスのようなものが隠されているのである。

たとえば空海は山林の修行者として、都市をすてて山に籠った。けれどこのことは、空海が反＝都市のエコロジストであったことをすこしも意味するものではない。西郷信綱がこのうえなくスリリングな論文「役行者考」のなかで描いているように、神聖な山に踏み込み修行する山岳密教者の行為は、平地に定住する農村共同体の原理を根底からのりこえていこうとする「革命性」をはらんでいる。共同体の考え方からすれば、神聖な山はあえて足を踏み入れることのできないタブーの領域であり、他界であった。いわば、平地の共同体が意識の遊走性をせきとめ限界づけて、構造的な社会的宇宙をつくりあげようとしているのだとすれば、山は畏怖しつつも禁止されるべき多様体の領域をあらわしている。神聖なタブーの山をめぐって村里の共同体がいだく聖性のアンビヴァレントは、その内部に多様性、流動性、運動性にたいする恐れと禁止をはらんでいるのだ。ところが、山岳密教の修行者はこの聖山のなかにあえて踏み込んでいく。それは、生の力の多様性を禁止し限界づける共同体の「構造主義」的ニヒリズムを批判する行動であり、おおらかな肯定性とともに巨大な多様体のなかに踏み込んでいく「革命」を意味している。

都市と資本主義のめざしたこともこれとよく似ている。それは、力をコード化して社会体の上に配分する共同体の「構造主義」にたいする批判である。都市と資本主義は人々を土地から引きはがし、さまざまな領域で脱コード化をおしすすめながら、力や欲動を都市と貨幣の抽象空間の上に解き放とうとしたからである。だから密教と都市とは、いってみれば同じ脱コード化の運動性につき動かされているのである。

けれどここに大きな違いもあらわれてくる。たとえば都市と資本主義も聖なる山に踏みこんでいこうとするだろう。ただし、そこではこの踏み込みはスポーツという形をとり、山を都市と貨幣の原理の延長である均質空間に変え、そこを非聖化していくことになる。脱コード化された欲動や力を均質な水路系に押し流していこうとする貨幣のエティックが、非聖化されたスポーツの山をつくりあげていくわけだ。ところが、空海のやったことは「都市性」の運動を極限まで押しすすめることだった。彼は高野の山中に現実の都市をこえる意識体の荘厳世界を現出させようとした。彼の密教は、力を脱コード化してそれを均質な水路系に押し流していくのではなく、その脱コード化された力をありとあらゆる方向に自由に遊走させ、ほんとうの意味での「意識の自然状態」というものを実現してみせようとしたのだ。空海の密教には、生まれたばかりの都市と資本主義をその発生の時点で追いぬいていこうとする「都市性」のエッセンスが隠されている。その密教の放つ波動に、こんにち多くの都市生活者のアンテナが同調しつつあるというのが本当だとすれば、ことによるとそれは資本主義のふるえる先端部にたつ日本人が、さらにその先のほうにある領域を予知しはじめているという徴しなのかもしれない。

砂漠の資本主義者

言葉の詩人であることをやめてフランスを離れたランボーは、えりにえってとびきり不毛な土地にばかり出かけていったような気がする。彼はアデン・アラビアから家族にあてて、こう書いている。「アデンはおそろしい岩地です。青草一本、清い水一滴出ません。海水の蒸溜したやつを飲むのです。暑さは甚しく、とりわけ年に二回の土用である六月と九月がひどいのです」。ひどいのは気候ばかりではなかった。そのあと出かけたアフリカでは、彼はエチオピア北部の厳しい乾燥地帯で、すれっからしのアビシニア人たちを相手に、陰険で乾ききった商談をくりかえす日々を送っていた。

ランボーがそれらの土地で、エデンの園のような豊醇な至福につつまれることもなく、エキゾチックで幻想的な第三世界の文化に触れることもなかったのは、はたして彼の不幸だったのだろうか。もしも彼がそれらの土地で、ミッシェル・レリスやアントナン・アルトーやあるいはレヴィ＝ストロースのように豊かな人類学的体験をもつことができたとしたら、つまり早い話が砂漠の商人などにならなかったとしたら、はたして彼は「東方世界」とのこの出会いをとおして、衰弱したヨーロッパ世界を突きぬけてふたたび世界を錬金術的に組織しなおし蘇らせるという、二十世紀のおおくのアーティストが夢想してきたあの実りある途に踏み込んでいっただろうか。ぼくにはそうは思えない。

　それはランボーが、アートとは想像力と記号の力をかりて世界をひとつの小宇宙として創造しなおし、組織しなおし、構築しなおそうとするものであるという近代のロマンティックな芸術思想を、はなから拒絶しようとしていたためである。彼は想像力と記号によって組織された世界を解体することのほうに、統一ではなく分裂《スキゾ》化のほうにむけて、決定的な一歩を踏み出してしまっていた。彼には、ふつう人々が世界だとか現実だとか呼んでいるものが、じっさいには知覚の仕組みや想像力のワナや言語の秩序などによって、あらかじめその運動性や遊走性をせきとめられたうえで想像的な（幻影的な、と言ってもいい）秩序のなかに組織されたものであって、それはリアリティのなれの果てのようなものにすぎない、とわかってしまったのだ。彼に見えていた、そして「あらゆる感覚の長い限りない合理的な乱用」をつうじて彼が見ようとしていたありのままのリアリティ、ありのままの世界とは、想像力によってまとめあげられた全体性などではなく、キラキラと輝く微細な痕跡を残しながら絶え間なく生成と変化を起こし、絶え間なく流動しつづけていく運動体そのものであった。ところが、どんなにすばらしいものであろうと、世界をひとつの秩序をもった小宇宙として組織だてようとするあらゆる試みは、このありのままのリアリティを均質化し、凡庸化してしまうのだ。そこで彼は詩という言葉の技術《テクノ》をつかって、組織された世界を解体しつくそうとしたのである。

ランボーは自分のことを「言葉の錬金術師」だと書いている。これはなにも彼が言葉をつかって、世界を金のように高い純度をもった、また高い文化的価値づけをもった小宇宙に鋳直し、結晶化させようとする錬金術師をめざしていたということを意味しない。そうではなく彼がめざしていたのは、世界をおおう粗大な幻影《マーヤー》の網を溶解して、それを微細な運動体のほうに変容させていく「生成変化の領域の技術者」としての錬金術師にほかならないのだ。そこでは、存在の諸領域を隔てていた壁は溶かし出され、世界は堅い殻を破ってむくむくと身をおこし、生成変化をおこしはじめる。力の流れを無理やりに歪め、そのなかに押し込もうとしていた知覚と思考の通り道には、いたるところに風穴があけられ、そこから微細な毛細管が縦横にはりめぐらされ、そこをとおって自由で軽やかな流れをとりもどした力が、あらゆる方向に絶え間なく横断していくようになる。ランボーの詩《ポエジー》は、形式性の最後の歯止めである言語の構造すらのりこえて、組織なき運動性のほうにいつでも流れ出していってしまおうと身がまえていたのである。したがって、その詩《ポエジー》が、組織された世界をたえずその解体にむけて誘惑する他界をめざし、たえず交通の新しい形をつくりだそうとしていたのだとすると、ランボーが砂漠の商人になっていったことには、きわめて現代的な深い意味が隠されていることになる。

なぜなら商人になること、しかももうけた金をたちどころに使い果たし、すこしも蓄積しようとしないまるで経済観念のない商人になることは、もともと世界の無 - 組織化をめざしている資本主義のユートピア的な理想を生きることにほかならないからだ。資本主義のユートピア、資本主義の夢とは、蓄積することでもなく、世界を新しい秩序のもとに組織しなおすことでもなく、いわば世界をその解体にむけていざなっていくことにほかならない。それはただ貨幣の抽象力だけをたよりに、人や物を専門分化した構造のなかに組織だてるあらゆるコードの働きを解体させながら、より自由な交通の形をとりもどそうとする。商人は国家を組織するよりも、国家と国家を横断的につないでいく交通のほうをめざした。彼らは人と物の流れの交差点に無数のバザールを「点」として形成するだけで、国家の領土を区切る「線」を描こうともしなかったし、また量をあらわす「面」によって蓄積と所有をほこらしげにしめそうともしなかったはずなのである。

だから、砂漠の商人とは、ランボーにとって詩《ポエジー》のメタファーにほかならない。砂漠は「風景」をすこしも蓄積しようとせず、たえず形を変えながら、湿り気をおびた「領土」をおびやかし、稠密な形態をサラサラと流れ落ちる砂の生成変化のほうに、誘惑し去ろうとしているからだ。砂漠は、したがって資本主義のユートピアのメタファーでもあるわけだ。この世で無 - 組織の「他界」をめざし「生きながら詩《ポエジー》に手術されようとした」(マラルメ)男には、スーフィー聖者にでもなるか、さもなければ砂漠の商人にでもなるしかない。そして、ランボーくらいそれがよく似合っている男も、めったにない。

原本あとがき

ここ二、三年の間に書いた文章を集めたこの本のいたるところに、一九七八年にはじまるぼく自身のチベット体験が色濃く反映されている。

ぼくは、いわゆる精神世界とも神秘主義ともほとんど無縁の方角から、チベット仏教の世界に出会っていった。とりたててカリフォルニア文化から影響をうけたという記憶もなく、もともと仏教の素養すらあやしいものだったぼくをチベット仏教の世界に押し出していったのは、むしろ構造主義以後の思想的展開がもたらしたインパクトのほうだった。そのため、この本にあらわれている言葉づかいも思考の身振りも、どちらかというとポスト構造主義の思想的コンテクストに属するもののように見える。

しかしそれにもかかわらず、この本にはひとつの宗教的ヴィジョンがつめこまれている。それは「夜の旅」のヴィジョンである。ひとつの夜をぬけでて、もうひとつの夜の闇を横断していく旅。物質にたいする執着とそこから生まれる無秩序によって眼を曇らされた闇をくぐりぬけ、いまだ顕れ出ることのない純粋な未発の光にみちたもうひとつの夜を渡っていく旅。ここに集められた文章を書きながら、ぼくはいつもこの「夜の旅」のヴィジョンに魅了されつづけてきたように思える。もしもこの本が、ほとんど神秘主義的とも言えるそのようなヴィジョンを伝信するためのメディアとなることができたとしたら、あふれかえる書物の洪水のなかにこの本を投げ込むことにも、それなりの意味があるかも知れない。

この本ができあがるまでには、ほんとうにたくさんの方々の御力添えがあった。ここ数年間のぼくの軌跡を暖く見守ってくださったそれらの方々に、深い感謝の気持ちを伝えたい。

著　者

一九八三年十月

〔初出一覧〕

本の調律　書き下ろし

I

孤独な鳥の条件――カスタネダ論　『現代思想』一九八二年六月号（特集＝人類学の最前線）

チベットのモーツァルト――クリステヴァ論　「チベットのモーツァルト(1)」として『現代思想』一九八三年五月号（特集＝クリステヴァ）に発表

極楽論　『現代思想』一九八三年九月号（特集＝密教）

II

風の卵をめぐって　はじめ「意識の胎生学――タントラ仏教の身体論について」として『思想』一九八二年八月号（特集＝身体）に発表されたものの改稿

病のゼロロジック――暴力批判論　日本民族学会第二十二回研究大会（一九八三年五月、於埼玉大学）のシンポジウム「病いのシンボリズム」のための発表草稿。なおこの一部は「悪魔祓いの脱構築」として『現代思想』一九八一年十月号（特集＝演劇）に発表されている

マンダラあるいはスピノザ的都市　『現代思想』一九八三年七月号（特集＝隠喩としての都市）

夢見の技法　『新世紀の贈り物』平河出版社、一九八三年

III

丸石の教え　『丸石神』木耳社、一九八〇年

視覚のカタストロフ——見世物芸のために　ヴィクター・ターナーと山口昌男による国際シンポジウム「見世物と祝祭の人類学」（一九八一年八月、於筑波大学）のための発表草稿。のちに『見世物の人類学』三省堂、一九八三年に所収
着衣の作法　脱衣の技法　『is』一九八三年三月、第二〇号（特集＝衣装）
ヌーベル・ブッディスト　『海』に、柄谷行人著『隠喩としての建築』の書評（一九八三年七月号）と「弘法大師と密教美術展」のイベント評（一九八三年八月号）として発表したもの
砂漠の資本主義者　『Pasar』第二号、一九八三年十月（特集＝ランボー）

それぞれの掲載にさいして御世話になった各誌の編集者のみなさんに厚く御礼申し上げたい。

解　説

吉本隆明

中沢新一は日本では珍しい漢訳の仏教経典に患わされず、直接にチベットの原始仏典に没入した仏教学者だと考えてきた。河口慧海がチベットに行脚して直接にチベット語の原始仏典を求めた時期に比べて、中沢新一は格段に歩みを進めたのだ。とくに西欧の仏教研究（とくにフランス）の水準をふまえてチベット原始仏教の概念に鍬を入れている。そんな感想ですましてきた。

河口慧海から中沢新一まで、この系列の宗教学が、日本では特異なだけでなく貴重だと思えたのはほかでもない。漢訳仏典には中国の漢文字が日本に与えてきた歪みや思い込みの重さがどうしても忍び込んでくる。貴重でもないものが貴重だと思い込まれ、貴重なものがさらりと流されていってしまう。これは経典だけの問題ではなく、漢文字の中国文化数千年の伝統の重さ、深さから日本の文化が軽重を取り違えられてきた永い年月の文化の全般について言えることだと思ってきた。

日本人という種族、日本語という種族語、日本文化という文化の領域、これらは環南太平洋の島々に自生した軽い文化相で、もっと軽く扱うことができる平易で単純なものだと始末できたらどんなによかったことか。もっと平板で未開で、世界史上に登場するには概念から造ってゆかなくてはならない。そうだったらどんなに気が楽だったことか。

中国に向かって背延びしようと二千年、西欧に向かって背延びしようと数百年、わたしは西田幾多郎『無の自覚的限定』が好きだが、読むたびに、経文の悲鳴を聴いているように思えてくる。日本語で高級で抽象的なことを言おうとすると意味も感覚も感受されず、ただ悲鳴を聴いているように思えてくる。

今度、『チベットのモーツァルト』を改めて少し丁寧に読んでみて、もう少し立入った言い方ができるような気になった。中沢新一は何をしようとしているのか。知識不足でおぼろげなところがあるが、わたしなりに判るところがある。彼はわたしの勝手な言葉を使うと、精神（心）の考古学をチベット仏教（密教）を素材に追求し、解明したいと考えているのだと言えばいいのではないか。

普通、考古学者は、場所の地名や地勢などによって発掘の箇所を特定し、地面を掘りかえす。出土品である器物や住居跡などの構成と地層から時代を確定し、生活形態や社会形態、政治支配や死生観などを推論する。また集落の規模や住居の組成から総人口や集約人口、産業形態や日常の食料品などの処理の仕方を推定することもできる。

しかし、ある古典的な遠い過去の時代に、人間は（住民は）どんな精神（心）をもち、何を考えていたかなどを推論により知りつくすためにはどうすればいいのか、何を掘り返せばいいのか。

この精神（心）の考古学とでもいうべき専門家たちにはたった一つの方法しか考えられない。それは未開の宗教、医術、知識、経験などを継承し、それに通暁しているか、それらの技術を保存している固有社会の導師に弟子入りしてその技法を体得し、その核心を現代的に解明することだ。たぶん中沢新一の『チベットのモーツァルト』は、この「精神（心）の考古学」の技術法を使ってチベットの原始密教の精神過程と技法に参入し、その世界を解明しようとした最初の試みではないかと思った。彼にとっても最初であるとともに、日本の仏教研究としても最初の斬新な試みだと思える。

わたしは宗教学者としての中沢新一の精神（心）の考古学ともいうべきものに関心をもってきたことになる。日本の仏教学がインド→中国→日本という経路で信仰も研究も行ってきたために経典のつまらない概念も重要な概念も、ひとしなみに〈おごそか〉な呪文になって死者を葬る場面で主として開花してきたことが何となく不服で仕方がなかった。だがそれだけではない。世界史と精神現象についてわたしがいちばん沢山のことを学んできたヘーゲルやマルクスの歴史の視点（とくにヘーゲル）が余りに進歩主義的近代主義に傾いていることに従来少し疑問を感じてきた。

ヘーゲルの世界史の哲学では、近代の西欧民族国家を核として世界史は形成され、西欧国家に隣接し、交渉のあるアジア地域だけが世界史に組入れられることになる。産業も育たずに食糧は天然の木の実や河や海の魚類や、内陸の鳥獣を狩猟して喰べているようなアフリカや南北アメリカの原住民のようなアフリカ大陸の動物生にひとしい生活を営んでいる住民は世界史から除外される。

この間断のない近代的な進歩史観がヘーゲルの世界史の骨格だった。さすがにこの単調な進歩主義は老ヘーゲルの学説上の弟子だったマルクスを当惑させたらしく、『資本制生産に先行する諸形態』で原始と古典古代の間に「アジア的」という段階を挿入してみせた。

この解説ではこのことだけに触れればいいのだが、わたしはある時期からヘーゲルの単調な進歩史観とマルクスの間に合わせの「アジア的」段階の挿入を疑問とするようになった。とくにアフリカ大陸の原住民を動物生を営むだけの空っぽの生活民とみて文明と文化が次第に西欧近代まで進歩してきたと考える史観を信じかねた。西欧やアジア地域にも文明と文化諸分野に遺制が存在することに思い到ったとき、いわば「アフリカ的」ということを「段階」として設定できることを信じていいと自己確認し、『アフリカ的段階について』を概論した。

わたしはここまできて、中沢新一の『チベットのモーツァルト』以後展開しているところが意外にもわたし自身のすすめてきた一系列の仕事と意外に近いことを了解した。もちろんわたしの方法もモチーフもまったく違う。だがアフリカ的な段階の遺制は彼の主題とするインド・アジア地域全般に色濃く残されていることが判る。

彼はこの著書から始まる論考で、チベットの原始仏教（密教）を主題に精神（心）の考古学ともいうべき方法で鍬を入れている。たとえばカルロス・カスタネッダという精神（心）の考古学者とでも呼ぶべき専門家がドン・ファンという昔からのメキシコの呪術の継承者に「内的沈黙」と呼ばれていることの意味を問うところが、その著作に記されている。沈黙という精神（心）が他者に言葉をかけない状態である。その場合、「沈黙」には二つの状態が考えられよう。一つは心のなかで他者にではなく自己が自己に対話している状態である。わたしたちの現在の言語概念でいえば、これは言語の価値の源泉となる状態を指している。

ところでドン・ファンは「内的沈黙」というのはこの自己の精神のなかでの自己と自己との対話を遮断した状態だと言う。わたしたちの現在の概念では〈全き沈黙〉の事で、内容は〈無〉だというほかない。しかし、ドン・ファンというメキシコ呪術の後継者は、それを「内的沈黙」と呼んでいて、沈黙において沈黙のなかで自己対話を中断した、より深い静謐の状態だと説明する。そして、この状態は知覚が感覚器官（五感）に依存しないで可能な状態なのだという。ドン・ファンによれば、現在ではこの能力は失われてしまった。ドン・ファンの言うところでは、この「内的沈黙」が呪術・超能力・治癒力などの基礎にあるものだということになる。

わたし流の言い方でドン・ファンの言いたいところを補充すれば、ヘーゲルが十九世紀初に『精神現象学』で稠密に展開しているところは、この自己対自己のあいだの「内的沈黙」の次元まで踏み込まずに精神現象を記述しているだけだということになる。もちろん近代精神の生みだした文明や文化にとって不必要だと考えたからだ。するとドン・ファンのいう「内的沈黙」の次元は〈無〉とか〈空疎〉とかいうことで切り棄てることができるし、その「内的沈黙」が呪術・超能力の次元を切り捨てれば未開野蛮の粗雑の人間を動物生とおなじで、身体運動しか持たない存在と見なすこともできるからだ。

わたしの主観的な思い込みでは、フロイトや弟子であったユングの無意識心理学の理論と臨床に最大の影響とヒントを与えたのはヘーゲルの『精神現象学』である。だが、フロイトもユングも真正面からドン・ファンがいう「内的沈黙」の領域に踏み込むまでは無意識の無意識までを扱わなかった。ただ神話論やマンダラ論で接触を試みただけだ。理由はたくさんあったろうが、西欧における「文明開化」の時代思想が、そこまで踏み込んで無意識領域を臨床や治癒の技術を考えることを確定する気にさせなかったからだと思える。

わたしはヘーゲルの歴史哲学の単純な世界史の進歩主義的な単系列化やマルクスの部分的な修正を、もう少し修正しようとかんがえたとすれば、ドン・ファン的な「内的沈黙」とおなじ「段階」が段階の起源に近い原初ではないかと着想したことがある。

ヘーゲルやルソーのような近代の哲学者が定めた野蛮や未開から近代までの歴史展開の「段階」は、たぶん小「段階」で、ほんとうは大「段階」の一つをまた小さな段階で区切ったものにすぎない。近代の哲学者は、近代までの一つの段階にすぎないものを人類の歴史のすべてと見なし、それを西欧近代の文明・文化を史観によって刻んで頂点として進歩の順に並べて見せた。しかし人類が種としての種から分岐し、独立したのは百万年単位の以前であり、地域によって種族語に分割され、共通の母音をもちながら種族語に分岐したのは十万年単位の過去だったとすれば、ヘーゲルのような小「段階」を区切る進歩主義の単純な展開では、この種としての分岐と種族語としての言語の地域分割との間の期間はすべて同一な動物性ということになってしまう。

近代哲学者たちが言う野蛮、未開とは、ほんとうはそれ以前の大「段階」の終焉であり、同時に現「段階」の初期であると考えるべきで、現在の大「段階」の終焉の後には現在確定し難い次の大「段階」に移行する。そう見なすべきではなかろうか。

わたしたちが現在、野蛮・未開の小「段階」の認識法を継承しているアフリカ大陸や南北アメリカの原住民や、東アジアやオセアニアの島々の知識人（呪術師）の認知法のなかに、神秘性・非科学性、不可解な妄想やこじつけとしてしか見なしえない認知法、としかかんがえられない部分があるとすれば、未発達な社会の迷蒙な認識とかんがえるべきではなく、野蛮集団から現在までの大「段階」以前の大「段階」から引き継がれたものであるのに、その思考の意味するもの、その核心が何なのかなどが判断できず、謎に満ちていると見なされているのではないか。わたしなどの段階論からすると、そんな仮説ができるように思える。

中沢新一はチベットの原始仏教（密教）を主題にして精神（心）の考古学というべきものを追究してきた。現在もその宗教を修練しているチベットのすぐれた修行者を探して自分もその弟弟子として修行者となり、初歩的な過程から始めて、考古学的に精神（心）の実技法を修めた最初の考察の書がこの著作だと言える。

中沢新一の説くところでは、チベットの原始密教が構成体の要素として考えている場合、「管」とか「風」とか「滴」といった概念が使われている。たとえば「風」という要素は流動的な身体の動きを司るもの、「管」というのは血管の視覚的なイメージから類推されたイメージ、「滴」はタッキイネスをまねた体液のすべてをイメージしたものにちがいない。これらのイメージから考えられた身体のイメージは、現在の医学の解剖図を心得ている専門医師や解剖図を知っている者からみれば平板な外観からこしらえたイメージだと知られてこよう。

けれど修練や瞑想を実地につきとめる修行を徹底的に行って、現在、わたしたちが行使しているよりも遥かに広く極限まで発揮させるような五感の修練を行った行者からみれば、現在では到底理解できないほどこの平板の構成要素から成る機能体の概念が造られ、わたしたちからは、未開だが機能としては、身体の神秘的な力動としてしか解釈できない運動性や感覚性を実現しうるに違いない。別の言い方をすれば、平板で幼稚な身体構成の要素の概念を使って、精神（心）が意のままに身体を統御する技法を修練し尽くせば、わたしたちが現在、大「段階」で行使している身体状態より遥かに広く深い運動性がえられ、現在の大「段階」からは神秘的な超能力にみえたり不可思議にみえたりする部分を生じることになる。

中沢新一はこの本で、チベット仏教の身体の構成要素として「管」、「風」、「滴」のような概念について触れている。これは「血管」や「筋肉」や「体液（リンパ液）」のように言っても同じことだし、「空孔」や「骨」や「筋肉」と言っても同じことだと思える。なぜなら、未開の時期の肉体表面や血脈や体流の流れや、受精行為の表面の形態をどうみるかということにほかならないと考えられるからだ。そしてこの基本要素をどう見なすかは同じ未開の段階にある地域と宗教性を異にすれば異なった選択がいくらでもありうる。未開段階の宗教性の豊富さや高度さ、累積の結果がわたしたちの現在の宗教概念に比べてもっている綜合性の怖さ深さは、これらの身体性についての幼稚な構成感からはじめて、現在存在する宗教についての概念に、はるかに根源的でもあり、豊饒でもあるような宗教性をもたらしているところにある。

ヘーゲルが未開・野蛮とかんがえて却けたような「動物生」との近似などはどこにもない。わたしたちが現在抱いているよりも遥かに高度で原生的で弱点のない宗教的な精神（心）の概念しか存在しないのだ。ウェーバーのいう宗教のアジア的な性格については勿論のこと、旧教に象徴されるキリスト教よりも、生・死・救済・永生の観念についてみても遥かに本源的な部分が、綜合されたまま存在していて驚かされる。わたしには文明が発達するにつれて宗教理念も進化するとははじめから定めているヘーゲル流の進歩史観や進歩文明観は嘘としか思えないのだ。

中沢新一は本書から出発してこの逆説的な課題に挑みつづけていると思える。

（評論家）

本書の原本は、一九八三年十一月、せりか書房より刊行されました。

中沢新一（なかざわ　しんいち）

1950年生まれ。東京大学大学院人文科学研究科修士課程修了。現在，京都大学特任教授。宗教学者，思想家。著書に『カイエ・ソバージュ』シリーズ（全5巻），『アースダイバー』シリーズ（全4巻）『森のバロック』『哲学の東北』『フィロソフィア・ヤポニカ』ほか多数。

講談社学術文庫

定価はカバーに表示してあります。

チベットのモーツァルト

中沢新一《なかざわしんいち》

2003年4月10日　第1刷発行
2021年5月25日　第17刷発行

発行者　鈴木章一
発行所　株式会社講談社
　　　　東京都文京区音羽2-12-21 〒112-8001
　　　　電話　編集（03）5395-3512
　　　　　　　販売（03）5395-4415
　　　　　　　業務（03）5395-3615

装　幀　蟹江征治
印　刷　株式会社廣済堂
製　本　株式会社国宝社

ISBN4-06-159591-1

「講談社学術文庫」の刊行に当たって

これは、学術をポケットに入れることをモットーとして生まれた文庫である。学術は少年の心を養い、成年の心を満たす。その学術がポケットにはいる形で、万人のものになることは、生涯教育をうたう現代の理想である。

こうした考え方は、学術を巨大な城のように見る世間の常識に反するかもしれない。また、一部の人たちからは、学術の権威をおとすものと非難されるかもしれない。しかし、それはいずれも学術の新しい在り方を解しないものといわざるをえない。

学術は、まず魔術への挑戦から始まった。やがて、いわゆる常識をつぎつぎに改めていった。学術の権威は、幾百年、幾千年にわたる、苦しい戦いの成果である。こうしてきずきあげられた城が、一見して近づきがたいものにうつるのは、そのためである。しかし、学術の権威を、その形の上だけで判断してはならない。その生成のあとをかえりみれば、その根は常に人々の生活の中にあった。学術が大きな力たりうるのはそのためであって、生活をはなれた学術は、どこにもない。

開かれた社会といわれる現代にとって、これはまったく自明である。生活と学術との間に、もし距離があるとすれば、何をおいてもこれを埋めねばならない。もしこの距離が形の上の迷信からきているとすれば、その迷信をうち破らねばならぬ。

学術文庫は、内外の迷信を打破し、学術のために新しい天地をひらく意図をもって生まれた。文庫という小さい形と、学術という壮大な城とが、完全に両立するためには、なおいくらかの時を必要とするであろう。しかし、学術をポケットにした社会が、人間の生活にとってより豊かな社会であることは、たしかである。そうした社会の実現のために、文庫の世界に新しいジャンルを加えることができれば幸いである。

一九七六年六月

野間省一